楼兰三六百年

楼兰古国及西域与中原的博弈史

雍州节度使 ——— 著

花山文艺出版社

河北·石家庄

图书在版编目（CIP）数据

楼兰六百年：楼兰古国及西域与中原的博弈史／雍州节度使著. -- 石家庄：花山文艺出版社，2024.6
ISBN 978-7-5511-6972-1

Ⅰ．①楼… Ⅱ．①雍… Ⅲ．①楼兰－地方史－通俗读物 Ⅳ．① K928.6-49

中国国家版本馆 CIP 数据核字（2023）第 242992 号

书　　名：楼兰六百年
　　　　　——楼兰古国及西域与中原的博弈史
　　　　　LOULAN LIUBAI NIAN LOULAN GUGUO JI XIYU YU ZHONGYUAN DE BOYI SHI
著　　者：雍州节度使

责任编辑：温学蕾
责任校对：李天璐
美术编辑：王爱芹
装帧设计：末末美书
内文插图：松松发　遗产君　马攸宁　雷建洪
内文排版：麦莫瑞
出版发行：花山文艺出版社（邮政编码：050061）
　　　　　（河北省石家庄市友谊北大街 330 号）
印　　刷：嘉业印刷（天津）有限公司
经　　销：新华书店
开　　本：880 毫米×1230 毫米　1/32
印　　张：9.75
字　　数：215 千字
版　　次：2024 年 6 月第 1 版
　　　　　2024 年 6 月第 1 次印刷
书　　号：ISBN 978-7-5511-6972-1
定　　价：68.00 元

汉代骆驼金饰（新疆维吾尔自治区博物馆藏，松松发摄影）

　　一对双峰骆驼金饰，1994年出土于新疆吐鲁番交河故城沟北一号台地。整体完好，四周有孔，方便固定，可能用于装饰其他物件。在吐鲁番交河故城墓地，骆驼遗骨颇为常见，足见骆驼在当地是普遍的出行、驮运工具。

汉代焉耆八龙纹嵌宝石金带扣（新疆维吾尔自治区博物馆藏，松松发摄影）

　　1975年新疆焉耆县博格达沁古城黑圪垯遗址出土，黄金所制，造型精美，工艺精湛，扣面上镶嵌有一条大龙和七条小龙，颇有立体感，小金珠缀满其间。带扣是古代男子腰带上的扣合器，带有扣舌的金带扣是古代草原民族常用的带具，但上面的龙纹是中原文化中天子的象征，九龙是皇权极致的代表，八龙说明其主人的身份可能仅次于皇帝。考古人员研究推测，此金带扣应该是中原王朝皇帝赏赐给焉耆王的，用以彰显焉耆王身份的尊贵。这件八龙纹金带扣证明当时中原王朝已将焉耆纳入版图，并对其实施了有效统治。

西汉楼兰金框牛首嵌松石珠玉耳坠
（新疆维吾尔自治区博物馆藏，松松发摄影）

1996年新疆吐鲁番交河故城一号墓出土。由金框拼成牛首形象，十分抽象，但内嵌松石与白石珠，造型颇为精美雅致。

东汉煤精司禾府印（新疆维吾尔自治区博物馆藏，松松发摄影）

　　方形煤精材质印章，1959年出土于新疆民丰县尼雅（精绝古国所在地）遗址，印上刻有篆书"司禾府印"四字。虽然在史书中并未发现"司禾府"这一机构名称，但有其他官署名称与之相近。《汉书·地理志》中有"宜禾都尉，治昆仑障"的说法，另据《后汉书·西域传》记载，汉明帝永平十六年（73年），东汉曾在击败匈奴后，将军队留驻伊吾卢（今新疆哈密境内），"置屯禾都尉以屯田，遂通西域……"。考古学家据此判断，该印为东汉在尼雅遗址这一区域内管理屯田的机构印章。这枚印章虽小，却是汉朝推行屯田戍边政策的历史见证，也是汉朝有效治理这一区域的重要依据。

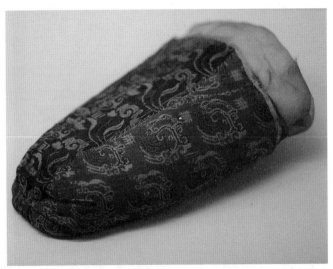

东汉楼兰经锦香囊（中国国家博物馆藏，松松发摄影）

　　铭牌标彩绣云纹，其实是经锦（也称"经丝彩色显花"）。1934年出土于新疆若羌县楼兰故城遗址。云纹上的"宜""無"二字，可能是汉晋时期锦帛吉祥用语中的常用字。

晋代楼兰半袖绮衣（新疆维吾尔自治区博物馆藏，松松发摄影）

　　新疆若羌县楼兰方城东北壁画墓出土。晋朝时期楼兰人所穿，因新疆气候干燥，这件绮衣的色彩仍然十分鲜艳。

晋代楼兰漆奁盒（新疆维吾尔自治区文物考古研究所藏，松松发摄影）

　　新疆尉犁县营盘（位于孔雀河故道北岸，是汉晋时期"楼兰道"上的重镇）墓地出土。木制圆盒，黑漆底上绘有黄色、红色纹样，充满异域风情。考古学家根据质地和纹饰推测，这只奁盒可能是中原的漆料输入西域后，西域本土自制。

西汉楼兰毡帽（中国国家博物馆藏，遗产君摄影）

　　1934年新疆若羌县楼兰故城遗址出土。汉朝时期楼兰人所戴，棉花所制，羽毛插得越多，防风保暖效果越强。

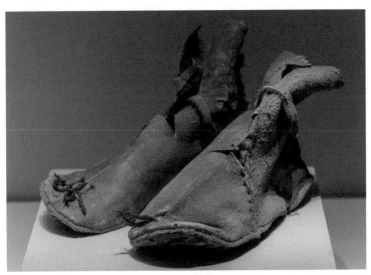

西汉楼兰牛皮靴（中国国家博物馆藏，遗产君摄影）

1934年新疆若羌县楼兰故城遗址出土。汉朝时期楼兰人所穿，历经2000余年依然保存完好。

两汉时代的丝绸之路（本书作者绘制）

　　此图反映了<u>丝绸</u>之路东自长安、西<u>至</u>地中海的路线，横跨欧亚，范围极大。

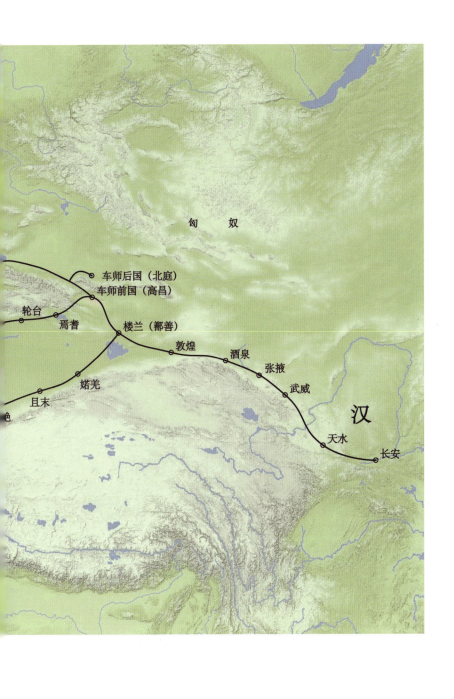

匈　奴

车师后国（北庭）
车师前国（高昌）

轮台

焉耆

楼兰（鄯善）

敦煌

酒泉

张掖

武威

汉

天水

长安

姶羌

且末

里海

大月氏

居

康

大宛
塔什干东

疏勒

葱山

番兜城
达姆甘

蓝氏城
巴尔赫

安　息

波斯湾

→ 张骞第一次通西域往返路线
→ 张骞第二次通西域往返路线

张骞出使西域路线图（湖南博物院藏，雷建洪摄影）

　　此图反映了张骞奉汉武帝之命从长安出发，两次出使西域的往返线。

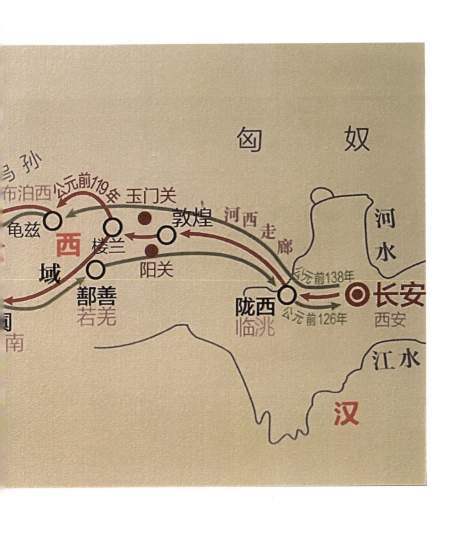

匈　奴

乌孙

布泊西　公元前119年

玉门关

敦煌

河西走廊

河水

龟兹

西域

楼兰

阳关

公元前138年

长安

西安

鄯善

若羌

陇西

临洮

公元前126年

江水

南

汉

晋代楼兰彩绘棺板（新疆维吾尔自治区文物考古研究所藏，遗产君摄影）

　　新疆若羌县楼兰故城遗址以北斯坦因编号为LE的壁画墓出土。因新疆气候干燥，此棺板的色彩保存十分完好，可见晋朝时期中原的彩绘工艺已传播至楼兰，且十分成熟。

明敕星驰封宝剑，
辞君一夜取楼兰。

——［唐］王昌龄《从军行·其六》

功名耻计擒生数，

直斩楼兰报国恩。

——［唐］张仲素《塞下曲五首·其三》

推 荐 序

楼兰：西域古国传奇的重现

宁强

（哈佛大学博士、考古学家、北京外国语大学教授）

楼兰[1]，中国西北边地大漠深处已消失千年的一个古老城邦。虽然只是一个西域小国，其历史却源远流长，令人惊叹。

五月天山雪，无花只有寒。

笛中闻折柳，春色未曾看。

晓战随金鼓，宵眠抱玉鞍。

愿将腰下剑，直为斩楼兰。

唐代诗人李白写下这首著名诗篇时，楼兰古国早已不复存在。有游侠气质的李白写出豪气干云的"愿将腰下剑，直为斩楼兰"诗句时，仿佛楼兰是一个敌对方的"战神"，斩首楼兰的人

---

[1] 今新疆若羌县境内。

就是举国崇拜的英雄。为什么唐朝最为兴盛时期的著名诗人，要去想象一个已经消失多年，对大唐帝国毫无威胁的边地小国，并以其抒情呢？

与李白同时期的边塞诗人王昌龄也写了一首关于楼兰的诗：

青海长云暗雪山，孤城遥望玉门关。
黄沙百战穿金甲，不破楼兰终不还。

李白要"斩楼兰"，王昌龄要"破楼兰"，似乎都与这个传说中的蕞尔小国有着深仇大恨。这种对一个历史记忆里的遥远小国的敌意，应该是来自对远方"异邦"的恐惧和误解，所谓"非我族类，其心必异"。李白、王昌龄的时代，楼兰故地早已纳入大唐王朝的版图，根本不需要他们去"斩"或"破"，诗人心目中的"楼兰"只是"异族敌国"的代名词，"斩楼兰""破楼兰"成为在边关建功立业的形象比喻。

其实，历史上真实的楼兰古国和楼兰人，对汉王朝和中原人民并非总是充满敌意，只是由于其地理位置特殊且国力弱小，楼兰人不得不在依附汉王朝的同时，也依附于强大的匈奴国。因为匈奴国距楼兰更近，威胁性更大，所以在政治上、军事上楼兰对匈奴国的依附性更强，有时不得不帮助匈奴人对付远道而来的汉朝使节和军队。楼兰王国左右摇摆以求平衡的外交政策和政治态度，反映了在大国势力夹缝中艰难生存的小国的无奈和痛苦。

楼兰在当时的丝绸之路上堪称枢纽，地理位置十分重要。丝绸之路在楼兰分为南道和北道，南道受阻可以走北道，北道不通可以走南道，如果楼兰闭锁城门就可以基本断绝东西方的贸易往来，阻止汉王朝往西扩张势力范围。因此，楼兰便成了兵家必争之地，而楼兰国小人口少，人口最多时也只有一万四千多人，总兵力不到三千人，随时都有被强大的匈奴国和汉王朝灭国的危险。楼兰古国的国王需要有超强的政治智慧和过人的外交手段才能维持国家的生存。

楼兰这个大漠腹地、罗布泊边的小城邦，立国时间大概是公元前3世纪，具体时间难以确定。前77年，楼兰国名被改为鄯善，国都也从扜泥城迁往伊循城[1]，扜泥城改为汉朝军队屯田驻防的要塞。448年，北魏的将军万度归领兵来到鄯善国，准备武力收复这块长期失去控制的附属国。出乎北魏军队的预料，鄯善国根本没有备战防御，百姓过着平静安宁的生活：农夫耕种，牧民放牧，商人贸易，一切如常。鄯善国王真达主动出城投降。北魏对鄯善地区实行与内地一样的郡县制管理，收取赋税。存在了六百多年的楼兰（鄯善）古国，就这样平静地消失了。

由于楼兰与汉人的统治中心长安、洛阳距离十分遥远，而且楼兰所处之地自然环境恶劣，交通极为困难，内地汉人获得的关于楼兰的信息往往是"道听途说"，所以历史上流传下来的相关记载稀缺、零散，有时还相互矛盾，这给我们了解楼兰的历史文化带来了很多困扰，用那些断断续续、真假难辨的历史记载来重塑楼兰古国的历史样貌是一个很艰难的挑战。

幸运的是，楼兰故地气候干燥，人烟稀少，许多楼兰人生活

---

[1] 今新疆若羌县米兰古城遗址。

的物质证据被大自然保存下来。因此，探险家和考古学家们在楼兰故地的发掘收获非常丰富。从20世纪初开始的一百多年来，考古工作者在古楼兰所在地区发现了著名的小河墓地、太阳墓地、楼兰故城等大型古遗址，挖掘出以"楼兰美女"为代表的不同性别、不同年龄、不同身份的干尸和各种生活用品。运用这些重要的考古发现，学者们尝试着结合历史文献记载来还原楼兰古国的历史风貌。由于学术规范的限制，迄今为止发表的"考古报告"类的学术成果，大多数是对出土文物的客观记录，对普通公众而言，读起来枯燥无味，理解困难。

近年来，由于国家对交通基础设施的大规模投资建设，遥远的西北边疆包括新疆地区成为数小时即可平安顺利到达的旅游目的地，公众对古代西域地区的好奇和向往之心越发强烈。特别是神秘存在而又神秘消失的楼兰古国，更是成了人人向往的"神奇远方"，喜欢楼兰的人无不热切期待着一部通俗易懂、流畅优美、可读性强的关于楼兰古国的书籍。

这部《楼兰六百年》就是这样一本为大众而写的通俗历史书。它以楼兰古国经历的历史时期为顺序，结合古今中外历史文献的相关记载和考古发现的各类文物，为纷繁复杂的楼兰历史及西域与中原的博弈史，勾勒出较为清晰的历史线索。与学术严谨但枯燥无味的考古报告相比，这本书通俗易懂、隽永有趣，更适合对西域艺术、历史、地理、文化感兴趣的普通大众阅读。

自　序

古老文明与神秘王国

　　中国新疆与中亚大部分地区，古时被称为"西域"，这里地处三大文明交会处，北边又与草原游牧文明圈相接，是一片贯通南北、连接东西的中心之地，曾被视为"东西方的十字路口"与"亚欧大陆的心脏"。

　　从古至今，这片地区一直都具有民族众多、文化多样的社会特点，文化风情受到周围各大文明的影响，同时又具备自身的特点，对于每一个造访此处的人而言，都充满了奇异梦幻的异国情调。正因如此，西域自古以来便吸引了一拨又一拨向往安宁生活的民族、一批又一批渴望求取真理或财富的人来到这里，或定居经商，或传播文化，在这里留下了历经数千年也难以磨灭的文明印记。

　　就在这片辽阔的西域大地上，曾经存在过一个颇具神秘色彩的文明古国，名为楼兰。在西汉后期，楼兰更名为鄯善，但与之前的楼兰国实属一脉相承[1]。对中原人而言，楼兰这个名字最让

---

[1]《汉书·西域传》："傅介子……既至楼兰，诈其王欲赐之，王喜，与介子饮，醉……遂斩王尝归首……乃立尉屠耆为王，更名其国为鄯善。"

人魂牵梦萦，只要一提起它，异域风情与神秘之感便油然而生。

中国史籍中关于楼兰的最早记载，见于《史记·大宛列传》："楼兰，古邑有城郭，临盐泽[1]。"此时正值司马迁所处的时代，中国人才开始知道楼兰这个国家，但也仅仅了解到这是一个毗邻一片湖泽的"城郭之国"，至于其他更加具体的信息则在后世才渐渐多了起来。

从楼兰王国始见记载于汉文帝四年（前176年）算起，至汉昭帝元凤四年（前77年）更名为鄯善，最后到北魏太武帝太平真君九年（448年）灭亡[2]，共计六百二十四年历史。

在中国数千年的历史上，楼兰国及其后身——鄯善国的参与度着实不高，共经历了西汉、东汉、三国、西晋、东晋、南北朝六个历史阶段，而且一直作为中华文明之外的一个边远小国；虽被收入多朝史书的《西域传》，却都只是一笔带过。

然而，令人意外的是，这个在中原正史中并未青史留名的偏远小国，却在后世的文学领域声名鹊起。在中国古代文学中，留下了许多脍炙人口的含有"楼兰"一词的经典诗句。比如：

黄沙百战穿金甲，不破楼兰终不还。

——［唐］王昌龄《从军行七首·其四》

---

[1] 今新疆若羌县东北部。

[2] 《魏书·西域传》："世祖诏散骑常侍成周公万度归乘传发凉州兵讨之……其王真达面缚出降，度归释其缚，留军屯守，与真达诣京都。是岁，拜交趾公韩牧为假节、征西将军、领护西戎校尉、鄯善王以镇之，赋役其人，比之郡县。"

明敕星驰封宝剑，辞君一夜取楼兰。

——［唐］王昌龄《从军行七首·其六》

愿将腰下剑，直为斩楼兰。

——［唐］李白《塞下曲六首·其一》

要斩楼兰三尺剑，遗恨琵琶旧语。

——［宋］张元幹《贺新郎·寄李伯纪丞相》

闻说沙场雪未干，移师又欲向楼兰。

——［明］魏时敏《征妇怨》

从隋唐到明清，楼兰这个国家在灭亡后竟然又被传扬了一千多年，许多古诗都将楼兰这个神秘小国作为抒发壮志豪情或描述开疆战争的意象，直到今天，人们依然会时不时提起楼兰。由此可见，这个古国给中国人留下了难以磨灭的深刻印象，它已经成为西域文化的典型代表。

中古时代以前，即中国秦汉至隋唐的近一千年间，楼兰一直是东亚农耕帝国与北亚游牧民族争夺的焦点，是两大文明冲突的战略要冲，是阴谋与战争充斥的四战之地。

如果翻看中国地图，我们会发现，新疆东南部的若羌县的土地面积十分广阔，足有二十万平方千米，是中国面积最大的县级行政区，相当于两个浙江省的面积，古时的楼兰国便位于这里。

然而，我们仔细查看地形就会发现，若羌县面积虽大，但大多数土地都属于沙漠地带。县境中部和东部地区都被广阔的库木塔格沙漠覆盖，西部深入塔克拉玛干沙漠腹地，北部则是"上无飞鸟，下无走兽"的罗布泊荒原地带。

　　在若羌县，绝大部分人口生活在县境西南部的绿洲地区，那里有自阿尔金山上奔流而下的车尔臣河与米兰河水流浇灌，与周边荒芜的沙漠相比，着实是一片生机勃勃的人间乐土。

　　这里，便是楼兰国的后身——鄯善国都伊循城所在之地。

　　楼兰所在的时代，当地的地理环境与此大体相同。正因为环境的相对恶劣，楼兰国总人口最鼎盛时也仅有一万四千多人，是一个实实在在的西域小国。

　　然而，楼兰国虽然领土狭小，地理位置却十分重要，在贯通东西的丝绸之路上是一处不可替代的门户之地。其东连河西走廊，自敦煌出玉门关外第一站便是楼兰；西接城郭诸国，西北通往焉耆[1]、龟兹[2]，西南连接精绝、于阗，地处东西方交通要道，是丝绸之路必经之地，汉代丝绸之路南、北两道在此分道，东、西方文化在此交会。因此，在西域诸国中，楼兰自始至终都扮演着非常重要的角色。

　　正是因为楼兰特殊的地理位置，在两汉时代，只有万余人口的楼兰国成为汉与匈奴两个东方大国控制西域的焦点，遭到汉与匈奴的反复争夺。楼兰为了能在两个大国之间得以自保，不得不采取"朝秦暮楚"的外交政策，时而归附汉朝，时而又变成匈奴在西域的耳目，在汉和匈奴两大势力之间艰难地维持着自己的政治生命。

　　在与匈奴的反复较量中，汉朝逐渐取得了压倒性优势，不仅

---

[1] 今新疆焉耆。

[2] 今新疆库车。

基本控制了西域地区南、北两道的城郭诸国，还与西北方的游牧大国乌孙建立了稳固的同盟关系，彻底瓦解了匈奴在西域地区的统治。与此同时，汉朝加强了对楼兰国的控制。

汉昭帝元凤四年（前77年），楼兰王尉屠耆更其国名为鄯善，向汉朝称臣，甚至将自己的都城——扜泥城[1]让给了汉朝，南迁至汉朝在楼兰国南境设立的屯田驻兵之所——伊循城。自此，楼兰放弃了在汉和匈奴之间的骑墙政策，彻底倒向汉朝，借汉朝之力抵御匈奴的骚扰。

此后，楼兰国由于持续受到中原王朝的直接控制，社会各阶层普遍被汉文化深刻影响。考古发现，汉魏时期的楼兰故城和鄯善国不只流通着中原的钱币，在墓葬形制和葬俗等方面也都受到中原文化的强烈影响。[2]

在楼兰故城北二十公里处，考古人员发现了一具彩绘云纹、花卉、朱雀、玄武的彩棺，显示出浓烈的汉文化色彩。此外，在尼雅遗址，人们还发现过带有“延年益寿大宜子孙”字样的织锦和带有“君宜高官”铭文的中国式铜镜。

与此同时，楼兰也受到西亚文化的影响。在楼兰故城郊外的汉墓中，不仅有大量来自中原的丝绸织锦，还有许多西亚风格的毛布、器皿；在楼兰故城西北，孔雀河谷的营盘，考古人员发现过一具覆盖狮纹地毯的彩棺，墓主人身穿人兽纹毛布长袍，足蹬

---

[1]《汉书·西域传》：“鄯善国，本名楼兰，王治扜泥城。”扜泥城即今新
　疆若羌县东北罗布泊西岸的楼兰故城遗址。
[2] 芮乐伟·韩森：《丝绸之路新史》，张湛译，北京联合出版公司，2015，第
　42—54页。

绢面贴金毡靴，这些都具有明显的西亚文化风格，说明楼兰及其后的鄯善国在联络东西方经济、文化交流的丝绸之路上具有非同一般的地位，楼兰曾同时受到东西方文化的影响。

在西汉中后期放弃了罗布泊西岸的东西要冲之地后，楼兰国将丝绸之路的控制权让给了东方强大的汉朝，自己则逐渐向南迁移，并征服了塔里木盆地南缘的婼羌[1]、且末、小宛[2]、精绝等国，成为避居塔里木盆地西南一隅的西域七雄[3]之一。

此后直至魏晋，楼兰故地一直是中原通往西域的重要交通枢纽，还曾长期作为中原王朝统治西域的据点——西域长史府的所在地而存在。

在数百年的时间里，罗布泊大地迎来了一批又一批行色匆匆、各怀目的的使者、商人和僧侣。他们为屯驻在此的汉朝戍军和与他们紧邻而居的鄯善国国民带来了生活所需的各种物资和宗教信仰。

然而，世间万物都逃不过"物极必反""盛极而衰"的命运。在南北朝时期，由于气候变化和政治动荡，鄯善国最终被北魏所灭，其居民逐渐外迁，文化传统逐渐消亡，鄯善一带沦为荒无人烟的无人区。

---

[1] 今新疆若羌县境内。

[2] 且末、小宛两国都在今新疆且末县境内。

[3] 指魏晋南北朝时期西域地区崛起的七个国家，分别为疏勒、莎车、龟兹、焉耆、于阗、鄯善、高昌。

　　自此，楼兰国（鄯善国）便不见于史载，逐渐消失在历史长河中，成为一个隐藏于塔克拉玛干沙漠黄沙深处的奇异秘境，静静等待着后人的再次开启。

目录

第一章　从小河到楼兰

一封来自匈奴的书信

汉文帝四年（前176年），建国二十六年的大汉帝国在经历了"诸吕之乱"后，好不容易才得以重新步入正轨。然而，一封来自匈奴单于的书信，却让汉朝上下顿时紧张起来。

故事还要从一年前开始说起。

就在汉文帝三年（前177年）的五月，原本游牧于蒙古高原西部的匈奴右贤王部入居河套地区[1]。这位匈奴国内的实权人物，在前不久向西征讨月氏、楼兰等国时大获全胜，这次南下打算在汉朝北方边塞再建功业，以此来巩固和加强他在匈奴国内的声望。于是，右贤王率领部众向南入侵汉朝的上郡[2]，掳掠、杀害当地的汉朝军民。

虽然前几年刚给匈奴送去金银和美女，但在匈奴骑兵不断入寇犯边的残酷现实下，刚刚登基三年的汉文帝明白，这一次汉朝

---

[1] 今内蒙古鄂尔多斯一带。
[2] 今陕西榆林一带。

必须以强硬的态度来回击匈奴的挑战。两天后，他颁布诏令，一改以往对匈奴采取的妥协退让政策，而是以严肃的语气命令丞相灌婴率领八万五千名骑兵，从高奴[1]进击匈奴右贤王。

下诏之日，万民喝彩，霸上[2]大营人头攒动。士兵们无不想上阵杀敌、建功立业，普通民众则期待朝廷这次能成功抵抗匈奴。毕竟，自高祖开国起，尤其自刘邦白登山被围以来，朝廷对匈奴一直采取退避忍让的政策。此时，看到朝廷的诏书如此坚决，数十年来饱受匈奴压迫的汉朝军民都想借此一舒胸中闷气。

此时，匈奴右贤王正在上郡欢宴各部。在得知汉朝一改往日懦弱之态，突发数万大军北征以后，右贤王不免有些担忧。此次南下，他总共才带了不到一万人马，而且大多是本部落的民众，现在要在漠南之地独自对抗汉朝八万大军，其中风险他自是清楚。加上安插在汉朝国内的间谍此前屡屡报告说汉朝新登基的皇帝素有贤德之名，甚得民心。因此，在估量清楚自己并非这八万骑兵的对手之后，右贤王急忙出塞，退回漠北草原。

对此毫不知情的汉文帝，为了鼓舞士气、壮大国威，亲自来到太原为全军做战前总动员。

就在此时，从长安传来的密报说，济北王谋反了！

正在太原城内的汉文帝见此奏报大为震惊，不得不匆匆返回长安，准备调军前往山东半岛平叛。此时，据派出的探子来报，匈奴右贤王部已向北撤退，于是汉文帝下诏，暂时罢撤讨伐匈奴

[1] 今陕西延安市东北延河北岸。
[2] 今陕西西安市东。一作灞上。

的军队，集中力量去东方镇压济北王叛乱。

这位济北王名叫刘兴居，是齐悼惠王刘肥[1]的第三子，论辈分是汉文帝的侄子。当初平定"诸吕之乱"时，他与刘襄、刘章两位兄长在宗室中出力最多，本来打算拥立大哥刘襄为帝，他与二哥刘章分别做梁王和赵王。谁知，以周勃、陈平为首的朝臣们考虑到刘襄的舅舅驷钧残忍暴戾，担心再次酿成外戚专权的局面，于是转而拥立了一直默默无闻的代王刘恒（后来的汉文帝），也就是刘襄兄弟的四叔。

刘兴居一直对汉文帝心怀不满，因此，这次趁匈奴南侵、关中空虚之机发动叛乱，企图一举夺取他认为本该属于齐王家族的皇位。汉文帝以棘蒲侯柴武[2]为大将军，领兵十万，讨伐叛军。

柴武老将军久经沙场，素有"悍将"之名，在秦末就追随刘邦南征北战，是汉高祖所定"汉初十八功侯"之一。他作战经验丰富，攻无不克，并且对投降的济北国军民一律赦免。当地民众本就不愿跟随刘兴居遭受战乱之祸，看到柴武率领的官军秋毫无犯，纷纷感念朝廷的宽大。就这样，柴武赢得了当地民众的支持。

刘兴居自身缺乏军事才能，又仅以济北国一郡之地对抗朝廷，无疑是以卵击石。因此，仅仅不到一个月，刘兴居就被俘自

---

[1] 刘肥（？—前189），汉高祖刘邦庶长子，汉惠帝刘盈异母兄。前201年受封齐王，建立齐国。齐国统辖七十三城，定都临淄，是西汉最大的诸侯国。汉惠帝六年（前189年）去世，谥号悼惠。

[2] 柴武（？—前163），西汉开国功臣，汉初名将。随刘邦南征北战，曾参与垓下之战，封棘蒲侯。汉文帝后元元年（前163年）卒，谥号刚侯。

杀，一场汉朝内部的政治动乱就此平息。

然而，在汉文帝四年（前176年）的这个夏天，匈奴单于的书信却突然而至。在汉文帝和群臣看来，这封书信无疑是单于对去年汉朝发兵的怨言和迫使汉朝继续"和亲入贡"的威吓。

因此，当匈奴使节上殿觐见时，汉文帝和群臣都心怀忐忑，害怕因为去年的事而与匈奴重启战端。然而令人意外的是，这封信的内容并非汉文帝所预想的那样。

写这封信的人，正是历史上赫赫有名的草原一代枭雄——冒顿单于[1]。

早在汉高祖时代，冒顿单于就征服了长城以北几乎所有的游牧部落，称雄于阴山与漠北草原，甚至以三十万大军围困过汉文帝之父——汉高祖刘邦于白登山，险些让刚刚结束秦末动乱的中原再次陷入战乱之中。在汉朝建立以来的二十多年中，匈奴正是在冒顿单于的治理下，成为汉朝的心腹大患，对汉朝政权在中原的统治构成了极大的战略威胁。

冒顿单于在给汉朝送来的这封书信里，赤裸裸地夸耀匈奴这些年的赫赫战功：

> 罚右贤王，使之西求月氏击之。以天之福、吏卒良、马强力，以夷灭月氏，尽斩杀降下之。定楼兰、乌孙、呼揭及其旁二十六国，皆以为匈奴。诸引弓之民，并为一家。北州

---

[1] 冒顿单于（？—前174），孪鞮氏，匈奴单于、军事家。秦二世元年（前209年）弑父自立，即位后东征西讨，首次统一了东亚北方草原，建立起庞大强盛的匈奴帝国。

已定。[1]

冒顿单于的意图很明显，就是要让汉朝的皇帝和官员们感到恐惧，以便给匈奴人源源不断地送去美女、金银和生活物资，这是一位执政超过三十年的老政治家一贯采用的战略威慑策略。

正是在这封书信中，汉朝第一次知道了楼兰这个国家。

然而对于受到匈奴势力压制的汉朝来说，此时的楼兰只是遥远边塞之外的一个偏僻小国，汉朝自上而下无人知晓其具体位置。对于楼兰，汉朝缺乏最基本的了解，更别说与之发生过经济或政治上的交往。因此，此时的楼兰对于生活在中原的汉朝人来说，谈不上任何的神秘之感与向往之情。

其实，楼兰人和周边的车师[2]人、龟兹人、焉耆人一样，都属于吐火罗人的一支。所谓吐火罗人，实际上是最早定居今新疆地区的印欧语系民族。他们从遥远的欧亚大草原迁来，在前2000年就已经向东到达天山南北地区，逐步在今新疆各大绿洲建立了众多城邦国家，其中就包括罗布泊地区的楼兰国。[3]

在汉武帝时代以前，汉朝对自己所处的国际环境缺乏认知，除了南方的南越国和北方的匈奴之外，对东亚地区其他国家再无更多了解。汉朝被禁锢在东亚世界的中心地带，就像黑夜里的盲人，匈奴反而如耳聪目明的猎手一般，不仅对自己周边所处的国际环境一清二楚，还将包括楼兰、乌孙和汉朝在内的各国玩弄于股掌之中。

---

[1] 出自《史记·匈奴列传》。

[2] 原名"姑师"。

[3] 刘学堂：《乌鲁木齐的史前时代》，商务印书馆，2019，第159-163页。

早些年匈奴在冒顿单于的带领下，向东击破了大兴安岭地区的东胡[1]，收其部众，使其余部分裂为乌桓和鲜卑两部；向北征服了浑庾[2]、屈射、丁零[3]、鬲昆[4]等部落，让西北方的突厥语民族统统臣服于匈奴的统治之下；向西收降了被月氏打败的乌孙，又驱逐了河西走廊地区的月氏，控制了河西和西域大部分地区；向南兼并了楼烦、白羊两个北狄族国家，重新占领了在秦始皇时代丢失的河套以南地区。

自此，匈奴占据了南起阴山，北抵贝加尔湖，东起大兴安岭，西至阿尔泰山与天山的广大草原地区，建立了东亚大陆北部第一个统一的游牧政权，而这辉煌伟业的缔造者正是此时致书汉文帝的冒顿单于。

这样一个强大的游牧民族政权倘若举国南侵，突入中原，后果将不堪设想。这对于建国不足三十年的汉朝来说，无疑是一个十分严峻的挑战。

因此，汉朝君臣再次贯彻了汉高祖定下的和亲政策，将宗室女封为公主远嫁匈奴单于，并赠送大量财货珠宝，借此来暂时抑制匈奴南侵中原的野心。

然而，这样的妥协退让并非长久之计。在汉文帝、汉景帝时代，匈奴人还是在每年秋高马肥之时屡屡挑战汉朝的长城防线，多次入寇雁门、代郡、上郡等边塞地带。

---

[1] 蒙古语部族建立的第一个部落联盟。
[2] 在匈奴以北。
[3] 突厥语部族建立的第一个部落联盟。
[4] 又作坚昆，在匈奴西北。

　　到了汉文帝的孙子汉武帝时代，忍辱负重七十年的汉朝为了摆脱匈奴的压制，不惜一切代价派出特使和军队向西开拓，积极与楼兰、月氏、乌孙等西域国家联络，期望在西边建立抗击匈奴的统一战线，以达到东西两边同时钳制匈奴，解除汉朝北境威胁的战略目的。

　　也是在汉武帝时代，汉朝才开始真正了解遥远的西域地区，并开始与包括楼兰国在内的西城诸国开展了广泛而深入的交往。

　　这个时候，汉朝使节才第一次来到了楼兰——这个在汉文帝时代从匈奴书信中第一次得知的神秘异国。

来自东方的征服者

　　4000年来，亚欧大陆中北部的蒙古高原和中亚草原，一直是各种游牧民族逐水草而居的天然家园。匈奴、丁零、鲜卑、柔然、突厥、回鹘、契丹、蒙古，一个又一个强悍的草原民族从这里出发，向南、向西、向更广阔的天地进发，书写出一个又一个征服者的传奇。

　　然而，这些民族的人种并非完全相同，同时也有同一民族内部存在不同人种混杂的情况。秦汉时代，叶尼塞河与阿尔泰山是黄种人和白种人的天然分界线。在叶尼塞河流域及其以西地区，分布着大大小小的白种人部族，他们几乎都说着印欧语系的语言，大致分为吐火罗人（吐火罗语族）、塞种人（伊朗语族）[1]

---

[1] 即操印欧语系伊朗语族与印度语族语言的欧罗巴人种。

两大族系。

在西边的里海和黑海草原地区广泛分布着大量的白种人游牧部族，包括黑海北岸的斯基泰人、辛梅里安人，高加索地区的奄蔡人与阿兰人，里海北岸的萨尔马特人，中亚草原的马萨革特人与萨克人[1]。他们操着彼此类似的印欧语系伊朗语族语言，也有着相似的文化传统，比如都崇拜太阳、喜爱黄金，可以被视为同一文化集团的不同分支，因此统称为"塞种人"。[2]

在帕米尔高原以西的中亚地区，塞种人建立了康居[3]、大宛[4]、大夏[5]三个国家，后来大夏被西迁的大月氏人[6]征服，大部分人留居故地与大月氏融合，小部分人向东越过帕米尔高原，进入塔里木盆地西端与南缘。后来，康居、大宛、大夏的塞种人大都融入中亚第一个本土霸主——贵霜帝国，成为隋唐时期粟特人的祖先。

在天山以南的塔里木盆地，吐火罗人和塞种人建立了一系列绿洲城邦国家，丝路北道的楼兰、车师、焉耆、龟兹是吐火罗人的国家，丝路南道的休循[7]、捐毒[8]、疏勒[9]、莎车[10]、于

---

[1] 即汉文史籍中记载的塞种人。
[2] 余太山：《塞种史研究》，商务印书馆，2012，第2-6页。
[3] 约在今巴尔喀什湖和咸海之间。
[4] 在今乌兹别克斯坦费尔干纳盆地。
[5] 在今阿富汗巴尔赫一带。
[6] 吐火罗人的一支，初在河西地区游牧，后迁居中亚阿姆河流域。
[7] 今吉尔吉斯坦南部外阿赖谷地一带。
[8] 今新疆乌恰县。
[9] 国都在今新疆喀什市。
[10] 今新疆莎车县一带。

阗[1]则是塞种人的国家。

在天山以北的草原地区生活着以塞种、月氏等白种人为主的游牧部落，它们之间也夹杂着不少黄种人部落，他们有些加入了来自东方的匈奴政权，有些则共同组成了一个融合有黄种人和白种人的游牧部落联盟——乌孙。

在以蒙古高原为核心，今叶尼塞河以东，大兴安岭以西的广袤草原上，自古便生活着各种操着突厥语系、蒙古语系和叶尼塞语系的游牧部落，他们中的绝大部分都属于亚美人种，即黄种人，偶尔也夹杂一些欧罗巴人种[2]部落。[3]

起初这些部族相互之间互不统属，往往互相征战，后来逐渐形成了若干以某一核心部落为主导的部落联盟或国家政权，其中最强大的就是以挛鞮氏为核心的匈奴，此外还有丁零、坚昆[4]等突厥语部落联盟和东胡、鲜卑等蒙古语部落联盟。

公元前3世纪末的秦汉时代，中国第一次完成了大一统，建立了东亚世界有史以来最强大的农耕帝国。在中华第一帝国兴起的同时，东亚北部也崛起了一个强盛的游牧王朝——匈奴。匈奴第一次统一部落林立的蒙古高原，使众多草原部族统合为一个强大的游牧政权，并积极向外扩张，逐步展开了对周边地区的征服。

在匈奴历史上最杰出的首领——冒顿单于统治时期，匈奴向

---

[1] 今新疆和田一带。

[2] 又称高加索人种、欧亚人种、白色人种。

[3] 杉山正明：《游牧民的世界史》，2020，第188页。

[4] 汉称"坚昆"，魏晋间称"结骨"，唐称"黠戛斯"。据地主要在今叶尼塞河上游流域。

东灭亡东胡，向西征服丁零、坚昆、呼揭，并驱逐了河西走廊地区的月氏，迅速成长为东亚第一个幅员辽阔的游牧帝国。后世的柔然、突厥、回鹘、蒙古都是以匈奴政权为模板，以蒙古高原为起点，不断东征西讨，向外扩张，完成了一次又一次游牧民族的征服史。

关于匈奴的族属，据《晋书·四夷列传》记载："匈奴之类，总谓之北狄……夏曰薰鬻，殷曰鬼方，周曰猃狁，汉曰匈奴。"

史书记载这些部落出自上古时期的北狄，但所谓"北狄"其实只是华夏农耕民族对北方游牧民族的统称，并未说明其确切的民族来源。但可以确信的是，匈奴绝不仅仅是由一个民族组成的，而是一个多民族混居的奴隶制帝国。其主体部落起源于阴山地区，通过征服和融合众多游牧部落而逐渐强大。

他们自称为"胡"，汉译为"匈奴"。"胡"在今蒙古语中意为"人"，在匈奴人的语言[1]中应当也是这个意思。

上古时期，黄帝曾北逐薰鬻。至夏朝时，薰鬻与夏人为邻，并有密切交往。殷商时，鬼方为北方强敌，商王武丁曾与其进行过三年的战争。西周时，猃狁兴起，经常侵扰周人。

春秋战国之际，以上各族称荡然无存，继之在史书上出现了众多的"戎"与"狄"，如犬戎、鬼戎、山戎、骊戎、姜戎、陆浑戎、义渠戎、白狄、赤狄、长狄，总计不下一百个。如此多的"戎""狄"，自然不会凭空产生，必然是之前存在的各族逐渐融合的结果。

---

[1] 对于匈奴语到底属于叶尼塞语系还是蒙古语系，目前学术界有争议。

到了战国后期，随着社会的发展，原先活动于北方的众多不相统属的氏族和部落逐渐局部地聚集起来，在一定的地域范围内形成部族共同体，比较先进的则迈入了文明的门槛，建立起本族的国家政权，如匈奴；后进的或组成部落联盟，如东胡，或仍停留在原始氏族或部落的历史阶段。[1]

匈奴族通过这种相互融合的过程，于公元前4世纪开始崭露头角，至公元前3世纪终于登上了历史舞台，其族源包括薰鬻、鬼方、猃狁、"戎"、"狄"在内的所有原先活动于大漠南北的游牧民族。[2]

匈奴以前，各游牧部族几乎都处于社会发展的原始阶段；匈奴兴起后，几乎所有草原部族都被统一归入"匈奴"这个新的奴隶主政权，它超出了部落联盟的范畴，已经初步进入阶级社会。

在匈奴族形成的过程中，被称为"匈奴"的那一部分由于社会生产力较为先进，力量较强，因此在部族形成的过程中始终居于主导地位，起着支配作用。其核心氏族便成为这个新民族和新国家的领导阶层，即王族，而"匈奴"也由一个部落名称逐渐扩大为整个部族的概念。这个概念可以类比后世兴起的多个游牧政权，如突厥、回鹘、蒙古。

匈奴由很多部落组成，其内部人种并非完全相同，既有亚美人种，也有印欧人种；既有叶尼塞语诸部族，也有突厥语诸部族和蒙古语诸部族，它更像是一个联盟性质的巨型跨种族游牧

---

[1] 林幹：《匈奴史》，内蒙古人民出版社，2007，第1-3页。
[2] 《汉书·匈奴传》："匈奴，其先夏后氏之苗裔，曰淳维。唐虞以上有山戎、猃允、薰鬻，居于北边，随畜牧而转移。"

帝国。

关于匈奴主体部落的人种问题，学术界目前存在两种观点：一种认为匈奴起源于蒙古语部族；一种认为匈奴起源于叶尼塞语部族。但可以确定的是，操这两种语系的人群都是以黄种人为主体的。[1]

匈奴虽然是以黄种人为主体的草原部落联盟，但在向西征服的过程中，必然会吸纳一部分白种人的游牧部落，如塞种人、月氏人，但这不能改变黄种人在匈奴内部的主体地位。

匈奴是蒙古高原上第一个强大的游牧政权，兴起于秦汉之际，活跃于中国北方的草原地区，其建立的游牧政权控制着东起大兴安岭、西至阿尔泰山、南达河套、北抵贝加尔湖的广大地区。

历经秦、西汉、东汉、三国、西晋、东晋，匈奴人在中国历史上一直活跃了六百多年，甚至一度进入中原建立政权。十六国时期有三个政权便是匈奴人建立的，分别是：刘渊[2]建立的汉、刘曜[3]建立的前赵、赫连勃勃[4]建立的夏。

据《史记·蒙恬列传》记载："秦已并天下，乃使蒙恬将三十万众北逐戎狄，收河南，筑长城。因地形，用制险塞，起临

---

[1] 杨建新：《中国西北少数民族史》，民族出版社，2003，第27-31页。

[2] 刘渊（约251—310），字元海，南匈奴单于夫罗之孙，左贤王刘豹之子，十六国时期汉国开国皇帝。

[3] 刘曜（？—329），字永明，汉光文帝刘渊之侄，曾作为汉国大将灭亡西晋王朝，后登基称帝，改国号为"赵"，史称"前赵"。

[4] 赫连勃勃（381—425），字敖云，匈奴左贤王刘卫辰之子，十六国时期夏国开国皇帝。

洮，至辽东，延袤万余里。于是渡河，据阳山，逶蛇而北。"

秦朝时期，为了消除新兴的匈奴政权对秦帝国的威胁，也出于对方士卢生预言"亡秦者胡也"的恐惧，秦始皇于始皇三十二年至三十四年（前215—前213）派遣大将蒙恬率三十万大军北击匈奴，攻占了水草丰美的河南地[1]，并在此处设立了九原郡[2]。

通过这一军事行动，秦朝将匈奴势力向北驱逐了七百余里，巩固了秦朝的北方边防。

然而到了秦朝末年，中原纷乱，匈奴趁机重返河套，再次夺回了这片水草丰美的优良牧场。

随着楚汉战争的谢幕，秦末以来的战乱局面结束，中原大地建立起了一个新的大一统王朝——汉朝。汉朝立国之后，试图解决北境边患问题，收回秦末被匈奴占领的河南地。

这正中了冒顿单于的下怀，此时的冒顿单于正打算亲自探一探这个新王朝的虚实。

双方在雁门郡的平城[3]一带对峙，汉朝方面由"马上天子"刘邦率领三十万人御驾亲征，结果却出乎所有人的意料。灭亡了秦朝、打败了项羽的汉高祖刘邦遭遇了人生最后一次"滑铁卢"，他和大军被困在白登山上七天七夜，险些葬送刚刚建立的

---

[1] 今内蒙古自治区境内的河套地区，即鄂尔多斯地区。
[2] 治今内蒙古包头九原区麻池古城，郡域包括今内蒙古包头、巴彦淖尔地区。
[3] 今山西北部的大同市东北。

西汉王朝。[1]

后来，在陈平贿赂匈奴的阏氏[2]后，汉军才得以解围，狼狈地撤退回了太原。

自从汉高祖刘邦白登之围以来，数十年间，西汉彻底放弃了主动出击的打算，面对匈奴袭扰时只能以防御为主，从汉高祖、汉惠帝和吕后统治期间，到汉文帝、汉景帝两代英明皇帝统治的时期，一直对匈奴奉行屈辱的和亲政策，每一代皇帝在位时都要送给匈奴单于大批财物以换取边境暂时的安宁。

匈奴每年借此获得了大量的物资，间接支持了对外的征服扩张，一次又一次不守信用，对汉朝肆意劫掠。"汉兴以来，胡虏数入边地，小入则小利，大入则大利""攻城屠邑，殴略畜产""杀吏卒，大寇盗"，对汉朝北方边境地区造成了严重的威胁。

西汉初年，在完成对周边游牧部族的征服，"并诸引弓之民为一家"后，冒顿单于紧接着将目光投向了富庶的农耕地区，一是中原地区，二是西域地区。

在南下取得实际利益后，冒顿单于开始西进，力图征服同样是农耕地区的西域。在匈奴人向西开拓的路上，首当其冲的便是塔里木盆地东端的楼兰国。

虽然楼兰国最早的文字记载始见于2000年前的《史记》，但作为4000年前就已经到达罗布泊地区的吐火罗人的一支，楼兰人

---

[1]《汉书·匈奴传》："高帝先至平城，步兵未尽到，冒顿纵精兵三十余万骑围高帝于白登，七日，汉兵中外不得相救饷。"
[2] 匈奴单于正妻的称号，匈奴语意为皇后或王妃，后世的柔然、蒙古等族称为"可敦"。

最迟在公元前3世纪（秦汉以前）就已经建立了自己的国家。

在匈奴势力到达西域以前，楼兰国一度受河西走廊上同为吐火罗人的月氏王国统治。此时月氏被匈奴击败，丧失了对楼兰的支配能力。刚刚摆脱月氏控制的楼兰，再次沦为游牧民族掠夺的对象。前176年，楼兰成为匈奴的附庸。

事实上，在当时的时代背景下，面对强悍的匈奴骑兵，楼兰等西域小国只能向其表示臣服，匈奴毫无悬念地征服了这些小国，正如冒顿单于在写给汉文帝的书信中所说的那样：

> 罚右贤王，使之西求月氏击之。以天之福、吏卒良、马强力，以夷灭月氏，尽斩杀降下之。定楼兰、乌孙、呼揭及其旁二十六国，皆以为匈奴。诸引弓之民，并为一家。北州已定。

自此，蒲昌海西畔的楼兰国归属于匈奴，每年必须向匈奴进贡大量金银财物，作为获得匈奴"保护"的回报。楼兰等西域诸国被匈奴征服后，负责统领匈奴西部[1]的日逐王甚至设置了一个名叫"僮仆都尉"的官职来专门管理整个西域。

"僮仆"意为仆役、奴隶，"都尉"是一种办事官的职衔，"僮仆都尉"合起来理解就是"管理奴隶的办事官"，这表明匈奴将西域诸国都视为被征服的奴隶。同时，作为匈奴国内较低等级的官员，僮仆都尉竟然可以凌驾于西域诸国国王之

---

[1] 今蒙古国西部和新疆北部地区。

上，负责为匈奴监视诸国、收缴赋税，足见匈奴对西域诸国的轻视和压迫。

代表单于统治蒙古高原以西至新疆地区的匈奴首领被称为"右贤王"，出自单于家族挛鞮氏，一般由单于子弟充任。与此相对的是，代表单于统治蒙古高原以东至今东北地区的匈奴首领被称为"左贤王"，一般由太子担任。

这便是匈奴政权实施统治时，为了协调中央与地方关系所采取的组织形式——两翼制度。

两翼制度为中国古代北方游牧民族实行的军事行政组织制度，具体是指在分封制的基础上，最高首领居中控制，两翼长官侧翼拱卫的一种军政合一的地方统治制度。它与十进制的军事行政划分（千户、万户）一样都是"行国体制"的重要组成部分，首见于匈奴。之后，几乎所有兴起于蒙古高原的游牧民族均沿用不辍。

一般来说，在势力相对弱小时，游牧政权往往表现为二部形态：最高首领与副手各领一部，互为犄角。在势力强大且控制地域较广之后，游牧政权则表现为三部形态：最高统治者直辖中部，居中控制各部；左右（或南北或东西）翼长官各领一翼，拱卫居中的最高首领。[1]

因蒙古高原上的游牧民族大多习惯尚左，所以就传统而言，

[1]《汉书·匈奴传》："诸左王将居东方，直上谷以东，接秽貉、朝鲜；右王将居西方，直上郡以西，接氐、羌；而单于庭直代、云中。各有分地，逐水草移徙。而左右贤王、左右谷蠡最大国，左右骨都侯辅政。诸二十四长，亦各自置千长、百长、什长、禆小王、相、都尉、当户、且渠之属。"

一般分领左部（东方或北方）的长官位尊权重，仅次于最高统治者，一般由太子充任。

在匈奴统治时期，单于设帐于单于庭[1]，统辖中部，其下设左骨都侯、右骨都侯、左伊轶訾、右伊轶訾治理政务，辅政的骨都侯由历代单于的姻亲贵族呼衍氏、兰氏、须卜氏世代担任；左贤王驻帐于东部，其下设左谷蠡王、左大将、左大都尉、左大当户统率各部；右贤王驻帐于西部，其下设右谷蠡王、右大将、右大都尉、右大当户统率各部。以上这些匈奴贵族各有分地，各自率领部众驻牧其中，在辖区内自行组织军队，实施统治。[2]

以右部为例，浑邪王与休屠王驻牧于河西走廊；犁汙王与温偶徐王驻牧于河西走廊以北；句林王驻牧于居延海以北；南犁汙王驻牧于准噶尔盆地以东；呼衍王驻牧于吐鲁番及巴里坤一带，伊蠡王驻牧于吐鲁番以西；日逐王则驻牧于今新疆东北部，代管西域诸国。

另外，蒲类[3]、车师、丁零、坚昆等向匈奴臣服的游牧部落也各有分地，其首领被匈奴封王，分别驻牧其地，听从单于号令。

总之，在当时的亚洲大陆北部地区，匈奴帝国仿佛一个强有

---

[1] 在色楞格河上游，今蒙古国乌兰巴托附近的诺颜山。
[2]《史记·匈奴列传》："置左右贤王，左右谷蠡王，左右大将，左右大都尉，左右大当户，左右骨都侯。匈奴谓贤曰屠耆，故常以太子为左屠耆王。自如左右贤王以下至当户，大者万骑，小者数千，凡二十四长，立号曰万骑。诸大臣皆世官。"
[3] 今新疆东部巴里坤湖（汉名蒲类海）附近。

力的权力旋涡，这个旋涡将东亚大陆北部本来一盘散沙的游牧部族首次统合为一个统一政权，并对当时分布四周的其他政权产生了深刻影响。

然而，这种局面在一个汉人到达西域之后得到改变，并随着汉帝国的日益崛起而被彻底打破。

帝国的使者

早在先秦时期，即前221年以前，地理上基本处于相互隔绝状态的东西方之间，其实已经开始了较小规模的交往。生活于陇西地区的秦人与河西、西域的吐火罗人之间可能发生着以玉石、金器为主的商贸往来，2019年秦始皇陵出土的金骆驼便是这一猜测的实物证据。[1]

但这样的交往并未对双方的主流社会产生较大影响，此时的东亚世界与中亚诸国、地中海世界并未产生密切联系，直至汉武帝年间张骞通西域才发生变化。

前141年，年仅十六岁的刘彻在未央宫即位，成为大汉帝国第七位皇帝[2]，是为汉武帝。此时距离汉朝建立已经过去了整整六十一年。

---

[1] 2019年12月，秦始皇帝陵博物院公布了一项考古成果，考古人员在秦陵外城西侧陵区对一座编号为一号墓葬（QLCM1）的"中字形"墓葬进行了发掘，出土了中国已知最早的单体金骆驼。

[2] 在汉武帝刘彻之前，分别有汉高祖刘邦、惠帝刘盈、前少帝刘恭、后少帝刘弘、文帝刘恒、景帝刘启。

在这六十一年里，这个偌大的东亚帝国，虽然历经六代统治者的休养生息政策而变得日渐富裕，但因为军事和外交的羸弱，长期受到北方游牧民族匈奴的压制和欺凌。

大汉帝国新一代的最高统治者——年轻气盛的汉武帝，渴望改变这种局面。

建元元年（前140年）秋，匈奴一如往常大举入寇，在汉朝边境多个郡县大肆掳掠，丝毫不顾及几年前汉景帝时期双方刚刚缔结的和亲协议。一时间，群臣激愤，纷纷上书，请求汉武帝下诏北征匈奴。

此时的汉武帝刘彻刚刚继位一年，他渴望建功立业，因此常常思考汉匈问题，一直力图在对抗匈奴、减少边患方面有所作为。然而他心里清楚，此时的帝国还远不是匈奴的对手。

当时，汉朝虽然经过六十多年的休养生息，人口逐年增长，国力日渐强盛，但军事实力与匈奴比起来依然显得羸弱。

汉朝军队以步兵为主，善于大兵团作战，但缺乏机动性；匈奴军队以骑兵为主，作战的将士平时都是骑术精良的牧民，他们在草原上既识地形，又灵活机动，十分擅长游击作战。另外，在单兵作战时，骑在马上的匈奴骑兵对地面的步兵能形成高度上的绝对优势。

在军团作战时，比起匈奴骑兵的来去无踪，汉朝军队在荒凉的北方边境地区，很难适应匈奴军队的野战冲击，在战场上完全受到匈奴军队的压制。

汉武帝清醒地认识到，想要击败匈奴，汉帝国必须推行胡服骑射[1]来加强自身的军事实力；同时在适当的条件下，还应该积极寻求盟友，借助其他草原民族来共同对抗匈奴这个当时东亚世界的霸主。

次年，汉朝的边境守卫部队在雁门郡塞外抓住了一个匈奴下级军官。据这位匈奴俘虏供述，之前匈奴向西击破月氏，杀死了月氏王，还把他的头做成了饮器。月氏人深以为耻，对匈奴恨之入骨，一直想报匈奴的毁家灭国之仇。

汉武帝得此消息，立刻意识到这或许是一个打击匈奴的大好机会。如果能联合西方的大月氏共同出兵，东西夹击，匈奴必败。即使灭不了匈奴，也会使其因为在东西方同时遭遇挑战而疲于应付，难以再对汉朝的北方边境构成较大威胁。

事实上，这则"情报"是一件陈年往事。据司马迁的《史记·匈奴列传》记载，匈奴攻破月氏部落以其王头颅为饮器这件事发生在匈奴老上单于时期，也就是汉文帝年间，距离汉武帝时代已经过去了三十多年。

富有戏剧性的是，关于匈奴击败月氏的消息，还曾经由匈奴单于在写给汉文帝的国书上告知过汉朝，并非汉朝方面第一次听说。

匈奴俘虏的这份情报，恐怕只是欺负汉朝人不明真相而敷衍了事、信口胡说的一段陈年往事。然而，这个迟到的消息却让汉武帝看到了打败匈奴的可能性，也激起了汉朝上下向西开拓的雄

---

[1] 战国时期，赵武灵王为了国家的强大，推行胡服骑射政策，大大提高了赵国的军事实力。《史记》卷四十三《赵世家》记载："十九年正月，大朝信宫，召肥义与议天下，五日而毕。遂卜令易胡服，改兵制，习骑射。"

心壮志。

建元三年（前138年），朝廷向全国发出了招募令，征召愿意出使大月氏的敢死勇士。在张贴告示的地方，每天都有许多人好奇地观望，但一连数日都没有人应征。

毕竟很少有人愿意冒着死亡的风险去寻找一个他们从未听说过的国家，而且当时的汉帝国向北、向西都是匈奴盘踞的地盘，一旦出使，可能尚未到达月氏就会被匈奴人抓住处死。

但最终还是有勇敢者站了出来。一个名叫张骞的年轻人前来应征，此时他只有二十七岁。

张骞是汉武帝开创察举制后被推举出的第一批"孝廉"[1]，在朝廷担任"郎"一职，也就是皇帝的侍从官。作为平民子弟，张骞在朝廷并没有显赫的家世作为政治背景，升迁难度大，他敏锐地觉察到，这次出使或许是一个改变自身命运的机会，同时对于国家也有重大意义。因此，他挺身而出，毅然承担起了历史赋予的这项重任。

张骞生于陕西汉中城固，那里距离都城长安不远，地处秦岭与大巴山之间的盆地，汉水从中间流过，使得这里成为一个山清水秀的鱼米之乡。与家乡比起来，西域以及自己要去的大月氏，到底是一个什么样的地方？年轻的张骞并不知晓，但他内心对建功立业的渴望和立志报国的一腔热血，促使他勇敢地接受了这一使命。

---

[1] 孝廉，即孝子廉吏，原为察举二科。汉武帝元光元年（前134年），令郡国举孝廉各一人，被举人大多为州郡属吏或通晓经义的儒生。

临行前，张骞在甘泉宫[1]受到了汉武帝的召见，汉武帝要为他举办一场盛大的欢送宴会。在晚宴上，十九岁的汉武帝刘彻在见到比他大八岁的张骞时，内心或许会嘀咕这个名不见经传的年轻人到底能不能完成使命，毕竟长安与大月氏远隔万里，前方道路又因匈奴的威胁而凶险万分。

然而，作为中国历史上一位以胆魄和谋略著称的皇帝，汉武帝还是选择了相信张骞。临行之前，他语重心长地对张骞交代让其西行的目的："此次出使西域，务必要找到大月氏，说服他们共同夹击匈奴。"

带着皇帝的嘱托和举国的期待，张骞踏上了未知的西行之路。想到自己一旦找到那个叫大月氏的国家，劝说他们与汉朝共同抗击匈奴，张骞不由得振奋起来。他带着随行人员骑着骆驼，穿越沙漠，冒着生命危险，一路向西前行。

在西行的路上，张骞面临着三个现实问题：

一是黄河以西地区属于匈奴管辖，这里是右贤王辖下的浑邪王、休屠王部驻牧的地方，一旦被发现，恐怕会被抓起来处死；

二是汉朝方面只知道月氏人向西迁徙，但没有人知道月氏人究竟西迁到了哪里，茫茫西域，究竟该去何处寻找；

三是出扁都口[2]后，张骞一行所遇都是茫茫戈壁，一路上自然环境十分恶劣，往往需要跋涉千里才会到达一片绿洲，得以补充物资和休息。

---

[1] 在今陕西省淳化县，由秦林光宫改建而成，是汉武帝时代仅次于长安的重要政治中心，许多重大政治活动都在这里进行。

[2] 今青海祁连县东南，是从青海进入河西走廊的主要道口。

随着张骞一行不断向西，这三个问题愈加明显。进入河西走廊之后，张骞的处境更是雪上加霜，但这丝毫没有影响张骞向西探索的雄心和为国出使的使命。

不幸的是，他们遇到了最不想遇到的匈奴人。几个匈奴骑兵突然出现，张骞一行人大多数被杀死，张骞和他的贴身随从堂邑父被抓。休屠王、浑邪王由于此前从未见过汉朝官方派遣人员到这么远的地方，便下令将张骞押送到了漠南的单于王庭问罪。

此时匈奴正处于第四代单于——军臣单于的统治之下，军臣单于是冒顿单于之孙、老上单于之子，共在位三十四年[1]，经历了汉文帝、汉景帝、汉武帝三代，是一位老谋深算、极富统治经验的政治家，曾多次南下雁门，劫掠汉朝边地，让汉朝遭受了极大损失。

汉文帝后期，军臣单于即位。他再次放弃了接受和亲政策，屡屡起兵南下侵扰汉朝。汉景帝时，汉朝内部爆发七国之乱，吴王等人联络匈奴，相约攻入长安。但由于叛乱被汉景帝迅速平息，军臣单于最终放弃了进攻计划。随后汉景帝与匈奴继续实行和亲政策，但仍屡次遭到匈奴背信弃义，直至此时的汉武帝时期。

在匈奴士兵的押送下，张骞被带到了军臣单于的大帐中。在军臣单于看来，南方的汉人不经过自己许可擅自前往西域联络月氏国，这样的行为无疑是在挑战自己的权威，他质问张骞道：

---

[1] 即前161—前127年。

"月氏在我的北边，汉朝怎么能越过我的领地去联络月氏？如果我的使臣想南下穿过汉地去出使越国，你们汉朝能同意吗？"[1]

张骞自知理亏，只能沉默，被单于下令囚禁起来，开始了长达十年的囚徒生活。为了让张骞彻底死心，单于将一名匈奴女子嫁给了他，这或许是张骞被关押期间唯一的温暖陪伴。

十年身处异域的囚徒生活并没有消磨掉张骞的宏图壮志，反而坚定了他不辱使命的决心。十年间，他始终对那个叫大月氏的国家念念不忘，仍然怀抱着只要一息尚存就要找到月氏的决心，随时想要逃离匈奴人的控制。

《史记》评价张骞道："为人强力，宽大信人，蛮夷爱之。"或许正是因为张骞宽厚的性格，负责看管他的匈奴士兵逐渐放松了防备，让张骞获得了有限的自由。

在与匈奴人的朝夕相处中，张骞逐渐与简单纯朴的草原牧民们打成一片，时常聚在一起饮酒跳舞，甚至通宵达旦地欢闹嬉戏。

元光六年（前129年），趁着外出打猎的机会，张骞终于逃出生天。他瞒着匈奴妻子，只带着随从堂邑父，朝着月氏的方向一路逃亡。他们一直向西走了数十天，穿过荒无人烟的塔克拉玛干大沙漠，翻越群峰耸峙的天山山脉，终于来到了位于今中亚费尔干纳盆地的大宛国。

大宛国向来有重商的传统，他们早就听说汉朝富庶，多次

---

[1]《史记·大宛列传》："骞以郎应募，使月氏，与堂邑氏胡奴甘父俱出陇西。经匈奴，匈奴得之，传诣单于。单于留之，曰：'月氏在吾北，汉何以得往使？吾欲使越，汉肯听我乎？'"

想与汉朝通使往来发展贸易，却一直受制于山川阻隔和匈奴的威胁。此时，一个汉朝使团突然出现在了大宛国都，大宛王大喜过望，尽管这个使团只有两个人。

大宛王在王宫里为远道而来的张骞举办了欢迎宴会，热情地接待了这个来自遥远东方的汉朝使者，询问张骞此行的目的。

张骞向大宛王解释说，他们来到这里只是代表汉朝出使月氏。接着，他进一步说明自己如何在中途被匈奴人抓住，又怎样从匈奴那里逃出来。最后，张骞向大宛王提出希望对方可以派人充当向导前往大月氏的请求。

在大宛王看来，送张骞两人去南边的月氏国并不费力，而且有可能获利颇丰。但毕竟当时匈奴的影响力空前强大，大宛王担心这样做会得罪匈奴，一旦被匈奴得知了此事，大宛国恐怕免不了一场血光之灾。

但追求利益是普遍的人性，这一点尤其体现在重商好利的丝绸之路沿线诸国。张骞以汉朝使臣的身份向大宛王许诺，在完成出使月氏的使命后，他一定会带着汉朝皇帝送来的巨额馈赠再次前来。

大宛王意识到这是与物产丰饶的东方国家建立联系的大好时机，如果双方自此可以互通有无，那么大宛便可以垄断东西方的大宗贸易，这必将为大宛带来巨大的经济利益。

在张骞许诺的巨大利益面前，大宛王选择了冒险，为张骞配备了向导和翻译，指引他们前往大月氏。不久，张骞一行人抵达了河中地区的康居国，再由康居向南，终于来到了大月氏国。

然而，此时大月氏的形势已经发生了翻天覆地的变化，之前匈奴俘虏提供的情报已经失去了时效。自从上一任月氏王被匈奴杀了之后，月氏人向西一路迁徙，不远万里来到了遥远的中亚地区。他们征服了土地肥沃、物产丰饶的大夏国，并在这里安居乐业，度过了数十年安稳的日子。

此时张骞的出现，并没有让月氏人燃起复仇的决心。

新的月氏王不愿为了多年前的仇恨放弃眼前的太平生活，因此对张骞的提议并不感兴趣。张骞在大月氏国待了一年，最终也没能说服月氏王与汉朝结盟，一起抗击匈奴。[1]

东归与再次出使

元朔元年（前128年），张骞动身东返。他想从羌人生活的青海地区回国，然而此时羌人的地盘已经被匈奴控制，张骞一行人再次被匈奴士兵抓获。

令人意外的是，匈奴单于并没有杀他，而是将他送回了此前他一直生活的那个部落。在那里，张骞重新见到了自己的匈奴妻子。但这位坚韧的匈奴女子并没有责备张骞，她理解丈夫为何出逃。

第二年冬天，军臣单于去世，其弟左谷蠡王伊稚斜自立为单于，篡夺了匈奴最高统治权，迫使军臣单于的太子于单逃入汉朝

---

[1]《史记·大宛列传》："大月氏王已为胡所杀，立其太子为王。既臣大夏而居，地肥饶，少寇，志安乐，又自以远汉，殊无报胡之心。骞从月氏至大夏，竟不能得月氏要领。"

境内。

其实，在崇尚强者政治的匈奴人看来，伊稚斜的行为并非祸国作乱。与中原自西周以来便重视血缘宗法的传统迥然不同，古代北方游牧民族最高统治者在权力更迭时实行世选制。

原始社会氏族部落时期，部落首领由部落大会民主推选，平时处理部落事务，战时率众出征。到了原始社会晚期的军事民主制时期，由于私有制和父权制的出现，部落首领开始固定在一个家族内，由部落议事会从这个固定的家族中推选继承者，这种继承制度就是世选制。

匈奴在最高统治者的继承和官吏选任上实行世选制。由于没有成熟稳固的储君制度，在前任首领逝去、新的统治者继位过程中，存在诸多影响最终结果的因素，如贵族大会的推举或认可、前最高首领的遗命、继位者自身的实力、以前阏氏为代表的姻族支持以及当政权臣的意向。[1]

于单由于年纪尚轻，缺乏经验，在匈奴最高权力斗争中落败，不得已逃亡异国。就当时的东亚国际环境而言，除了南面的汉朝，没有一个国家敢与匈奴结怨，没有任何一个政权敢接纳于单，因此于单最终逃向了自己的敌国——汉朝。

汉武帝喜出望外，匈奴太子归降，这件事的政治意义非常重大。汉武帝在长安为于单举办了盛大的欢迎宴会，封其为陟安侯[2]。不幸的是，逃离故国的于单在长安举目无亲，心情抑郁，

---

[1] 肖爱民：《中国古代北方游牧民族两翼制度研究》，人民出版社，2007，第5-8页。
[2] 意为"来到安乐之地的侯爵"。

加上水土不服，仅仅数月之后就含恨而终。[1]

而对于羁押在匈奴的张骞来说，此时或许是逃亡的最佳时机。趁着匈奴发生内乱，张骞带着匈奴妻子、随从堂邑父一起逃出匈奴。三人在路上跌跌撞撞走了一年，历尽艰险，终于在元朔三年（前126年）回到了长安。

历时十三年，张骞到达了此前从未有汉人到过的大宛、康居、大月氏、大夏等国，虽然没有说服大月氏，却为汉朝带回了大量关于西域的情报，这对汉朝了解西域、寻找盟友来说意义重大。

汉武帝认为张骞不辱使命，为国立下大功，封其为太中大夫，秩比千石，职掌议论。堂邑父也一并被封为奉使君[2]。

回国三年后，张骞以校尉军衔跟随大将军卫青出击匈奴。张骞利用自己熟悉漠北环境的长处，帮助汉军在荒凉的草原上寻找水源，又通过自己对匈奴行军特点的了解，帮助汉军大获全胜。回师后，汉武帝封张骞为博望侯，以表彰其博广瞻望的功绩。

第二年，即元狩元年（前122年），张骞再次以卫尉军职跟随李广出征塞外。由于李广部被匈奴围困后损失惨重，依汉朝法律，张骞要被处以候期当斩的刑罚。根据当时的政策，张骞的家人为其缴纳了赎金，张骞被贬为庶人。[3]

---

[1]《汉书·匈奴传》："其后冬，军臣单于死，其弟左谷蠡王伊稚斜自立为单于，攻败军臣单于太子于单。于单亡降汉，汉封于单为陟安侯，数月死。"

[2] 散官，无所掌，或为荣誉称号。

[3]《汉书·匈奴传》："汉使博望侯及李将军广出右北平，击匈奴左贤王。左贤王围李广，广军四千人死者过半，杀虏亦过当。会博望侯军救至，李将军得脱，尽亡其军。合骑侯后骠骑将军期，及博望侯皆当死，赎为庶人。"

不过，在张骞遭遇个人不幸的同时，汉朝却取得了对匈战争的重大胜利。

就在张骞被贬为庶人的当年，骠骑将军霍去病西征河西，击破匈奴右部数万人，一直追击至祁连山。第二年，浑邪王、休屠王率其部落投降汉朝。[1]

从此，匈奴势力退出了整个河西走廊，从金城[2]到盐泽，不再有匈奴骑兵堵截，汉人可以顺利前往西域，张骞之前走过的河西走廊终于被打通。其后两年，匈奴单于远遁漠北，不再南下，汉朝基本控制了河套和河西地区。

河西地区连接西域与中原，征服河西，对于连通西域意义重大。事实上，横亘在河西走廊以南的祁连山自古就是北方游牧民族崇拜的圣山，其得名源于上古北狄游牧民族。在汉武帝以前，河西走廊从未归属过中原王朝。

夏商周时期，河西地区生活着众多以游牧为生的印欧语或突厥语部落，如月氏、乌孙、义渠、匈奴等。正因如此，霍去病在征服河西并设立武威、张掖、酒泉、敦煌四郡后，保留了大量来自外族称呼的地名，其中就包括祁连山的名字。

祁连，或者译为"颠连"，实际上在众多突厥-蒙古语和叶尼塞语的语言里都是"天"的意思。而这些民族最初大多信仰的

---

[1]《汉书·匈奴传》："其秋，单于怒昆邪王、休屠王居西方为汉所杀虏数万人，欲召诛之。昆邪、休屠王恐，谋降汉，汉使骠骑将军迎之。昆邪王杀休屠王，并将其众降汉，凡四万余人，号十万。于是汉已得昆邪，则陇西、北地、河西益少胡寇。"

[2] 今甘肃兰州市西北。

萨满教都崇拜"天"为最高天神。

匈奴单于的头衔全称是"撑犁孤涂单于"。"撑犁"即"祁连"，亦可译为"腾格里"[1]，在众多突厥或蒙古语言中意为"天"，今武威东北的沙漠即名为"腾格里沙漠"；"孤涂"为"子"之意；"单于"为"广大"之意，合称即为"像天一样广大、统治万方的天神之子"。

后来受匈奴影响的鲜卑人、乌桓人、氐人、羌人都曾继承这一称号，称其最高首领为"大单于"，在接受汉文化以后逐渐演变为置于"皇帝"之下的二号人物称号。

南北朝后期，漠北草原先后兴起了第二个和第三个游牧帝国——柔然汗国和突厥汗国。在柔然和突厥统治时期，其最高统治者改用"可汗"一词。[2]后来的蒙古人继承了这一称号，并通过征伐四方使之名扬中外。

西迁的突厥语民族在伊斯兰化以后，则开始改用阿拉伯语的称号，如素丹（苏丹）、异密（埃米尔），有时也与"可汗"混用。近世中亚的哈萨克汗国就通常将最高首领称为可汗，可汗之子及部族首领则一般受封为苏丹。

除了开通这条贯通中亚大陆的丝绸之路以外，张骞还试图打通一条后世称之为"西南丝绸之路"的古老商道，这是一条从中

[1] 梅天穆：《世界历史上的蒙古征服》，马晓林、求芝蓉译，民主与建设出版社，2017，第252-254页。
[2] 唐代杜佑《通典》卷一九六《蠕蠕传》，"（柔然首领社崙）自号丘豆伐可汗"，"可汗之号始于此"。其时在晋安帝元兴元年（402年）。

国的蜀地直接通往身毒[1]的山区商道，一旦打通，可为汉朝连通
西域提供巨大便利。

原来，张骞在大夏时意外见到了邛崃[2]出产的竹杖、蜀布，
这意味着早在他到达西域以前，中国蜀地的商人就已将货物贩卖
到了中亚地区。根据当地人的描述，张骞得知蜀地的商人并没有
直接到达大夏，而是将这些货物运送到了身毒，再由身毒商人进
行转手贸易。

因此，张骞向汉武帝建议打通从蜀地通往身毒进而连通西域
的道路。汉武帝考虑到途经羌中道易被羌人阻截，北方又为匈奴
人控制，取道蜀地则没有风险，因此以张骞为发间使，并派遣使
者从四道并出，分别前往探路，希望打通从蜀地通往身毒，进一
步通往西域的道路。

不幸的是，西南夷中有一支名为昆明夷的部族十分剽悍，他
们对过路的陌生人十分凶狠，经常干一些杀害汉使、掠夺财货的勾
当，导致汉朝最终也没能打通西南丝绸之路。[3]然而，这并未影
响张骞和汉武帝对西域的渴望，他们决定再次沿着已经打通的丝绸
之路到达西域，与各国建立外交关系，并说服他们共同抗击匈奴。

元狩四年（前119年），张骞第二次出使西域。这次，他以中

---

[1] 中国史籍对"印度"的别译。
[2] 位于四川盆地中部。
[3]《史记·大宛列传》："天子欣然，以骞言为然，乃令骞因蜀犍为发间
使，四道并出：出駹，出冉，出徙，出邛、僰，皆各行一二千里。其北方
闭氐、筰，南方闭嶲、昆明。昆明之属无君长，善寇盗，辄杀略汉使，终
莫得通。"

郎将[1]的身份率领三百人、六百匹马、数以万计的牛羊这一庞大使团出使乌孙。到达西域以后，张骞派遣副使分别出使大宛、康居、大月氏、大夏、安息[2]、身毒、于阗等西域诸国，这些使者带回的信息大大开阔了汉朝人的视野。

元鼎二年（前115年），张骞带着乌孙使者数十人归国，这次出使整整用了四年时间。张骞回国后，被汉武帝拜为大行。大行位列九卿，职掌外交，即交接外宾、沟通诸国。然而没过一年，张骞就遽然病逝，汉武帝悲痛万分。

这个坚毅的人以一人之力，用自己的大半生为代价，历经十八年艰难险阻，不负使命，连接起了东方与西方交往的关键一环，为汉朝打开了一个全新的广阔世界，为中西方之间的沟通开创了起点，司马迁评价其对开通西域有"凿空"之功。

自此，汉朝使臣每次出使西域都自号博望侯，因为只有打着这一名号才能使西域的胡人信服，可见张骞其人给西域各国人民留下的深刻印象。或许在西域各国人民的心中，张骞已经成为汉帝国的代言人，后来来到西域的那些汉朝人都是张骞事业的继承人。[3]

西域三十六国

西域，意即"西方地域"，是古代中原王朝对今新疆、中亚

---

[1] 武官高职，负责宿卫皇帝，秩比二千石。
[2] 今伊朗高原东北部。
[3] 《史记·大宛列传》："然张骞凿空，其后使往者皆称博望侯，以为质于外国，外国由此信之。"

地区的泛称，最早出自东汉史学家班固所著《汉书·西域传》。

先秦时期，中原之民将中原以西地区泛称为"西方"，如《国语》里提及"西方之书"，《诗经》里提及"西方之人"，《庄子》里记载："昔周之兴，有士二人处于孤竹，曰伯夷、叔齐。二人相谓曰：'吾闻西方有人，似有道者，试往观焉。'"

此时华夏之人主要聚居于黄河中下游的中原地区，因此其所谓的"西方"所指范围极广，一切只要在中原以西的地区都被称为"西方"，甚至包括今陕西、甘肃这样传统上被认为是中原的地区。

然而，随着秦朝的建立，中原地区被整合为一个大一统帝国，中国人的视野从此不再局限于黄河与长江中下游地区，开始面向更广阔的天地。

秦始皇南征百越，将岭南地区纳入管辖，又北逐匈奴，夺取了黄河中上游的河套之地。从此，中国传统的"内地"格局初步形成，中国人便将目光投向了更遥远的西部内陆地区。

先秦时期，在长城的西部起点——临洮[1]以西，还居住着许多不同种类的游牧部族，主要有月氏、乌孙和西羌，他们生活在今甘肃西部与青海北部的草原地区，以游牧为生。

战国末期，月氏击破乌孙，乌孙部众北迁依附匈奴。秦汉之际，匈奴又西征月氏，月氏人战败后大部西迁，前往更遥远的天山地区，被称为大月氏。而未能迁走的月氏部落则向南流窜至祁连山以南的青海地区，与羌人杂处，被称为小月氏。

[1]今甘肃省临洮县。

祁连山以北水草丰美的河西地区从此成为匈奴人的游牧地，祁连山也成为匈奴人祭天的圣山。他们正是通过这里连通西域，控制了包括楼兰在内的大部分西域国家。

汉武帝时期，汉朝从匈奴手中夺取了河西地区，列四郡[1]，据两关[2]，将中原王朝的国门向西推进到今甘肃西部，从此开始了与今新疆、中亚地区的广泛交往。

从那时以来，"西域"一词也成为中原人对玉门关、阳关以西地区的总称。广义上，"西域"包括今新疆和中亚地区的数十个国家；狭义上，"西域"专指葱岭[3]以东、天山以南的今南疆地区。

《汉书·西域传》载：

> 西域以孝武时始通，本三十六国，其后稍分至五十余，皆在匈奴之西、乌孙之南。南北有大山，中央有河，东西六千余里，南北千余里。东则接汉，厄以玉门、阳关，西则限以葱岭。

"在匈奴之西"，是指塔里木盆地位于包括阿拉善高原在内的蒙古高原以西，当时的整个蒙古高原都处于匈奴的势力范围。在"乌孙之南"，是指塔里木盆地位于天山以南，当时天山以北的草原地区都属于乌孙管辖。

"南北有大山"指的是塔里木盆地夹在昆仑山与天山南北

---

[1] 指酒泉、武威、张掖、敦煌四郡。
[2] 指玉门关、阳关。
[3] 即今帕米尔高原。

之间，"中央有河"指的是横亘在塔里木盆地中间的塔里木河。
"东则接汉，厄以玉门、阳关"说的是其地与汉朝边境相邻，双
方以玉门关、阳关为界；"西则限以葱岭"则指其地在葱岭以
东，这中间的地域无疑就指的是塔里木盆地。

可见汉朝人已经将塔里木盆地与中亚、北疆地区清晰地区分
开来，并将这里专称为"西域"。

秦汉以前，天山以南的南疆地区约有三十六个绿洲国家，
都是吐火罗人、塞种人或古羌人所建的城邦小国，西汉时期约分
为五十余国，天山以南大致有楼兰、婼羌、且末、小宛、精绝、
戎卢[1]、拘弥、渠勒[2]、于阗、皮山[3]、西夜[4]、依耐、乌
秅[5]、莎车、疏勒、捐毒、尉头[6]、温宿[7]、姑墨[8]、龟
兹、焉耆、乌垒[9]、渠犁[10]、尉犁[11]、危须[12]、劫国[13]、墨

---

[1] 精绝、戎卢两国都在今新疆民丰境内，精绝国都在今尼雅河下游沙漠中的
尼雅遗址。
[2] 拘弥、渠勒两国都在今新疆于田、策勒一带。拘弥，即扜弥、扜采，为同一国
家在不同史书中的不同称呼。《史记》称"扜采"，《汉书》称"扜弥"，
《后汉书》称"拘弥"。为求统一，本书除引文外，均采用"拘弥"。
[3] 今新疆皮山县东南。
[4] 今新疆叶城县南。
[5] 依耐、乌秅两国都在今新疆塔什库尔干县境内。
[6] 约在今新疆阿合奇县西哈拉奇一带。
[7] 今新疆乌什县境内。
[8] 今新疆阿克苏、温宿一带。
[9] 今新疆轮台县东小野云沟附近。
[10] 今新疆库尔勒市、尉犁县以西一带。
[11] 今新疆尉犁县境内。
[12] 今新疆和硕县境内。
[13] 今新疆阜康市境内。

山[1]、狐胡、姑师[2]诸国。

此外，天山以北地区还有郁立师[3]、乌贪訾离[4]、单桓[5]等国。

姑师国地跨天山南北，占据着吐鲁番盆地与哈密。汉武帝以后，姑师国遭到汉朝和匈奴势力的反复争夺，分裂为车师前国、车师后国和山北六国，即东且弥国、西且弥国、卑陆前国、卑陆后国、蒲类前国、蒲类后国[6]。

车师前王治交河城，即今吐鲁番的交河故城遗址，统治着吐鲁番盆地的大部分地区。车师后国和山北六国则在天山山谷及其以北地区，地近匈奴，主要以畜牧为生。

天山以北还有乌孙、匈奴等游牧国家，帕米尔高原及其以西地区还有桃槐[7]、休循、无雷[8]、大宛、康居、竭石[9]、罽宾[10]、难兜[11]、大月氏、大夏、犍陀罗[12]、安息、乌弋山

---

[1] 今新疆库尔勒市以东的库鲁克山一带。

[2] 狐胡、姑师两国都在今新疆吐鲁番市境内。

[3] 今新疆吉木萨尔县境内。

[4] 今新疆玛纳斯、昌吉一带。

[5] 今新疆乌鲁木齐市以北及米泉一带。

[6] 《汉书·西域传》："至宣帝时，遣卫司马使护鄯善以西数国。及破姑师，未尽殄，分以为车师前后王及山北六国。"

[7] 今阿姆河上游小帕米尔地区。

[8] 在今帕米尔高原。

[9] 即后世所称之史国，在今乌兹别克斯坦撒马尔罕以南。

[10] 所指地域因时代而异。汉代指今喀布尔河下游及克什米尔一带。

[11] 今巴基斯坦克什米尔地区东北部的巴尔蒂斯坦。

[12] 今巴基斯坦北部及其毗连的阿富汗东部一带。

离[1]等国。

汉朝由于缺乏对游牧民族的统治经验，并未将各游牧政权纳入统治序列之下，而是将经略西域的范围集中于今南疆地区的绿洲国家。因为这些国家"大率土著，有城郭田畜"，民众往往以农耕经商为生，沿袭定居的生活方式，与汉朝文化接近，与匈奴、乌孙风俗迥异，便于汉朝管理。况且其国虽多，人口却都很少。

当时龟兹作为西域最大的国家，人口也仅有八万一千三百余人。其他较大的国家如焉耆，共有三万二千一百余人，姑墨有二万四千五百余人，拘弥有二万余人，于阗有一万九千三百余人，疏勒有一万八千六百余人，莎车有一万六千三百余人，楼兰有一万四千一百余人。

人数较少的国家如尉犁、温宿各有八千余人，危须、皮山、精绝、乌秅、墨山各有四千余人，尉头、渠犁、渠勒、戎卢、且末、小宛、乌垒各有一千余人，人口最少的国家如劫国有五百人，狐胡有二百六十四人，乌贪訾离有二百三十一人，单桓只有一百九十四人。[2]

这些国家散布于塔里木盆地四周，大致可分为南、北两道，于阗、精绝等国在南；焉耆、龟兹等国在北；楼兰则位于两道交会的最东端，扼守着进入塔里木盆地的东大门。

在众多绿洲国家中，楼兰国可谓占尽优势，不仅位于东西

[1] 今阿富汗赫尔曼德河下游尼姆鲁兹。
[2] 数据来源于《汉书·西域传》的记载。

方往来的交通要道上，自然条件更是得天独厚。其地东临蒲昌海[1]、塔里木河与车尔臣河，它们源源不断地为其补充水源。这里的小环境气候湿润，在以干旱为主的南疆地区显得格外与众不同。正是因为其难得的气候条件，早在4000年前，这里就已经有不少先民生活，他们或许正是楼兰人的祖先。

探寻罗布泊文明之源

1934年夏，瑞典考古学家贝格曼[2]在考察罗布泊地区时，在当地维吾尔族向导奥尔德克的引领下，沿孔雀河下游向南分出的一条小河道曲折南行，终于在6月2日傍晚抵达了这个传说中有一千口棺材的地方，这便是西域考古历史上赫赫有名的小河墓地。

在这里，贝格曼发现了他认为的"世界上保存最完好的木乃伊"，他称这里为"死者的殿堂"，也正是他将此地命名为小河墓地。[3]

1939年，贝格曼在斯德哥尔摩出版《新疆考古研究》[4]一书。书中，贝格曼详细介绍了他在小河地区的考古调查及发掘

[1] 今新疆南部的罗布泊。
[2] 沃尔克·贝格曼，瑞典考古学家，1927—1935年三次往返于中国西北的内蒙古、新疆、甘肃，考察了310处古代遗址，发现了著名的居延汉简和小河墓地。
[3] 伊弟利斯·阿不都热苏勒：《深埋在沙漠中的小河墓地是如何被发现的》，《西部大开发》2019年第12期。
[4] 汉译本译作《新疆考古记》。

工作。

根据其描述，小河墓地规模宏大、葬制奇特，蕴含着丰富的罗布泊早期文明信息，是了解西域文明最直观、最清晰的遗址之一。

然而，贝格曼发现小河墓地的半个多世纪以来，没有人再次到达过这块神秘之地，小河墓地在塔克拉玛干沙漠浩瀚无垠的沙海中神秘地消失了。

2000年12月，中国新疆考古人员再次找到了小河墓地的踪迹，并于两年后对这里进行了尝试性发掘。2003年10月，小河墓地全面发掘项目正式启动。

新疆文物考古研究所组成以所长伊弟利斯·阿不都热苏勒为领队的小河考古队，对小河墓地进行了为期三个月的田野发掘，一共发现了大约三百三十个古代墓葬，考古人员对其中一百六十多个已编号的墓葬进行了发掘。

小河墓地位于罗布泊西岸、孔雀河下游河谷以南约六十公里的罗布沙漠中，东距楼兰故城遗址一百七十五公里。小河墓地整体由数层上下叠压的墓葬及其他遗存构成，外观为在沙丘比较平缓的沙漠中突兀而起的一个蛋状沙山，高出地表约七米，东西长约七十米，南北宽约三十五米，占地面积约两千五百平方米。

沙山上密密麻麻矗立着一百四十多根截面为多边形的胡杨木桩，每一根木桩都是用一根完整的胡杨木加工制作而成的，呈七棱柱到十一棱柱，高出地面一到两米。远远望去，整个小河墓地犹如一个插满筷子的馒头，仿佛一个充满原始宗教氛围的神秘世界。

这里的木柱虽有一百四十多根，但绝非胡乱插立，每一根都体现了死者的性别和生前的社会地位。一般而言，女性棺前所立的基本呈多棱柱、上粗下细、顶部呈卵状的木柱，高度一般在一米五左右，上部缠绕毛绳，象征男根；男性棺前则立一根外形似桨的立木，大小差别很大，大的高近两米，上部为船桨状，下方柄部刻画出七道横向装饰纹，象征女阴。[1]

因此，这些立柱并非贝格曼所猜想的那样是用来承接屋顶的承重之柱，而是对于死者身份的纪念物，是古代罗布泊先民生殖崇拜的体现。在每位成年女尸的木棺中，无一例外地发现有象征男根的木祖陪葬，这再次说明当时的小河人存在着原始生殖崇拜。这里正是4000年前罗布泊先民神秘的死亡殿堂。

考古发现，立在小河人墓前的木柱埋在沙土下的部分基本呈现红色，地上部分则由于几千年的风化导致颜色脱落。可以想象，在小河人生活的那个时代，这里的每一根立柱全都通体红色，远远望去仿佛红色的森林。

红色在小河墓地显得格外突出，在木柱上还有缠绕的红色毛线，红色是血的颜色，象征着生命。正如贝格曼所说："它源于对魔法的敬畏，肯定大于对美学的追求。"[2]

目前发掘出的最大的一根立柱矗立在墓地中央，顶部呈尖锥状，通体被涂成红色，上端线条浑圆，中段被雕成九棱柱，原

---

[1] 伊弟利斯·阿不都热苏勒、李文瑛、胡兴军：《新疆罗布泊小河墓地2003年发掘简报》，《文物》2007年第10期。

[2] 沃尔克·贝格曼：《新疆考古记》，王安洪译，新疆人民出版社，2013，第75—76页。

本悬挂着一颗硕大的牛头，其下所葬的是一位地位尊崇的年长妇人。尸体保存完好，陪葬品明显多于其他墓葬，所立木柱又体形巨大，所葬位置又位于墓地中央，这说明墓主生前是一位身份显赫的领袖人物。

在这位老妇人的棺中还发现了一个造型精美的皮囊，里面装着麻黄，这是一种麻醉剂，能使人致幻。此外还发现了一张凶神恶煞的人形面偶。或许，这是一位负责通灵的高级巫师，受到全体部落民众的尊崇，因此在死后得到了特殊对待。

墓地中埋葬的木棺形制基本统一为船形，侧板由两块胡杨木加工而成，比人体稍长，将挡板揳入棺板两端的凹槽中固定为棺盖，底部中空，没有棺底，仿佛一只扣着的小船，将死者罩在其中，隔绝了生与死的时空。

木棺内均葬一人，头部大致向东，均仰身直肢。整个棺材被生牛皮包裹，密封性、防沙性都很强，保存十分完好，原始而安全。

在发掘过程中，考古工作者在揭开牛皮后，发现棺木在牛皮的包裹下新鲜如初。这说明小河墓地的墓主人在下葬时，办理丧事的人从当场宰杀的牛身上取下新鲜生牛皮来包裹了棺木。牛皮在干燥的过程中不断收缩，沙漠中干旱的气候会蒸发掉牛皮中所有的水分，最后牛皮便紧紧地、严密地将棺木包裹，表面变得像盾牌一样坚固。[1]

根据目前发掘的保存着原始状态的墓葬，可以推断当时墓葬

---

[1] 新疆文物考古研究所小河考古队：《罗布泊小河墓地考古发掘的重要收获》，《吐鲁番学研究》2005年第1期。

的埋葬过程：先挖沙坑，然后将包裹好的死者放在适当的位置，再依次拼合棺木，覆盖盖板，包裹牛皮，在木棺前后竖立木柱，往墓坑中填沙，最后堆沙。

棺前象征男根和女阴的立木大部分被掩埋，棺木前端的高大木柱上端则露出当时的墓葬地表，成为明显的墓葬标志物。因此，小河墓地的沙丘并非自然形成，而是人工用一层又一层的墓葬填沙堆垒起来，一如中原地区的夯土一般。

小河墓地埋葬的逝者身上多裹有毛织斗篷，羊毛制成，平纹织法，颜色有白、灰、浅棕、深棕，说明当时的人们普遍将不经缝制的长方形斗篷围绕或披挂在身上，作为日常穿着。另外，在死者腰部也有羊毛织物包裹：男性腰衣形似腰带，下端有饰穗；女性腰衣形如短裙。

死者无一例外都头戴尖顶毡帽，毡帽由羊毛制成，缀有红色线绳或鼬皮，有的还绑有羽饰，羽毛用红色毛线绑在细木棍上插在帽子上。男性毡帽多呈高尖状，女性毡帽则显得更加宽圆。

此外还有用牛皮或猞猁皮缝制的短靴，通常靴底毛朝外，其余部分毛朝里，一根粗绳将靴子拴在脚踝上。经鉴定，毡帽上的鼬皮来自伶鼬，这种动物在新疆至今仍有广泛分布；而羽饰可能是鹜或雕的羽毛。

木棺中沉睡的逝者的随葬品都很简单，主要有草、木、皮、毛四大类，可能是当年在这里生活的主要依赖品。青铜虽然已经出现，但并没有成为人们日常使用的工具或器皿，可能只是一种饰物，因具有某种象征意义而被镶嵌在木制品上。除随身的衣帽、项饰、腕饰外，小河墓葬里的陪葬品还有木雕人像、冥弓、冥箭、木祖、木别针、木梳、麻黄束、铜片、玉石等。

在随葬的器物中，最普遍的就是草编小篓，几乎每一个墓中都会有一个。小篓由植物的茎秆、根茎纤维密实绞编而成，人们巧妙地利用草的不同光泽和质地，编出明暗相间的三角纹、阶梯纹，有鼓腹形、圆柱形，有圆底、尖底，形态各异，比例协调，造型简洁而优美。每只小篓上都有提梁，让人不禁想到这些小篓曾经提在每一个小河人的手中。

在小篓内还发现了中国最早的小麦麦粒。世界上最早的小麦麦粒发现于西亚，这说明小麦作物起源于西亚。而在小河墓地发现了距今4000年的小麦麦粒，正说明小河人很有可能是从西边迁徙而来的。

以上说明，小河墓地的远古居民很有可能生活在罗布泊的河湖地区，以畜牧、农耕为生，同时兼营捕鱼、打猎。他们的畜牧业相当发达，牛羊数量巨大，生活用品大多都来自羊毛，同时他们还经营着以小麦为主的农业。[1]

很难想象，如今风沙肆虐、一片死寂的罗布荒原在古代是一片水草丰美的沙漠绿洲。小河居民们就在这里过着安静祥和的生活，死后也埋葬于此，造就了这个有一千口棺材的小河墓地。

当年，贝格曼沿着这条不知名的小河进入罗布沙漠。据其描述，小河约宽三十米、深一米多，河岸边有高过人的芦苇，水位较高时还可以通行独木舟。

显然，小河墓地形成时就已经有这条小河，当时的水位应该

---

[1] 林梅村：《吐火罗人的起源与迁徙》，《西域研究》2003年第3期。

远高于今天，它为那时生活在这里的小河人提供了充足的水源，小河人也利用这条河道以小舟往来交通。

直至20世纪50年代，发源于博斯腾湖的孔雀河及其支流小河都保持着相当的水量。后来由于大规模的农业开发，孔雀河逐渐断流，小河也消失得无影无踪。

这里既然存在着规模较大的墓葬区域，说明这里曾是罗布泊远古居民生存的家园。然而迄今为止，在墓地周围五平方公里的范围内，依然没有发现人类生活的遗迹。

贝格曼猜测，村镇的遗址可能已经被流沙掩埋，或者这附近原本就没有聚落，小河人将这里视为最神圣的死者殿堂，是不能被打扰的灵魂之所。不管怎样，小河墓地就这样孤独突兀地挺立在罗布沙漠深处，在周围一片死寂的映衬下显得更加神秘。

虽然根据气候学研究报告，早在五千多年前，塔里木盆地就已经普遍属于干旱性气候，然而在4000年前，塔里木河与孔雀河下游的罗布泊地区由于水量充沛，利于农耕畜牧，形成了一处气候适宜的小环境，植被覆盖率甚至达到了百分之四十以上。[1]

生活在这里的人民过着半耕半牧的生活，唯一的问题在于生态环境十分脆弱。

小河人要在这片土地上长久地生存，就必须保护好当地脆弱的生态平衡，一旦打破这种平衡，小河人就将遭到灭顶之灾。从整体上看，塔里木盆地处于干燥的气候环境中，这里自然资源有

---

[1] 夏雷鸣：《古楼兰人对生态环境的适应——罗布泊地区墓葬麻黄的文化思考》，《中国社会科学》1997年第3期。

限，容易受到气候变化的影响。

小河人必须小心翼翼地与周围严酷的自然环境作斗争，小河墓地出土的许多幼尸就说明了小河人生存的艰难。最终，也正是由于生态环境的恶化，小河人才放弃了这片故土。

根据现代考古"文化层"的概念，同一地点存在的不同时代的叠压遗存，能反映出不同时期的文化面貌，越往下的土层，距今的年代越久远。考古学家根据小河墓地至少有三层以上的叠压墓葬遗存判断，小河墓地从最初形成到最终废弃，应延续了较长时间。

据碳十四测定，小河墓地存在的年代大致在前1650—前1450年之间，是罗布泊地区乃至整个新疆地区较为古老的远古人类墓葬遗址。

1979年，考古人员在罗布泊西北、孔雀河北岸的沙地[1]发掘出四十多座青铜时代墓葬，均为竖穴沙坑墓，有木棺，少数墓地地表环列七圈立木，随葬木、皮、毛、草、骨、角类器物，也有少量玉石、铜器，但未见陶器，与其南面的小河墓地基本类似。根据测定，这些墓葬基本在前2310—前1535年。

因处无人地带，考古学家们将这里称为古墓沟墓地。由于这里的墓葬周围大多有七圈立木环列四周，形似太阳放射状，也被称为太阳墓地。[2]

1980年，新疆考古人员又在古墓沟以东约一百公里的罗布泊

---

[1] 在小河墓地正北偏东方向约五十公里，楼兰故城西北七十公里处。
[2] 王炳华：《孔雀河古墓沟发掘及其初步研究》，《新疆社会科学研究》1983年第1期。

北侧[1]发现了铁板河墓地。在这里发掘出一具女性干尸，年龄约四十岁，身高一米五五，面目清秀，头发呈黄褐色，深目尖鼻，鼻梁高窄，下巴尖翘，具有鲜明的欧罗巴人种特征，被称为"楼兰美女"。根据测定其身上所裹羊皮得知，这位古代美人生活在距今约3800年。

从棺木形制、裹尸斗篷、木雕人像、草编小篓、麻黄枝等文化因素分析，小河墓葬与古墓沟墓葬、铁板河墓葬存在普遍共性。在时代背景上，三者均处于约4000年前。

因此可以得出结论，早在楼兰国建立之前的2000年里，罗布泊地区就有人类生存。他们已经进入了青铜时代，发展出了自己独特的文明，聚居于孔雀河下游、塔里木河下游与罗布泊之间的绿洲地区，在古墓沟、铁板河和小河地区留下了自己的痕迹。

小河墓地与古墓沟墓地的文化类型和年代大致相当，其所在的新疆若羌县一带，正是后世楼兰国和鄯善国的所在地。

因此贝格曼等学者认为，位于北面孔雀河和南面塔里木河之间的小河流域和孔雀河北岸的古墓沟地区，是罗布泊地区最古老的人类遗迹，这里是楼兰土著居民的发祥地，他们在这里至少生活了数百年。[2]

在小河墓地，那些竖立在墓葬上方的桨状木柱和收纳尸体的船形木棺，都表明生活在罗布泊地区的古代人类经常来此划桨乘船。可以确定的是，当时的罗布泊西岸地区还是一片绿树成荫、

---

[1]在小河墓地东北约二百公里处。
[2]王欣：《吐火罗史研究》，商务印书馆，2017，第55—56页。

人口密集的绿洲地带，小河人以及后来的楼兰人最早就生活在这里。

考古学家将罗布泊地区的这类古文化遗存称为古墓沟文化或小河文化，或者合称为小河—古墓沟文化，那么，生存在小河与古墓沟的远古居民到底是什么民族？他们又究竟来自何方？

西域先民两大集团

在斯文·赫定发现的楼兰故城，其出土文物的测定年代仅仅属于两汉至魏晋、前凉时期。在斯文·赫定[1]、斯坦因、橘瑞超、黄文弼获得的汉文竹简中，纪年最早的为汉宣帝黄龙元年（前49年），最晚的为前凉建兴十八年（330年）。至于楼兰人属于什么人种、最早来自何处、何时建立国家，从这座古城的遗迹中找不到任何答案。

事实上，在中国的古籍记载中，楼兰国从西汉至南北朝，只存在了六百多年。但这仅限于中原汉人对西域历史有限的认知，并非历史上的真实全貌，楼兰国的历史肯定要远远长于六百年。

在张骞通西域以前，楼兰国便已经建立，但至于具体何时建国却不得而知。史书的记载和出土的书简，都无法告诉我们楼兰确切的起源时间。

然而可以确信的是，当2000年前汉朝人到达塔里木盆地的时候，楼兰人已经在这片土地上生存了许多代。正是因为有了千百

---

[1] 斯文·赫定（1865—1952），瑞典探险家，1901年发现楼兰故城遗址。

年的文明发展，他们才建立了自己的国家，并繁荣一时。

至于建立楼兰国的人群与小河-古墓沟文化人群是否存在血缘上与文化上的继承性，史书记载和考古研究都无法得出确切结论。然而，一个地区的人群和文化绝不会平白无故地消失，只会随着时代的变迁和社会的演进而相互融合。

在考古学资料中，小河-古墓沟文化虽然在距今3800年左右消失，但这并不意味着曾经生活在小河、古墓沟一带的远古居民没有留下后裔，他们可能只是换了一种面貌重新出现在历史的长河中。因此，我们可以合理推测，小河人、古墓沟人并没有彻底消失，他们或许正是2000年后楼兰人的部分祖先。

从大约公元前20世纪起，天山以南的塔里木盆地就一直生活着以欧罗巴人种为主体的远古居民。后来进入阶级社会，这些远古先民在塔里木盆地的塔克拉玛干沙漠北缘建立起了许多绿洲城邦国家。至两汉时期[1]，包括楼兰国在内的西域三十六国都是以印欧语人群为主体的绿洲城邦国家。[2]汉文史籍里描述的西域各国人，普遍都是胡须茂密、眼窝深陷、鼻梁高耸的长相，这也验证了这一观点的正确性。

根据其语言和来源的不同，这些生活在塔里木盆地的欧罗巴人种主要分为两大民族，即吐火罗人和塞种人。西域北道上的龟兹、焉耆、车师和楼兰都属于吐火罗人建立的国家，而西域南道上的于阗、莎车、疏勒和帕米尔高原上的休循、捐毒等国则是塞

---

[1] 前202—220年。
[2] 林梅村：《西域文明——考古、民族、语言和宗教新论》，东方出版社，1996，第3-10页。

种人建立的国家。

从时间上来看，吐火罗人是最早定居新疆地区的印欧语人群，而塞种人则是在吐火罗人之后才东迁进入塔里木盆地，二者在人种上都属于欧罗巴人种，所操的语言都属于印欧语系，只是分属不同的语族。

与广泛分布在伊朗高原和中亚的雅利安人相类似，塞种人所操的语言也属于印欧语系伊朗语族东支；而吐火罗人的语言则属于印欧语系独立语支，与同在亚洲、距离他们最近的印欧语系伊朗语族不同，反倒与欧洲和小亚细亚地区的古代语言存在较近的亲缘关系。

这说明吐火罗人是最早从古印欧人中分化出来并向东迁徙的一支，他们可能起源于东欧与中亚草原地区，经过长途跋涉才最终到达塔里木盆地，成为最早定居新疆的古代民族。

正是吐火罗人为罗布泊地区带来了小麦这种农作物，养育了生活在小河地区的"古楼兰人"，后来又通过丝绸之路将小麦向东传入中原地区。

后来吐火罗人继续东进，到达了今甘肃省的河西走廊地区，在祁连山下的草原上过着逐水草而居的游牧生活，与操汉藏语系、生活在东边中原地区的华夏族和南边青藏高原的古羌族毗邻、交往，被东方的华夏诸国视为"西戎"，他们或许就是被先秦史籍记载为"允姓之戎"或"禺知"的那部分人。

秦朝以前，河西走廊上的吐火罗人赶走了与其为敌的乌孙人，建立了强大的游牧政权——月氏王国，他们被称作月氏人，是距离东亚世界最近的白种人游牧民族，也是欧罗巴人种中分布最东端的人群。[1]

先秦至西汉初期，吐火罗人建立的政权可分为两大地理板块：

一是新疆绿洲地区众多的城邦国家，汉史称为城郭诸国或西域三十六国中的大部分，如龟兹、姑墨、精绝、焉耆、楼兰（鄯善）、车师，而塔里木盆地西部的疏勒、莎车、于阗则主要生活着塞种人。

二是河西走廊地区的月氏王国。月氏人曾经在河西走廊生活过上百年。前174年，在匈奴的武力压迫下，月氏主体被迫西迁中亚的七河草原[2]，称为大月氏，留居故地、退保南山的部众则被称为小月氏。[3]

不久，西迁的大月氏又被宿敌——乌孙打败，被迫再次南迁至河中[4]和阿姆河以南[5]地区，征服了这里的塞种人和雅利安人，消灭了塞种人所建的大夏国，并在中亚建立了新的大月氏王国。后世大月氏人逐渐与原生活在这里的塞种人融合，在贵霜帝国统治时期共同形成贵霜人，至隋唐又被称作粟特人。[6]

阿尔泰山至巴里坤草原之间的月氏人、天山南麓的龟兹人和焉耆人、吐鲁番盆地的车师人以及塔里木盆地东部的楼兰人，都属于吐火罗人集团。他们对西域文明，乃至整个中国文明的发展

---

[1] 小谷仲男：《大月氏——寻找中亚谜一样的民族》，王仲涛译，商务印书馆，2017，第26—30页。

[2] 今哈萨克斯坦东南部与吉尔吉斯斯坦地区。

[3] 藤田丰八：《西域研究》，杨炼译，山西人民出版社，2015，第77—78页。

[4] 指中亚锡尔河与阿姆河之间的地区。

[5] 今乌兹别克斯坦南部和阿富汗。

[6] 许序雅：《粟特、粟特人与九姓胡考辨》，《西域研究》2007年第2期。

都起过重要作用。

有千年文明史的楼兰文明，对中国佛教史有重大影响的龟兹文明，融会东西方多种文化因素的吐鲁番文明，正是吐火罗人创造的。

公元3世纪以后，中亚的吐火罗斯坦[1]被萨珊王朝的波斯人占领，中亚的吐火罗人自此基本融合于波斯、粟特等东伊朗人群。公元9世纪中叶，生活在塔里木盆地的印欧语绿洲居民后裔被西迁的突厥语民族回鹘所同化，成为后世维吾尔族的族源之一[2]。

因为吐火罗人曾长期生活在中国西部地区，汉语中仍有一些地名是来自吐火罗语的音译，如祁连、昆仑[3]、张掖[4]、敦煌[5]、龟兹[6]、伊吾[7]、焉耆[8]等。

最早纵横东西的人类集团

关于古印欧人起源问题，目前学术界的研究大体有以下四种观点：

---

[1]指贵霜帝国故地，即今阿富汗与巴基斯坦东北部的犍陀罗盆地。

[2]新疆师范大学文化人类学研究所：《文化人类学辑刊（第1辑）》，新疆人民出版社，1995，第139页。

[3]或译为喀喇，意为黑色或伟大。

[4]或译为昭武，意为首都。

[5]即"吐火罗"译音。

[6]意为繁华的城邦。

[7]意为马。

[8]意为火。

第一种，起源于波罗的海与黑海—里海之间地区，可追溯至前8500—前5000年；

第二种，起源于安纳托利亚地区，时间为前7000—前6500年；

第三种，起源于中欧巴尔干地区，可上溯至新石器时代，也可能为前5000—前3000年；

第四种，起源于黑海—里海地区，中心是乌克兰南部和南俄的森林-草原地区，时间为前4500—前2500年。

其中，第四种观点广受认同。2015年，一支国际研究团队对8000—3000年前的69个欧洲人个体进行了基因检测，并对25组古DNA数据展开分析，证实6000—5000年前的东欧颜那亚草原是欧洲印欧语居民的起源地。[1]

可以认为，吐火罗人和其他印欧语人群最早都起源于黑海与里海北岸的草原地区，与那里的颜那亚文化[2]渊源颇深。

后来，随着颜那亚文化的扩张，吐火罗人与赫梯人、凯尔特人、希腊人等逐渐从古印欧人中分离，但是他们的语言仍然显示出较近的亲缘关系，都属于印欧语系K类语言（西部语团）。

与此相对的是，后来才从印欧语人群中分离的伊朗人、印度-雅利安人和塞种人的语言则属于印欧语系S类语言（东部语团）。

与赫梯人、凯尔特人不同的是，吐火罗人并没有去往欧洲寻求发展，而是选择向东迁徙，逐渐分布到了哈萨克草原至叶尼塞

---

[1]徐文堪：《吐火罗人起源研究》，商务印书馆，2018，第167页。

[2]约前3600—前2200年。

河上游的广大地区。

发现于西伯利亚东部的阿凡纳羡沃文化[1]与颜那亚文化有不少相似之处，说明在4000多年前，即前2200—前1700年，作为原始印欧人的一支，吐火罗人在东迁后，大体上以阿尔泰山为中心，定居于天山以北的广大森林—草原地带。

后来在前1800—前1700年，吐火罗人分化出一支，由北向南进入天山以南的塔里木盆地，并沿着塔里木盆地南北缘两条路线进行迁徙活动，最终广泛分布于包括罗布泊在内的天山南北地区。[2]

北支东徙到今新疆库车、焉耆和吐鲁番，在这些绿洲地带从事农业生产，兼营畜牧业。南支经且末到达罗布泊地区，发展出了自己独特的文明，在且末扎洪鲁克古墓和孔雀河古墓沟等地留下了活动遗迹，被称为小河-古墓沟文化。

也就是说，4000年前生活在小河墓地与古墓沟墓地的楼兰远古居民，很可能就是吐火罗人。

虽然在塔里木盆地发现的吐火罗语书稿基本都在900—500年前，而小河墓地的人们生活在距吐火罗语最早发现的2000多年前，但从小河墓葬到楼兰墓葬呈现出一种清晰的文化连续性，这体现在许多社会风俗的相似性上。

其中，最容易研究的是埋葬方式的相似性。毕竟，这是古人类能留给后世的仅有文化形式。在小河人和楼兰古代居民的墓葬

---

[1] 约前3500—前2000年。
[2] 王欣：《吐火罗史研究》，商务印书馆，2017，第29-32页。

中，都发现了帽子随着墓主一起下葬的现象，这似乎说明小河人与楼兰人确实存在着某种直接或隐秘的联系。

在新疆南部的塔克拉玛干沙漠中，极端干旱的气候条件及较好的埋藏条件，使新疆各处的墓葬遗址得以发掘出许多保存完好的古代人类遗体，其中年代最早的约在前2000年。

作为新疆罗布泊地区最引人注目的史前文明，距今4000年左右的小河—古墓沟文化是迄今所知亚欧大陆上时代最早、分布位置最东的古欧洲人类型。

1979年，考古人员对从古墓沟墓葬采集到的人骨进行人类学特征研究，发现古墓沟文化居民同南西伯利亚、哈萨克斯坦、伏尔加河下游草原和咸海沿岸的青铜时代居民，具有一般相近的原始欧罗巴人种特征；墓葬文化跟欧洲黑海沿岸的竖穴墓文化十分相似，这似乎说明他们就是从黑海而来的原始印欧人。

而在小河墓地发现的穿越4000年岁月剥蚀依旧美丽动人的"小河公主"，也呈现出显著的欧罗巴人种特征，头发为亚麻色[1]，高鼻深目，睫毛较长，这也可以说明吐火罗人早在约4000年前就已经生活在罗布泊地区，并创造了独具特色的小河文化。[2]

---

[1] 这种发色仅在欧罗巴人种中能够见到。
[2] 朱泓：《中国西北地区的古代种族》，《考古与文物》2006年第5期。

塞种人：再次出发

雅利安人和塞种人是发源于黑海草原青铜时代的游牧民，他们有可能来源于乌拉尔河下游至叶尼塞河上游之间的安德罗诺沃文化[1]。他们晚于创造颜那亚文化的吐火罗人，是继吐火罗人东迁后继续留在黑海草原的古印欧人后裔。

目前，在新疆伊犁和塔城等地发现了属于安德罗诺沃文化的青铜器物和墓葬遗存，可以确认这种文化在公元前20世纪中叶就已从西北方向进入新疆，其影响所及，已经到达新疆的中部和南部地区。

前2300—前1200年，雅利安人族群逐步从中亚草原向南迁移，分别进入伊朗高原和南亚印度河流域，征服了非印欧人种的当地土著——埃兰人和达罗毗荼人，开创了古伊朗文明和古印度文明（吠陀文化），主要从事农耕，建立了波斯帝国（阿契美尼德王朝、萨珊王朝）和印度帝国（孔雀王朝、笈多王朝），这两个国家的人分别是今天波斯人和高种姓印度人的祖先。

而继续留居黑海－里海草原的印欧人则成为斯基泰人的祖先，他们依然保持着像祖先那样的游牧生活方式，在2000多年前的欧亚草原上纵横驰骋，骁勇强悍，与伊朗的雅利安人语言接近，同属于印欧语系伊朗语族。[2]

作为一个印欧语游牧部落集团，他们延续古印欧人的传统，

---

[1] 前2000—前1000年。
[2] 成珞：《斯基泰人初探》，《世界民族》2003年第4期。

与东徙塔里木盆地的吐火罗人、南迁伊朗与印度的雅利安人一样，崇拜太阳，喜爱黄金，金器手艺很是高超。即使放在今天，斯基泰人的金器设计感也很强，不光美感十足，工艺更是精细，具有很高的艺术价值。

后来斯基泰人逐渐分化，形成斯基泰人[1]、萨尔马特人[2]、奄蔡人[3]、辛梅里安人、马萨革特人[4]和塞种人[5]等游牧民族，并广泛地分布在从黑海北岸到伊犁草原的亚欧大陆中北部地区。

中国史籍中最早记载塞种人的是《汉书·西域传》："昔匈奴破大月氏，大月氏西君大夏，而塞王南君罽宾。塞种分散，往往为数国。自疏勒以西北，休循、捐毒之属，皆故塞种也。"

可见西汉时期的中国人已经认识到塞种人和大月氏人的区别，二者曾为了争夺大夏这个地方发生战争，塞种人战败，向东越过帕米尔高原并进入塔里木盆地。

事实上，建立大夏国的塞种人只是亚欧草原上众多具有相似文化的游牧部族中的一支，他们主要由 Asii、Pasiani、Tochari、Sacarauli 这四支伊朗语部落组成。

前145年，塞种人越过阿姆河，将占据巴克特里亚[6]的希腊

[1] 生活在黑海北岸，希腊人称他们为 Skuthoi，或译为"西徐亚人"。
[2] 生活在里海西北，或译为"萨尔马提亚人"。
[3] 生活在里海东北，亚述人称他们为 Ashkuzai，或译为"阿兰人"。
[4] 生活在咸海至伊犁河下游。
[5] 生活在中亚地区，波斯人称他们为 Saka，或译为"萨克人"。
[6] 今阿姆河与兴都库什山之间地区。

人逐往兴都库什山以南，以其主体部落Tochari之名建立国家，汉语史籍中译为"大夏"，即Tochari的汉语音译。[1]

前139—前129年，伊犁河、楚河流域的大月氏人在乌孙的压力下南迁，征服河中地区后建立大月氏国。

大夏人大部分被月氏征服，小部分退至阿姆河以南，分休密、双靡、贵霜、胕顿、高附五部翕侯[2]，保持着某种程度的自治权。公元1世纪，贵霜翕侯攻灭其他翕侯，并推翻了大月氏王权，建立贵霜王国，中国仍称之为"大月氏"。

后来波斯人和阿拉伯人沿用这里的古称，称其为"吐火罗"或"吐火罗斯坦"，亦即大夏（Tochari）之名。[3]

1983年，新疆伊犁新源县巩乃斯河畔的那拉提草原出土了一件青铜武士像。值得注意的是，这件青铜武士像无论从外貌还是衣着，都体现出古代欧罗巴人战士的形象，这就是曾经生活在这里的塞种人的直观形象。

该武士头戴尖顶弯钩宽檐帽，上身赤裸，腰间系短裙，他昂首挺胸，双拳紧握放在腿上，似乎手持着某种武器，两腿一跪一蹲，表情严肃，眼睛凝视着前方，仿佛随时准备出征打仗。

这种头戴尖帽的塞种人形象，在新疆各地的许多岩画上都出现过，伊朗的贝希斯敦遗址浮雕上也出现过类似的弯钩宽檐帽，这正符合有一支"戴尖帽"的塞种人部落的服饰习惯。[4]

---

[1] 余太山：《塞种史研究》，商务印书馆，2012，第52—53页。
[2] 大夏和贵霜王朝时期对诸侯的称呼，也写作"翎侯"。
[3] 余太山：《塞种史研究》，商务印书馆，2012，第66页。
[4] 刘学堂：《乌鲁木齐的史前时代》，商务印书馆，2019，第50页。

公元前10世纪初，塞种人开始广泛进入塔里木盆地西南部，一些说东伊朗语的塞种人部族在和田绿洲等地定居下来，建立了于阗、莎车、疏勒诸王国。

自西汉张骞通西域以后，汉史多将这些塞种人国家与吐火罗人在塔克拉玛干沙漠北缘建立的楼兰、车师、焉耆、龟兹等绿洲城邦国家合称为城郭诸国或西域三十六国。

民族融合造就文明

亚欧大陆中部早期的人群大规模扩张至少发生过两次，第一次是较早的颜那亚人（吐火罗人），第二次是较晚的安德罗诺沃人（雅利安人和塞种人）。公元10世纪以前的西域居民绝大部分都是欧罗巴人种，先后有讲吐火罗语和塞语的两个族群。

当西汉帝国的势力延伸至西域的时候，塔里木盆地四周就广泛生活着高鼻深目的欧罗巴人种居民。那时并没有成熟的民族学理论和科学研究，无法区分清楚这两大人群——吐火罗人和塞种人。在对西域并不熟稔的汉朝人看来，那些人无论是相貌、语言还是风俗习惯，都没有太大区别，因此将他们的国家统称为西域诸国。

《史记·大宛列传》记载：

> 自大宛以西至安息，国虽颇异言，然大同俗，相知言，其人皆深眼、多须髯，善市贾，争分铢。

这虽然记述的是古代中亚的人种和语言，但由于新疆的地理位置与中亚邻近、文化相近、民族同源、相互交往频繁，也可以作为秦汉时期对新疆各地人种和语言的描述。由上述记载可以得知，秦汉之时，生活在塔里木盆地四周的古代居民必然是眼窝深陷、鼻梁高挺、胡须发达的欧罗巴人种。这一点，从其他史籍中也可以得到佐证。如东汉繁钦的《三胡赋》：

莎车之胡，黄目深睛，圆耳狭颐。

《周书·异域传下》：

自高昌以西，诸国人等多深目高鼻。

然而，据西行印度的唐朝僧人玄奘所著的《大唐西域记》记载："（喝盘陀国）以其先祖之世，母则汉土之人，父乃日天之种，故其自称汉日天种。然其王族，貌同中国，首饰方冠，身衣胡服。"

考古人员在对小河墓地出土的古代人类干尸进行研究时发现，其毛发多呈褐色、黄色或红色，根据对其鼻梁、脸型的分析，基本上可以断定为欧罗巴人种，但对部分墓主线粒体所做的DNA分析又表明其含有东亚和南亚人基因。

这似乎说明塔里木盆地长期以欧罗巴人种为主，但同时也有汉人、蒙古人在内的人种。此外，还有欧罗巴人种和蒙古利亚人种的混合类型，即吐火罗人、塞种人与东亚黄种人的混血后裔。[1] 早在4000年前起，这里就已经发生了东亚人、南亚人与欧罗巴人的融合。

自古以来新疆就是一个多人种、多民族的地区，至今亦然。在历史发展的过程中，各族群通过战争、交流与融合，最终呈现出"多元一体"的文化形态，促进新疆地区社会不断向前发展。

自4000年前起，吐火罗人就开始生活在塔里木盆地东端的罗布泊地区，创造了光辉灿烂的罗布泊古文明——小河文化，成为新疆地区最古老的文明之一。

这些最早生活在罗布泊地区的小河人，与后世迁来的其他吐火罗人和塞种人不断融合，并在秦汉以前就建立了楼兰国。因此，唐代玄奘在《大唐西域记》中称楼兰故地为"睹货逻[2]故国"。

后来，楼兰人又融合从中亚迁徙而来的塞种人和犍陀罗人[3]，在塔里木河和车尔臣河流域的绿洲地区顽强生活了数百年，直至中国南北朝以后因各种因素陆续迁走，只留下埋没在沙海之中的荒芜城市，默默封印着楼兰曾经的记忆。

---

[1] 徐文堪：《吐火罗人起源研究》，商务印书馆，2018，第115页。

[2] 即"吐火罗"一词的同音异写。

[3] 芮乐伟·韩森：《丝绸之路新史》，张湛译，北京联合出版公司，2015，第32页。

第二章　汉人的征服

七百骑兵

汉武帝初年，汉帝国为了解除北方劲敌匈奴的威胁，派遣张骞出使西域联络月氏、大宛、乌孙等西域诸国，共击匈奴。张骞的出使，虽然没有达到预期目的，但促进了西汉和西域诸国的相互了解。此后，汉武帝又不断派遣使者联络西域。

自从张骞通西域以来，汉朝与匈奴在西域地区展开了数十年的拉锯战。起初匈奴始终占据着绝对优势，毕竟在半个世纪前的冒顿单于时期，匈奴就已经开始了对西方的征服，老上单于时期更是完全控制了从河西到西域的广大地区。

相比于汉人，匈奴人早来了西域一步。

匈奴虽然是一个粗放式的游牧联盟政权，但对西域的统治并非毫无章法，他们甚至在西域设置了僮仆都尉一职代表匈奴征收赋税，并监视诸国动静，防止他们倒向汉朝，这样的统治持续了数十年。

相对而言，初到西域的汉朝在与匈奴的竞争中则处于明显的弱势地位。虽然经过骠骑将军霍去病的河西之战，汉朝已经基本打通了河西走廊，并设置了武威、张掖、酒泉、敦煌四郡，用以连通西北诸国，但西域诸国因为对突然出现的汉朝缺乏了解，慑于匈奴的压力不敢贸然与汉通好。[1]

再加上这些小国人丁稀少、资源有限，不堪应对汉使频繁往来的沉重负担，又看到来往的汉使大多携带大量贵重物品，就在匈奴人的支持下频繁抢掠汉使，与匈奴联手干起了劫掠汉朝使节的勾当。

关于西域地区的城郭诸国，《汉书·西域传》对其人口、物产及兵力情况都有详细记载。书中记录西域诸国往往户不满一千、口不及一万，大国人口数万，小国人口仅有数百上千。如同古希腊城邦一般，2000年前的西域地区也处于诸国林立的社会状态，呈现出小国寡民的基本特征。

当时，西域最大的城郭国家——龟兹，户口不到七千户，人口总计约八万一千三百人，兵力总计有两万一千人。此外，人口过万的国家还有：塔里木盆地东端的楼兰（鄯善）、姑师（车师）；南缘的拘弥、于阗；西端的莎车、疏勒；北缘的姑墨、焉耆。其他国家则普遍只有数千人，最小的单桓国竟然只有不到两百人。

相对于当时西汉帝国三千六百万[2]的总人口而言，西域诸国每一国的总人口大致相当于汉帝国的一个县甚至一个乡。

这些小国因为人口稀少，物资相对匮乏，其国王、贵族大多贪图汉使所带的丰厚财货，又凭借山川阻隔，料想汉朝不会派遣大兵

---

[1]苗普生：《匈奴统治西域述论》，《西域研究》2016年第2期。
[2]葛剑雄：《中国人口史（第一卷）》，复旦大学出版社，2002，第384页。

远征，因此往往劫掠往来的汉朝使节，这让刚刚开通的丝绸之路再次陷入阻滞的状态，也让刚刚来到西域的汉朝势力面临严峻挑战。

在各国劫掠汉使的行动中，大出风头的便是姑师和楼兰。

这两个国家都位于塔里木盆地东部，姑师在今吐鲁番盆地及天山以北地区，楼兰在塔里木河下游的罗布泊地区。相较于西域其他国家，这两国离匈奴人活动的地域最为接近，因而与匈奴的联系最为密切。

中国史籍中最早关于楼兰王国的具体记载始见于《史记·大宛列传》："楼兰、姑师邑有城郭，临盐泽。盐泽去长安可五千里。匈奴右方居盐泽以东，至陇西长城，南接羌，鬲汉道焉。"

后来《汉书·西域传》有更准确的记载，根据书中的记载可以得知，当时的楼兰国大致有一千五百七十户，总人口大约是一万四千以上，是一个建于罗布泊西岸的一个城郭小国，不仅人口稀少，军事实力也十分羸弱。

对楼兰来说，遥远的汉朝只是远在天边的传说，匈奴却是近在眼前实实在在的威胁，因此不得不顺从匈奴人的摆布，丝毫不敢违背匈奴单于的命令。楼兰，自此成为匈奴在西域监视诸国的耳目和劫杀汉使的帮凶。

然而，面对雄心壮志的汉武帝，西域诸国的君主们不得不承认，他们打错了算盘。

汉武帝元封三年（前108年），为了彻底打通丝绸之路，朝廷派遣从骠侯赵破奴率军数万人远征楼兰与姑师。

楼兰王心里明白楼兰的两难处境，如果不顺从强大的匈奴，楼兰恐怕有城毁国亡的危险，所以自己多年来一直忠心耿耿地跟从匈奴，唯匈奴马首是瞻。但是，由于在匈奴命令下多次袭杀来往过境的汉使，楼兰早已成为汉朝的眼中钉、肉中刺。一旦汉朝派大军征讨西域，处于西域最东端的楼兰国就将首当其冲，而以楼兰的国力是无法抵御的。

楼兰王急忙通过匈奴使者向匈奴右贤王部求援，然而匈奴使者对此事的态度却是不以为意，敷衍了事。

面对惊慌失措的楼兰王，匈奴使者认为汉朝只是做做样子，吓唬吓唬这些西域小国罢了，因为楼兰与汉朝相隔万里，汉朝绝不会劳师动众、穿越戈壁荒漠远征至此。

事实证明，楼兰王的担心并非杞人忧天，厄运很快就降临到了楼兰人的头上。

此次的汉军主将赵破奴堪称宿将，戎马十几年，战功累累，其爵位号为"从骠"即"跟从骠骑将军[1]"之意，是霍去病部下勇将。

赵破奴的身世殊为传奇，其人生经历颇为坎坷。他本是来自九原的孤儿，九原是九原郡，原为秦置，秦末为匈奴所占，郡废。汉朝于元朔二年（前127年）河南之战后收复并改称五原郡。赵破奴的父母都是屯垦的移民，后来双亲离世，只留下赵破奴孤苦无依。幼时的赵破奴自小流浪于匈奴，对匈奴的社会状况和风土人情十分了解。

长大之后，赵破奴回到汉朝参军。当时朝廷正在连续发动对匈奴的反击战争，四处网罗熟知匈奴底细的人才。曾经的苦难化为优势，赵破奴凭借对匈奴的了解，进入骠骑将军霍去病的军

---

[1] 指汉骠骑将军霍去病。

队。在霍去病帐中，赵破奴先任司马，后任鹰击将军，受到了
重用。

元狩二年（前121年），赵破奴随霍去病攻打匈奴右地[1]，
斩杀匈奴速吸王，俘稽且王、右千骑将及王族三千多人，因战功
封从骠侯。

元鼎六年（前111年），赵破奴被朝廷任命为匈河将军，向北
寻找匈奴军队直到匈奴河[2]，但这次没有与匈奴军队遭遇，赵破
奴无功而返。[3]

正是因为常年与外族打交道，赵破奴对胡人的秉性习惯了如
指掌。他认为兵贵神速，如今最好的计策无外乎出其不意地攻打
楼兰国，如果大军浩浩荡荡缓慢开进，那么楼兰人就有时间做好
充足的准备，或许还会联合匈奴共同迎战汉军，到时候汉军将会
伤亡不小。

事实上，楼兰人对于汉军的到来确实做好了准备。楼兰王出
动全国绝大部分兵力，全部驻扎在楼兰国东部边境，严密防备汉
朝大军突入境内。

因此，赵破奴把大军留在敦煌，自己亲自率领七百名轻骑兵
西出玉门关，昼夜奔驰，越过白龙堆，一夜之间兵临楼兰城下。

清晨，当楼兰人睁开惺忪的睡眼，却惊奇地发现城下尽是汉
军。楼兰王大为惊恐，急忙命人率军迎敌。无奈楼兰国小兵弱，

---

[1]今甘肃西部的河西走廊地区。
[2]今蒙古国巴彦洪戈尔省的拜达里格河。一作"匈河"或"匈河水"。
[3]《汉书·匈奴传》："从骠侯赵破奴万余骑出令居数千里，至匈奴河水，
　　皆不见匈奴一人而还。"

全国兵力也仅有三千人。

这场战争的结局已经注定。这个吐火罗人的城邦小国，在面对强大的汉军时根本无力抵抗。楼兰王无奈之下，只得走出城来向赵破奴投降。赵破奴轻松俘虏了这个异域小邦的国王，带着七百人的骑兵部队进入楼兰城，将投降的楼兰王关进了楼兰王自己的牢房。

接着，姑师国王同样被汉军擒获，姑师国被顺利征服。赵破奴将姑师国分成八个国家，分别是山南的车师前国与山北的车师后国、东且弥国、西且弥国、卑陆前国、卑陆后国、蒲类前国、蒲类后国，史称"八分姑师"。

此次汉武帝出兵楼兰、姑师的目的，在于展示汉朝军力的强大，起到敲山震虎的作用，并不想因此与西域各国结下仇怨。所以，为了绥靖诸国，汉武帝放回了楼兰、姑师两国国王，命令他们以后彻底放弃依附匈奴，转而成为汉朝的藩属。两位国王向汉朝保证，从此归附汉朝，不再与匈奴亲近，并分别派遣王子到长安做人质。

从敦煌以西至盐泽的路上，汉朝建起一系列亭障，又在轮台[1]、渠犁屯田数百人，置使者校尉领护，为出使西域的汉朝使者提供保障。自此，包括楼兰在内的西域诸国再也不敢轻视这个东方大国，汉朝的影响力开始逐步向西扩展。

楼兰人由于先前的夜郎自大，付出了惨重代价，险些王死国灭。意识到汉朝这个东方大国的强大，楼兰自此开始执行亲汉的

---

[1] 今新疆轮台县东南玉古尔地，又译仑头。

国策，但同时又不敢激怒匈奴，只能无奈地在两大强国之间谨慎维持着微妙的平衡。

对赵破奴来说，以七百骑兵奇袭楼兰，俘虏楼兰王，堪称战绩辉煌，成为后世不断传颂的传奇。此后赵破奴因为战功晋爵一等，受封浞野侯，跟随他一起征伐楼兰的王恢受封浩侯。

六年后，即太初二年（前103年），赵破奴以浚稽将军[1]之号，率领两万骑兵攻打匈奴左贤王部。[2]左贤王与之交战，派八万骑兵包围汉军，赵破奴被俘，所部全军覆没。

起初赵破奴宁死不降，其子赵安国劝他暂且投降，以便等待时机重返汉朝。于是，赵破奴假意投降了匈奴，单于对他还算优待，好生安置了他们父子。赵破奴在匈奴待了三年，始终没有忘记自己是个汉人，一直伺机而动。

天汉元年（前100年），且鞮侯单于初立，匈奴内部发生了一场政变。緱王与长水校尉虞常密谋杀死单于宠臣卫律，并劫持单于的母亲回到汉朝。

这位緱王是匈奴一个小部族的首领，原本是浑邪王姐姐的儿子，二十年前与浑邪王一起投降汉朝，三年前又随赵破奴投降匈奴。回到匈奴后，緱王受到了匈奴其他贵族的嘲弄和打压，他日夜担心自己有一天会被人杀死，因此发动了政变。

赵破奴与其子赵安国趁乱逃出，终于如愿回到长安，父子二人受到了汉武帝及满朝公卿的热情迎接。然而，就在赵破奴从匈

---

[1] 出自浚稽山，该山约在今蒙古国戈壁阿尔泰山脉中段。
[2]《史记·匈奴列传》："汉使浞野侯破将二万余骑出朔方西北二千余里，期至浚稽山而还。"

奴逃出的同时，汉朝又有另外一个人被匈奴扣押，他就是苏武。

与苏武被困异国十九年的经历比起来，赵破奴的命运也并不幸运，躲过了血雨腥风的赵破奴，在征和二年（前91年）卷入朝廷内部的政治斗争，最终因巫蛊之祸受到牵连，落得身死族灭的悲惨结局。

以夷制夷：汉武帝的经营策略

汉武帝元封三年（前108年），汉朝通过武力迫使塔里木盆地东部的楼兰、姑师两国归附，并将姑师分成八个国家。

据《汉书·西域传》记载，车师前国人口六千零五十人，军队一千八百六十五人；车师后国人口四千七百七十四人，军队一千八百九十人；东且弥国人口一千九百四十八人，军队五百七十二人；西且弥国人口一千九百二十六人，军队七百三十八人；卑陆前国人口一千三百八十七人，军队四百二十二人；卑陆后国人口一千一百三十七人，军队三百五十人；蒲类前国人口两千零三十二人，军队七百八十九人；蒲类后国人口一千零七十人，军队三百三十四人。

可以看出，自从姑师国被一分为八后，其实力遭到了严重削弱，由先前的西域东部大国瓦解成了八个人少兵弱的蕞尔小国，其中实力最强的便是楼兰以北的车师前国。

车师前国定都交河城，疆域大致相当于今吐鲁番盆地一带。与其余七国不同，车师前国在天山以南，靠近其他西域绿洲诸国，其地理位置显得尤为重要。

在汉朝军队退出后，车师诸国又投靠了匈奴，继续充当匈奴的耳目，严重威胁到丝绸之路的畅通和来往汉使的安全。车师已经成为匈奴进入西域的门户，更成了汉帝国经营西域最大的一块绊脚石。

为了彻底将匈奴势力赶出西域，永绝后患，汉朝需要拔除眼前这根钉子。于是，天汉二年（前99年），汉武帝派出了一支"奇师"远征车师。

这支军队之所以被称为"奇师"，是因为由奇异的搭档组成，它的军旗是"汉"，统帅却是匈奴人，而出征的将士许多也来自西域诸国。

汉武帝发出诏令，以归降的匈奴介和王成娩为开陵侯，并向楼兰、危须、尉犁等邻近六国征召军队，命其率领诸国联军出击车师。[1] 由此看来，汉武帝在征伐四方的过程中，已经深入领会到了以夷制夷的智慧，并将其发挥到了极致。

《汉书·西域传》记载，楼兰国有一千五百七十户，人口一万四千一百人，军队不到三千人；危须国有七百户，人口四千九百人，军队两千人；尉犁国有一千二百户，人口九千六百人，军队两千人。由此大概可以推知，各国能抽调的兵员在一千人左右，六国加起来约为六千人，这对于攻打车师或许可用。

然而，车师的背后是匈奴，一旦匈奴大军救援车师，这点人马断然不能取胜。因此，必须从玉门关内派遣汉朝军队前往，但

---

[1]《汉书·西域传》："武帝天汉二年，以匈奴降者介和王为开陵侯，将楼兰国兵始击车师。"

这必然又要耗费大量粮草。所以在出征之前，六国留在长安的质子纷纷返回其国，提前为即将到来的汉军调配粮草。

此次，汉武帝带着必胜的决心，誓要收服车师。除了让开陵侯率军攻打车师外，汉武帝还让张骞在西南方向继续争取打通通往身毒的道路，进而联络西域诸国共抗匈奴，彻底瓦解匈奴在西域地区的霸权。

介和王原本驻牧于匈奴西部，隶属于右贤王部，于去年新归降汉朝，被封为开陵侯，此时正被汉朝安置在河西走廊西部。

接到朝廷的命令后，开陵侯成娩心知这是汉朝在考验自己的忠心，因此这场战争无论如何都不能失败。他迅速召集部众，在一切准备就绪后，立即向楼兰进发。

来到楼兰国都扞泥城后，开陵侯成娩通报了汉朝皇帝的命令。楼兰王此前已经归附汉朝，在听到汉朝出兵的消息后，立即派出将领率兵跟从成娩出征车师。

楼兰国王之下设辅国侯一职，总领一切政务；设却胡侯一职，统率楼兰国内的军队；又设楼兰都尉[1]一职，管理楼兰国内的社会治安。

此次，楼兰王专设击车师都尉一职，相当于车师方面的军司令，负责跟开陵侯率领的汉军征讨车师，又置击车师君一职作为副职。

楼兰等诸国合军后，沿着塔里木河一直向北开进，目标直指

---

[1]《汉书·西域传》记载的楼兰国改名为鄯善国之后的官职名为鄯善都尉，因此推断楼兰时期应该叫楼兰都尉。

交河城。成娩心中清楚，只有在最短时间内攻陷交河，迫使车师前王投降方可取胜；一旦不能速战速决，匈奴必将出兵救援，到时汉军只得退兵。

匈奴的情报早已送至单于王庭。接到汉朝出征车师的消息，匈奴再也不敢大意。上次因为大意，匈奴失去了对楼兰的控制权，如果塔里木盆地东部要地被汉朝打通，汉朝就可以方便进入西域以联络诸国，瓦解匈奴对这里的统治。

这次匈奴单于派遣统领西方诸部的右贤王亲自率领数万骑兵，赶往车师救援。成娩兵微将寡，与右贤王大军遭遇后节节败退，交战数次后只能撤军。

这次汉军出师不利，然而君子报仇，十年不晚。十年后，汉朝再次给了开陵侯征讨车师的机会。

征和四年（前89年），汉朝派遣重合侯马通率领四万骑兵北击匈奴。马通率军从车师以北经过时，特地派遣开陵侯成娩再次率领楼兰、尉犁、危须等六国军队，分兵袭击车师，使其不能在西边偷袭汉军以策应匈奴。

匈奴此时正疲于应对汉军的出击，无法救援车师。成娩率领数万人的诸国联军来到交河城下，就地扎营，围困车师。

在得知匈奴人无法来援的情况下，困守孤城的车师前王只能选择投降，成娩最终得以完成汉帝国十年前交给他的使命，车师前部再次归附汉朝。[1]

---

[1]《汉书·西域传》："征和四年，遣重合侯马通将四万骑击匈奴，道过车师北，复遣开陵侯将楼兰、尉犁、危须凡六国兵别击车师，勿令得遮重合侯。诸国兵共围车师，车师王降服，臣属汉。"

由于车师又一次向汉朝称臣，匈奴暂时失去了对车师的控制权，对西域地区的威胁得以减弱。此时车师、楼兰都已经归降了汉朝，塔里木盆地东部都由汉朝掌控，丝绸之路进一步被打通，西域诸国与汉朝的联系得以更加紧密。

一场为争夺"天马"而发起的战争

自从张骞以布衣之身凿空西域，功拜博望侯、位列九卿以后，汉朝国内出现了一股"出国热"，有很多平民出身的人积极响应朝廷的号召，纷纷请求出使西域，以此博取扬名立万、封侯拜将的机会。朝廷就赐给这些人符节，派遣他们前去出使西域。

然而，这些人当中不乏市井无赖与投机分子，有些想以公谋私，贩卖货物，有些想出游列国，耀武扬威。这些人到了西域诸国，毫无疑问将有损汉朝的国际形象。[1]

就在这些并不合格的汉朝使者一次又一次来到西域的过程中，西域各国的王公大臣们渐渐对汉使的空话与傲慢心生厌恶。由于当时交通不便，西域与中原远隔万里，这些西域人推测汉军不能远征至此，便开始轻慢远道而来的汉使，他们见汉朝使团所

---

[1]《史记·大宛列传》："自博望侯开外国道以尊贵，其后从吏卒皆争上书言外国奇怪利害，求使。天子为其绝远，非人所乐往，听其言，予节，募吏民毋问所从来，为具备人众遣之，以广其道。来还不能毋侵盗币物，及使失指。天子为其习之，辄覆案致重罪，以激怒令赎，复求使。使端无穷，而轻犯法。其吏卒亦辄复盛推外国所有，言大者予节，言小者为副，故妄言无行之徒皆争效之。其使皆贫人子，私县官赍物，欲贱市以私其利外国。"

带的财物十分丰厚，便往往使用武力抢夺使团的财物，甚至发生多起杀害汉使的事件。

相比之下，匈奴使者在西域则可以通行无阻，他们往往只需要携带一封单于的书信，便可以得到西域各国提供的免费而又周到的饮食住宿。

对汉武帝来说，这样的情况是绝不允许出现的。

当时，那些出使过西域的使者纷纷上书汉武帝，说西域那些小国兵弱民乏，请求汉武帝派遣大军出征西域，既能灭一灭匈奴的嚣张气焰，又能安定西域诸国的民心。

四年前，汉武帝曾经试探性地向西域东部的楼兰和姑师发动过小规模战役，结果大获全胜，赵破奴以七百骑兵轻松俘虏楼兰、姑师二王，这似乎可以证明那些从西域回来的使者所言不虚，西域诸国确实不堪一击。

然而，师出无名毕竟是兵家大忌，不仅在道义上站不住脚，最重要的是影响军心，汉武帝需要一个出兵的理由。

这个理由就是——汗血宝马。

据出使过西域的使者们回朝禀告，大宛国出产一种汗如血色的良马，体形高大，奔跑速度极快，号称"汗血宝马"，这让汉武帝十分心动。他甚至给这些传闻中的"天马"写了好几首诗，称赞它们"骋容与兮跇万里，今安匹兮龙为友"[1]。

事实上，汉武帝渴望得到大宛国的好马，绝不仅仅是为了满足个人的喜好，更是为了获得汉朝反击匈奴所需的战略物资。

---

[1] 出自刘彻《天马歌》其一。

当时中原的马匹品种不佳，身材较矮，这在与匈奴骑兵的对决中是一种天然劣势，相比之下，汉军的骑兵力量十分薄弱。汉朝想开展对匈奴的战争，就必须得到西域的良马。

于是，汉武帝派出了一个名叫车令的壮士带着价值千金的礼物，其中包括一匹用黄金铸造的金马，来到大宛国要求交换汗血宝马。[1]

这个出产汗血马的大宛国就是今天中亚最富庶的地方之一——费尔干那盆地，位于今乌兹别克斯坦东部与吉尔吉斯斯坦西南部，这里是中亚最著名的农耕平原，自古以来就是农业民族的聚居地。

秦汉之时，费尔干那盆地是"属邑大小七十余城，众可数十万"[2]的大宛国，这个国家人口殷盛，经济繁荣，并不是楼兰那样的蕞尔小邦。

大宛人素来贪财，不想将"国宝"送给汉朝。他们甚至仔细分析了汉朝所处的国际形势：汉朝与大宛距离遥远，中间远隔戈壁大漠，难以远征至此，此前在楼兰等地屡次败于匈奴，因此不足为虑。[3]

在他们看来，大宛距离汉朝腹地有数千里之遥，汉朝派遣数百人的使团往往都因为缺乏水草而死者过半，怎么可能派遣大军远征到此？

---

[1]《史记·大宛列传》："天子既好宛马，闻之甘心，使壮士车令等持千金及金马以请宛王贰师城善马。"

[2] 出自《史记·大宛列传》。

[3]《史记·大宛列传》："汉去我远，而盐水中数败，出其北有胡寇，出其南乏水草。又且往往而绝邑，乏食者多。"

因此，当汉朝使者车令提出换马要求的时候，大宛王明确拒绝了他。

车令此前就经常出使西域，屡次遭到西域各国的敲诈勒索，当初劝汉武帝出兵西域的人里就有他。出发之前，他多少捕捉到了汉武帝隐藏在贸易买马背后的心思。对汉武帝来说，大宛马是必须得到的。在去大宛求马之前，车令早已预料到了大宛王的态度，抵达大宛之后便有意扩大事情的影响。

遭到大宛王的拒绝后，车令怒不可遏，当面捽了汉朝送给大宛王的礼物，其中就包括那匹用黄金打造的金马。

大宛王雷霆震怒，认为这是对他极大的侮辱。为了日后不落人口实、便于向汉朝解释，大宛王放车令东返，却秘密使人传信，命令大宛国东部边境的郁成城城主将其杀害，并夺走了汉朝使团携带的全部财货。

消息传回长安，汉武帝大怒，朝廷内的主战派纷纷进言，要求出兵大宛，汉武帝终于有了出兵的理由。于是，汉武帝派遣李夫人之兄李广利远征大宛。因为汗血马主要出产自贰师城，汉武帝便封李广利为"贰师将军"[1]，命令其率军远征大宛，武力夺取汗血马。

贰师城大致位于今吉尔吉斯斯坦奥什州西北缘的平原地区和乌兹别克斯坦安集延州、纳曼干州一带，所谓"奥什"其实就是"贰师"的另一种音译，最早出自东伊朗语，其具体城址从古至

[1]《史记·大宛列传》："拜李广利为贰师将军，发属国六千骑，及郡国恶少年数万人，以往伐宛。期至贰师城取善马，故号'贰师将军'。"

今虽然存在变迁，但其地名却传承数千年而未变。

帝国的第一次远征

在楼兰以东、河西走廊以北，原本生活着许多戎狄部落，之前都归属匈奴，自从汉朝对匈奴取得了河南之战、河西之战的胜利后，这些部落纷纷归降汉朝。汉朝为了安置这些与中原生产方式截然不同的游牧民，在边境诸郡以外陆续设置了若干属国，负责统辖这些部落。

所谓属国，就是存其国号而属汉朝的游牧部族。在按一定地域范围划定的属国中，由部落首领依本国风俗自行管理本部事务。这些游牧部族骁勇善战，尤其擅长骑兵作战，是汉朝对外征伐中一支不可小觑的军事力量。

太初元年（前104年），汉朝向西北地区的居延属国、张掖属国等征发六千骑兵，又向各郡国征召"恶少年"数万人，由贰师将军李广利统率，西征大宛。

大军浩浩荡荡地从各地陆续出发，经由河西走廊进入塔里木盆地，第一站便是楼兰。此前匈奴派人前来，告知楼兰王不许为汉军提供饮食。面对匈奴使者的恐吓，楼兰王丝毫不敢违背单于的命令，只好下令军民退回城内，死守城池，禁止任何人向路过的汉军提供饮食。[1]

---

[1]《史记·大宛列传》："贰师将军军既西过盐水，当道小国恐，各坚城守，不肯给食。"

李广利得知楼兰人不肯接应汉军的消息后，立即率军围攻扜泥城。但这次楼兰人早有准备，汉军连攻数日不下，只好向西退却，转而向丝路上的下一站且末行进。

且末国国小民弱，总人口一千六百余人，只有一支三百二十人组成的军队，虽然和楼兰一样坚守不出，但最终还是被汉军攻破，不得已向汉军提供了粮草。

由于李广利率领的汉军军纪很差，再加上受到匈奴的恐吓，西域诸国都拼死守卫城池，不肯迎接汉军，也不肯向其提供粮草。

当时匈奴在对汉作战中接连失败，加上国内政局不稳，单于更迭频繁，国力遭到了极大削弱。此次，刚刚继位的儿单于[1]听说汉朝要西征大宛后便深感不安。

一旦汉军西征胜利，西域诸国将从此彻底倒向汉朝，匈奴也将失去西域的大批赋税收入，更让汉朝彻底实现"断匈奴右臂"的战略目标，得以在西、南两面包围匈奴，让匈奴的国际地位更加孤立。[2]

正是意识到了这一点，匈奴的统治者决定阻止汉军。然而，如今匈奴国力衰弱，如何才能阻止汉军远征？

此时在位的是儿单于，他打算用西域诸国的力量来牵制汉朝，尽量在贰师将军出征的路上阻挠破坏，让汉军尽早退师。

儿单于急忙召见手下的侍从军官，让其派遣多路人马迅速赶

---

[1] 儿单于（？—前102），本名乌师庐，乌维单于之子，前105年即位为匈奴单于。因其年纪尚小，故被称为儿单于。

[2] 高荣：《论汉武帝"图制匈奴"战略与征伐大宛》，《西域研究》2009年第2期。

往西域诸国，不论用何种方式都要阻止他们向汉军提供粮草。只要粮草一断，汉军就不可能到达数千里之外的大宛国，更不用说远征攻城。

面对西域诸国的冷遇，李广利感到绝望。从长安出发时，自己原本胜券在握，在未央宫拜别天子时的场景历历在目，眼下却只有一望无际的漫漫黄沙。

然而出乎匈奴人意料的是，在长途跋涉数千公里后，汉军最终来到了大宛国的东部边境城市郁成城下，但是此时汉军只剩下数千人，大部分死于行军途中，剩下的这些士兵也都面黄肌瘦，丝毫没有作战的意愿和能力。这样的军队攻城，结果可想而知，郁成城内的大宛军队以逸待劳，大败汉军的饥饿之师。[1]

汉军死伤众多，李广利与校尉李哆、军正赵始成商量下一步的对策。

李广利认为，他们出征的目标本来是大宛国都，现在却连区区一座边境小城都不能攻下，可见征服大宛并非易事。三人商议之后决定撤军，一边休整部队一边等待时机。[2]

于是李广利召军令官入内，让其晓谕诸部：入夜以后，大军后撤。

就这样，汉朝的第一次大宛之战以汉军大败告终。西域诸国看到汉军失败后，纷纷开始重新审视与汉朝的关系，这让刚刚开

---

[1]《史记·大宛列传》："比至郁成，士至者不过数千，皆饥罢。攻郁成，郁成大破之，所杀伤甚众。"
[2]《史记·大宛列传》："贰师将军与哆、始成等计：'至郁成尚不能举，况至其王都乎？'"

通的丝绸之路面临着严峻的挑战。

李广利率领残兵败勇三千余人向东退回敦煌，上书向汉武帝报告撤军的消息，请求放大军东还。[1] 汉武帝听到西征大宛失败的消息后龙颜大怒，向玉门关守将发布诏命，命其严守关塞，不准李广利的军队退回中原。

李广利率领返回的残军在玉门关外踯躅数日，由于始终得不到入关的许可，不得不驻扎在敦煌城外的荒野中。

就在李广利出征的路上，他的妹妹——也就是汉武帝最宠爱的李夫人病逝了，两个弟弟李延年和李季都被灭族，得知消息的李广利惶恐不安。

第二年，浞野侯赵破奴率领两万人的骑兵部队，在出击匈奴时全军覆没，主帅赵破奴被俘，匈奴的势力有死灰复燃的势头。朝廷上下议论纷纷，许多人都认为此时应该召回远征大宛的军队，集中全国兵力攻打匈奴。[2]

虽然群臣众说纷纭，但是汉武帝有自己的政治考量。

自从即位以来，汉武帝一刻也没有忘记抗击匈奴的使命，而要削弱匈奴就必须征服西域，对匈奴形成一个巨大的包围圈。如果连大宛这样的小国都不能攻下，那么大夏、康居、乌孙这样的大国更会轻视汉朝，汉朝不仅得不到大宛的良马，以后甚至无法

---

[1]《史记·大宛列传》："往来二岁。还至敦煌，士不过什一二。使使上书言：'道远多乏食；且士卒不患战，患饥。人少，不足以拔宛。原且罢兵，益发而复往。'"

[2]《史记·大宛列传》："其夏，汉亡浞野之兵二万余于匈奴。公卿及议者皆原罢击宛军，专力攻胡。"

在西域立足。

于是，汉武帝力排众议，决意发起第二次远征大宛的军事行动。他再次征发兵勇，组成了一支六万多人的军队。

上次远征大宛的部队之所以失败，很大原因在于粮草不济。因为缺乏粮草，汉军不得不与各国开战抢粮，所以浪费了大量的人力物力；因为缺乏粮草，数万汉军在绝域之地忍饥挨饿，战斗力大为削弱。[1]

有了上次惨败的教训，汉军这次做了充分的准备。为了防止大军再次因为粮草短缺无功而返，此次汉军不仅携带了大量的粮草，还带上了牲畜数十万头，其中牛十万头、马三万匹、驴骡和骆驼各数万。

在造势方面，汉朝这次也是煞费苦心。为了向全国军民彰显此战的重要性，朝廷在全国范围内调拨了上百位中高级军官，光是校尉军衔的人就有五十多位。

听说大宛国都内没有井，城内的人都是在城外河流里汲水以供生活日用，如果可以将大宛城外的河水改道，使大宛城内陷入无水困境，汉军即使攻城不利，也能长期围困，使其不战而降。于是，汉朝专门派遣了一支由水工组成的特殊部队，跟随大军远征大宛。

为了防止匈奴在后方偷袭，汉朝发动戍守边关的士卒共计十八万人，作为后备部队，驻扎在酒泉、张掖以北，又让居延、休屠两个属国负责护卫酒泉，与汉朝驻军成掎角之势，以防备

---

[1] 马勇：《汉武帝对匈奴政策新论》，《中国边疆史地研究》2004年第3期。

匈奴。

可以说，汉武帝此次对攻破大宛、获得汗血宝马志在必得。因此，汉武帝特意选拔了两位相马师担任执驱校尉，准备在城破大宛之后挑选良马。[1]

大军出师当日，由副将军统率西行，前往敦煌与主帅李广利会师。这次，汉朝的西征大军抱着誓取大宛的决心，浩浩荡荡地开出了玉门关，与贰师将军李广利所率的残兵合军后，向西越过茫茫戈壁，再次踏上了万里西征之路。

这次贰师将军李广利的军队人数众多，规模庞大，威震天下，不仅使西域诸国震动，也让匈奴胆寒。儿单于终于意识到，自己低估了汉武帝的决心。

慑于汉军的强大，西域诸国的态度发生了巨大变化。他们不仅打开城门迎接李广利，还主动为其提供粮草饮食。汉军所到之处，诸国纷纷归顺。

然而，在来到仑头城下时，汉军却遇到了强烈的抵抗。为了向各国展示汉军的强大军威，也为了即将发动的大宛围城战开展演习，李广利下令连攻数日，不到一千人的仑头城很快被攻破。[2]后来汉朝就在这里移民屯田，并设置了西域都护府。

由于对上次郁成之战心有余悸，李广利率领三万人的主力部

---

[1]《史记·大宛列传》："而拜习马者二人为执驱校尉，备破宛择取其善马云。"

[2]《史记·大宛列传》："于是贰师后复行，兵多，而所至小国莫不迎，出食给军。至仑头，仑头不下，攻数日，屠之。自此而西，平行至宛城，汉兵到者三万人。"仑头，又译轮台。

队绕过郁成城，直接来到大宛国都贵山城下，并将这座中亚古城团团包围起来。

李广利采用之前定好的断水之计，阻断了贵山城外的河水。河水断流后，贵山城内严重缺水，汉军则趁大宛人困马乏之机，向城内守军发动了猛烈进攻。四十多天后，汉军攻破了外城，俘虏了大宛国最英勇善战的将军——煎靡。

然而，就在此时，汉军后方突然发生了变故。

此前由于出征人马过多，李广利考虑到行军路上的小国难以供给这么多的粮草，就将所率军队分为数支，从南、北两道分别向西进发。李广利主力部队作为前锋，率先到达大宛境内，后方军队则陆陆续续向西行军。

此时匈奴使者再次悄悄来到楼兰国，楼兰王秘密接见了这位使者，使者告知匈奴大单于要求楼兰出兵截击汉朝后方军队，[1] 楼兰王难以表态。

此前，楼兰由于劫掠汉使而招致汉军的攻打，国家差点灭亡。这位曾被赵破奴俘虏后又得以放回的楼兰国王，夹在汉朝和匈奴两大强国之间，对于究竟该依附谁，一时难以决断。

被汉朝打败后，楼兰虽然名义上臣服了汉朝，可是汉朝毕竟远隔沙漠，匈奴却近在眼前。况且在楼兰归降汉朝后，匈奴立刻发兵攻打，弱小的楼兰国又一次遭受了兵火之灾。

楼兰王思前想后，决定向汉朝和匈奴同时派出质子以示臣

---

[1]《汉书·西域传》："后贰师军击大宛，匈奴欲遮之，贰师兵盛不敢当，即遣骑因楼兰候汉使后过者，欲绝勿通。"

服。在他看来，只要向汉朝和匈奴同时称臣，在匈奴与汉之间严守中立，就可以在两大强国之间获得微妙的平衡。于是，楼兰国的一位王子来到了汉朝都城长安，另一位王子则去了匈奴，成为乌维单于的座上宾。[1]

也正因如此，楼兰几乎再次招来了亡国之祸。

正当楼兰王为是否应该出兵而烦恼时，汉朝一位叫任文的将军正率领军队驻扎在玉门关，通过抓获的俘虏得知楼兰王即将反叛，于是紧急向长安奏报。收到消息的汉武帝最厌恶这种朝秦暮楚的行为，立即下诏抓捕楼兰王。

任文带着军队星夜兼程，从玉门关赶到了蒲昌海东岸，屯驻在楼兰国边境线上。他向楼兰王发去了责令文书，等待楼兰的回复。

此时楼兰已经归顺汉朝，一旦与前来的汉朝军队发生冲突，无疑会被视为向汉朝宣战。想起几年前被赵破奴俘虏的经历，楼兰王觉得弱小的楼兰国再也经不起战争的摧残，便决定牺牲自己来换取楼兰百姓的安宁。

楼兰边境大开，汉军气势汹汹地开进王都，没有遇到丝毫抵抗。任文将军来到王宫，楼兰王早已在大殿毕恭毕敬地等候。任文手持汉朝皇帝的诏书，厉声斥责楼兰王意图背叛汉朝的行为，楼兰王只能无奈地承认自己的罪行。

就这样，楼兰王又一次被押解至长安。楼兰国的命运风雨

---

[1]《汉书·西域传》："楼兰既降服贡献，匈奴闻，发兵击之。于是楼兰遣一子质匈奴，一子质汉。"

飘摇。

汉朝为远征大宛的汉军解决了楼兰这个后顾之忧，李广利顺利攻取了贵山城的内城，大宛国王毋寡被杀，李广利在大宛另立新王，从此大宛国归顺汉朝。

来到长安后，楼兰王首先被关押在一处府邸内，数天以后才得以进宫觐见汉武帝。

在大殿朝会上，面对汉朝大臣们的指责，楼兰王作为一个小国国王，不卑不亢地回答道："楼兰小国位置处于汉朝与匈奴之间，不两面称臣就无法自安。如果皇帝责怪我亲近匈奴，我愿意举国迁徙入居汉朝。"[1]

楼兰王诚恳的回答得到了汉武帝的原谅，楼兰王再次被释放归国。从此，楼兰基本倒向汉朝，与匈奴保持距离，这样的政治格局持续了两代国王。

刺客与国王

征和元年（前92年），楼兰王在忧惧交加中病死，而此时楼兰国的太子却在汉朝的都城长安做人质。楼兰国派人来到长安，请太子回国继位。然而，楼兰太子由于此前在长安经常犯法，已被处以宫刑，无法回国继位。

因此，楼兰国内的大臣们不得不拥戴先王的次子为新任国王。

---

[1]《汉书·西域传》："上诏文便道引兵捕楼兰王。将指阙，簿责王，对曰：'小国在大国间，不两属无以自安。愿徙国入居汉地。'"

这位新王即位以后，汉朝再次向楼兰索要质子。为了巩固与汉的藩属关系，向汉朝表忠心，新王派遣他的一个儿子尉屠耆到长安作为人质，但同时迫于匈奴的压力，也派遣了另一位王子安归到匈奴做人质。[1]

楼兰就这样在汉与匈奴之间暂时取得了微妙的平衡。

然而，这样的平衡是极其脆弱的。楼兰仍处于两大政权的武力压制之下，随时都有亡国的危险。楼兰王日夜忧虑，夙兴夜寐，最终因积劳成疾而死。

楼兰王死后，匈奴首先得到了消息，第一时间将在匈奴为质的王子安归送回楼兰继位，是为楼兰新王。[2]

在安归被立为楼兰新王十多天后，汉朝才得到消息。汉武帝虽心有不甘，但也只能接受现实。然而楼兰这位新王曾在匈奴生活过多年，这次得以顺利回国继位也是因为匈奴的支持，他的上台极有可能造成楼兰国策的变更。在政治上素来敏锐的汉武帝，隐隐察觉到了楼兰可能再次背弃汉朝倒向匈奴的危险。

此时一位大臣向汉武帝建议，朝廷可以要求楼兰新王到长安来朝见天子，等他到了汉朝境内便立即将其扣押，再派遣常年生活在长安的尉屠耆王子回国继位。

这个计划十分精妙，汉朝可以不费一兵一卒改变楼兰的政局，使其继续执行依附汉朝的国策，因此得到了汉武帝的采纳。[3]

---

[1]《汉书·西域传》："楼兰更立王，汉复责其质子，亦遣一子质匈奴。"

[2]《汉书·西域传》："后王又死，匈奴先闻之，遣质子归，得立为王。"

[3] 肖小勇：《楼兰鄯善与周邻民族关系史述论》，《新疆社会科学》2008年第4期。

汉朝使者来到楼兰，向楼兰新王宣告了皇帝陛下的诏令。楼兰王不知是计，想要前往见识一下这个传说中的东方大国，但又担心自己在刚刚继位、政权不稳时匆忙出国会发生变故。

在安归后妻的劝说下，安归以国内政局不稳为由拒绝了汉朝的要求。[1]

汉朝因为连年征讨匈奴而国力损耗，渴望休养生息，开始暂时收缩在西域地区的战略经营，不主动挑起事端，所以对此事并未深究，只能接受楼兰王拒绝入汉的举动。

在与匈奴争夺楼兰控制权的过程中，汉朝两次失去了借质子归国达到控制楼兰的目的，在匈奴质子安归被送回楼兰，立为楼兰王后，楼兰改弦更张，放弃两面政策，彻底依附匈奴。

安归由于多年生活在匈奴，与匈奴联系密切，他倚仗匈奴的势力，多次阻拦甚至杀害往来途经楼兰的汉朝使节，出使西域的卫司马张安乐、光禄大夫马忠、期门郎董遂成都被他杀害。不仅如此，安息、大宛等国的使者在前往汉朝朝贡的路上路过楼兰，竟然被偷走了使节官印和贡品。

这使得汉朝与西域诸国之间的往来受到了极大阻碍，同时严重挑战了汉朝在西域的权威。[2]

---

[1]《汉书·西域传》："楼兰王后妻，故继母也，谓王曰：'先王遣两子质汉皆不还，奈何欲往朝乎？'王用其计，谢使曰：'新立，国未定，愿待后年见天子。'"

[2]《汉书·西域传》："然楼兰国最在东垂，近汉，当白龙堆，乏水草，常主发导，负水儋粮，送迎汉使，又数为吏卒所寇，惩艾不便与汉通。后复为匈奴反间，数遮杀汉使。"

这当然引起了汉朝的不满，也为楼兰国日后的迁移埋下了伏笔。

汉朝在容忍了多年之后，终于在汉昭帝时期开始解决楼兰问题。

此时，匈奴势力在河套一带已经全面衰落，对西域地区的掌控力也大不如前。一旦匈奴退出西域，楼兰就会立刻失去倚靠。单独面对强大的汉朝，安归没有丝毫胜算。

然而，对于楼兰面临的政治形势发展，安归并没有高瞻远瞩的眼光和敏锐的意识。自其从匈奴回国继位以来，始终执行亲近匈奴的方针政策，多年来安然无事，让他产生一种曾经俘虏其祖父的汉朝并不那么可怕的错觉，然而这样的想法最终葬送了安归的性命，也让楼兰差点亡国。

汉宣帝元凤四年（前77年），自从后元二年（前87年）汉武帝驾崩起，担任首辅之职的大司马大将军霍光[1]已经执政整整十年。这十年间，他平定了鄂邑长公主、上官桀等人拥立燕王刘旦[2]的叛乱，在政治上稳定了汉朝内部的政治局面，开始着手应对楼兰等国对丝绸之路带来的威胁，以重掌对西域地区的支配权。

霍光在朝堂上提出楼兰和龟兹的问题，交给大臣们讨论。

---

[1] 霍光（？—前68），字子孟，河东平阳（今山西临汾市西南）人，霍去病异母弟。西汉时期政治家，受汉武帝临终托孤，先后辅佐汉昭帝、汉宣帝两代皇帝，执政凡二十年，封博陆侯，谥宣成。

[2] 刘旦（？—前80），西汉宗室，汉武帝刘彻第三子，广陵厉王刘胥同母兄，母李姬。元狩六年（前117年）封燕王。在太子刘据兵败自杀后，刘旦因为是武帝最年长的儿子，开始觊觎储君之位。元凤元年（前80年），刘旦勾结鄂邑盖长公主、上官桀等人谋反失败后自杀，谥号刺王。

当时，楼兰、龟兹两国在汉与匈奴之间多次反复无常，频频截杀汉使。如果汉朝一直抱着息事宁人的态度消极绥靖，不惩戒他们的罪行，就不足以震慑西域诸国。这么一来，这些国家就会一个接一个地反叛汉朝，转而重新倒向匈奴。那么不只汉朝此时在西域的利益会全面受损，武帝时代抗击匈奴所建立的不世功业也要毁于一旦，中原王朝必将再次遭受北方游牧民族的压制和打击。

对于霍光的担心，汉朝的大臣们都深以为然，然而没有人能提出解决的办法。毕竟楼兰、龟兹这样的国家与汉地相距千里，许多人并未到过西域，对西域情形毫不熟悉。对他们来说，那些高鼻深目、虬髯黄须的异族人只是遥远的传说罢了。

然而，还是有一位年轻人站了出来，他就是郎官傅介子[1]。

傅介子出身名门，是西汉开国功臣阳陵侯傅宽的曾孙。与一般世家子弟不同，傅介子并没有仰仗家族门荫入仕，而是通过参军立功，得授郎官。

自从来到未央宫担任郎官，傅介子就发现自己并不适合身居宫内的安稳职位，他的梦想是效法博望侯张骞，立功异域，扬名海外，成为人人敬重的大人物，而不是藏在深宫之中做一些传令的工作。

这几年间，傅介子作为皇帝的侍从官，早已多次听闻龟兹、楼兰等国勾结匈奴杀害汉使的行为，他一直都想出使西域，为国

---

[1] 傅介子（？—前65），西汉北地义渠（今甘肃庆阳西南）人。外交家，封义阳侯。

效力。

趁着大将军霍光召集众人商议西域政策的时机，傅介子阐述了自己对于西域问题的见解，认为龟兹、楼兰这样的西域小国杀害汉使的行为会严重损害汉朝在各国的威慑力，表示自己愿意出使楼兰与龟兹，向两国的国王问责，借以震慑诸国。

霍光十分欣赏这个敢于担当的年轻人，于是向汉昭帝进言，让傅介子以骏马监的身份出使西域。虽然傅介子名义上是去盛产汗血宝马的大宛国求取良马，实际上却背负着前去谴责楼兰、龟兹两国国王，威慑他们归降汉朝的秘密使命。

傅介子来到楼兰后，受到了楼兰王安归的召见。然而，傅介子并不向其跪拜，而是以大国宣诏使节的身份，手持汉昭帝的诏书，厉声责备楼兰王勾结匈奴、截杀汉朝使者的行为。

安归狡辩称并无此事。见安归拒不承认，傅介子又以"汉军远征"的幌子来恐吓他，责其之前没有向朝廷报告匈奴使者经过楼兰前往西域各国的行为。

面对傅介子的厉声责问，楼兰王安归不得不承认了自己与匈奴的关系，并公开表示服罪。为了将功赎罪，安归对傅介子透露了一条情报，告诉傅介子匈奴使者刚从楼兰往西去，目的地应该是乌孙，中途一定会经过龟兹国。

于是，傅介子按照楼兰王安归的指引，沿匈奴使者西行的路线，一路追到了龟兹。在龟兹国的王宫里，面对同样怠慢汉使的龟兹王，傅介子厉声加以斥责。

在傅介子有理有据的责问下，龟兹王只得服罪，当廷表示再也不敢骚扰截杀往来的汉使。傅介子出色地完成了此行的主要任务，便继续西行前往大宛求取良马。

等到傅介子从大宛回来，再次路过龟兹时，听说匈奴使者从乌孙回来后正在这里停留。傅介子立即率领所带汉军数十人，突袭匈奴人所居营地，斩杀匈奴使者，极大地震慑了龟兹国内的亲匈势力。龟兹王恐惧之下不敢追究，傅介子一行就这样沿着来时的路东返汉朝。

回到长安后，傅介子成为长安街头议论的热门人物，他的名字几乎成为英雄的代名词。因为出色地完成了取马大宛、问责二王这两项任务，傅介子获得了汉昭帝和霍光的赞赏，升任为平乐监[1]。

然而，汉朝与西域毕竟距离遥远，又没有军队驻扎当地，因此西域诸国对汉帝国的态度往往摇摆不定。没过几年，龟兹、楼兰两国又干起了截杀汉使的勾当，这引起了大将军霍光的极大愤慨。在朝会上，霍光再次让大家讨论如何彻底解决楼兰和龟兹的问题。

群臣的目光都不约而同地投向了一个人——平乐监傅介子，期待他能够重演上一次的辉煌，再次为朝廷立下奇功。

其实，关心西域事务的傅介子早已对此事思量再三，他在心中已经拟订了一套方案，那就是刺杀。

当时，西域诸国并没有汉帝国那样威严的皇权，他们的国王出行时往往轻车简从，没有烦琐的礼仪和排场，在公共场合往往距离人群很近。群臣讨论后认为傅介子的建议可行，准备在刺

---

[1]西汉官职，主司养马。

杀背叛汉朝的楼兰王、龟兹王之后，另立便于控制的楼兰王、龟兹王。

　　傅介子表示自己愿意前去刺杀龟兹王，以此向西域各国树立汉朝的威信。

　　为了提高刺杀行动的成功率和安全性，霍光将刺杀的目的地改为离汉朝更近的楼兰，便于傅介子事成之后能顺利撤离。毕竟，相比于路途遥远的龟兹，楼兰的反叛对汉朝来说更算得上是肘腋之患。[1]

　　为了彻底解决楼兰问题，霍光建议汉昭帝再次派出傅介子出使楼兰。傅介子名义上将作为赶赴楼兰的使节，缓和楼兰与汉之间近乎敌对的关系，实际上却是要借机刺杀楼兰王。[2]

　　有了上次的西域之行，傅介子对于这次的刺杀之行多了几分把握。他选了几名愿意冒险的死士，带着他们轻装上阵，出玉门关后来到了楼兰国的国都扜泥城。在扜泥城中，傅介子一行人四处宣扬他们携带着大量的金银钱币，声称要将这些财物赏赐给外国。

　　此时正值楼兰王安归在位，此前他已经因为亲近匈奴而被傅介子责问过，更不愿意接见他。得知国王不肯接见汉朝使者，傅介子假装离开。

　　等到了楼兰的西部边界，傅介子告知同行的楼兰官员，自己

[1]高启安：《傅介子刺楼兰事迹综理》，《石河子大学学报（哲学社会科学版）》2016年第30期。

[2]《汉书·西域传》："元凤四年，大将军霍光白遣平乐监傅介子往刺其王。"

带着黄金、锦绣来到西域，就是要巡视分赐给各国，楼兰王如果不愿接受汉使的赏赐，他就要离开楼兰去往西边各国。

这位官员回去后，将傅介子的话报告给了楼兰王安归。

安归向来贪财好利，听说有这样的好事，立即下令边关的官员迎送傅介子回扦泥城。傅介子来到王宫后，安归贪图汉朝财物，以隆重的礼仪热情接待了傅介子。傅介子与安归坐在一起饮酒，并拿出财物向其出示。安归兴致高昂，举杯痛饮，不知不觉酩酊大醉。

眼看时机成熟，傅介子与安归进入大殿一侧的帐幕中，这里平时作为楼兰王会客的私密之所，相当于汉朝宫廷的内殿。傅介子趁着与安归对坐的时机，迅速拿出短剑刺向安归，安归当即倒地身亡，楼兰王宫内的众人一时四散逃走。

傅介子声称自己是奉天子之命来诛杀安归，并以汉朝大军压境来威慑楼兰人不要轻举妄动。[1]随即，傅介子取下安归的首级，用事先准备好的布匹包裹起来，淡定地走出了王宫。楼兰人就这样眼睁睁地看着自己的国王被杀死。

第二天，傅介子遣人告知楼兰国相朝廷下一步的行动，命令他准备迎接从长安返国的王子尉屠耆。为了防止日久生变，傅介子带着随从迅速返回中原，长途跋涉后终于回到了长安。

汉昭帝隆重迎接了不辱使命的傅介子，在建章宫为傅介子举

---

[1]《汉书·西域传》："介子轻将勇敢士，赍金币，扬言以赐外国为名。既至楼兰，诈其王欲赐之，王喜，与介子饮，醉，将其王屏语，壮士二人从后刺杀之，贵人左右皆散走。介子告谕以：'王负汉罪，天子遣我诛王，当更立王弟尉屠耆在汉者。汉兵方至，毋敢动，自令灭国矣！'"

行了盛大的宴会。傅介子将楼兰王安归的首级交给朝廷，朝廷将其悬挂在未央宫北门城门上示众。上自公卿，下至小民，整个长安城的人都极力称赞傅介子的勇气，汉昭帝更是将其比作武帝时代率七百骑兵俘虏楼兰王的浞野侯赵破奴。

傅介子凭借这一奇功被封为义阳侯，赐食邑七百户，随行的勇士们也都被授予郎官之职。

傅介子的传奇经历使其成为汉代建功异域、扬名后世的典型代表，激励着后世之人积极开拓、奋发有为。一百年后，又一个如傅介子一般的传奇人物从长安出发前往西域——他就是班超。

班超曾有如此豪言壮语："大丈夫无它志略，犹当效傅介子、张骞立功异域，以取封侯，安能久事笔砚间乎？"[1]可见班超做出投笔从戎、立志西行的壮举，多少受到了傅介子的影响。

在傅介子出生的北地郡，也就是今天的甘肃省庆阳市宁县傅家村，仍有纪念傅介子的傅氏宗祠。传说傅介子去世后，葬于今甘肃庆城县西塬，人称"石马坳"。明武宗正德八年（1513年），游击将军张桓在其墓前刻立墓碑，置石马、石羊、石虎、石人各一对，至今仍存。

在庆城县城北大街东面有条小巷，原名傅介子巷，当地通称傅家巷，据说是傅介子的出生地，只可惜已在20世纪50年代城市建设中消失。

---

[1] 出自《后汉书·班超传》。

迁都：从楼兰到鄯善

汉昭帝元凤四年（前77年），大将军霍光派遣傅介子在酒宴上刺杀了楼兰王安归。消息传回长安，汉昭帝下诏册立安归之弟尉屠耆为新任楼兰王。

作为前王留在汉朝的质子，尉屠耆在长安已经待了整整十年。十年来，他收到过父王的死讯，也收到过兄弟安归回国称王的消息。十年来，他曾为楼兰与汉的友好而欣喜，也曾因楼兰对汉朝的悖逆反叛之举而惴惴不安。

此时，这位流落异国的王子却出乎意料地迎来了人生最大的惊喜——回国称王。当然，他很清楚汉朝为什么要立他为王，也清楚他回国后要做的事恐怕已经是汉朝安排好的。

十年的质子生涯让他早就认识到了小国的无奈，以及自己命运的悲哀。

十年来，尉屠耆一直待在长安，对楼兰的政局已不了解，他担心自己回国之后即使称王，能否顺利推行自己的政令，而且前王安归的势力盘根错节，自己稍有不慎恐怕就会有性命之虞。带着这样的担心，他见到了十七岁的汉昭帝和辅政大臣霍光。

在汉昭帝召见尉屠耆的宴会上，尉屠耆首先表达了对汉朝立自己为王的感激之情，同时也提出了自己的忧虑。他表示自己长居长安，对楼兰国内之事早已生疏，人脉断绝，根基不存，自己回国继位恐怕难以服众。况且，前王安归之子还在楼兰城内，自己稍有不慎可能会被其所杀。

随后，尉屠耆提出了自己的万全之策——迁都。

在尉屠耆看来，楼兰国虽然百年来建都在蒲昌海西岸的扜泥城，但境内还有多座大城人口稠密、贸易发达，其中尤以西南部的伊循城最为突出。伊循地处米兰河绿洲，土地肥沃，物产富饶，是楼兰国内除了楼兰城之外最适合建都的地方。因此，尉屠耆向汉昭帝请求迁都伊循，并获得汉朝驻军的保护。[1]

对汉昭帝和霍光而言，他们关心的只有伊循是否能够屯田，只要能够屯田，就能保证汉朝驻军的长期驻扎，这对于控制楼兰国政意义重大。得知伊循水源充沛，沃野百里，适宜开垦良田，汉昭帝同意了尉屠耆的请求。[2]

于是，汉朝派遣一名司马带兵四十人，随尉屠耆一起前往楼兰，在楼兰国内的伊循城屯田驻军。不久，楼兰王尉屠耆迁都伊循，放弃了盐泽旧都扜泥城。

至于尉屠耆为什么要迁都伊循，原因恐怕不只是逃避楼兰国内的政治斗争，更多的原因是楼兰周围的地缘形势。

多年来无休无止的战争让楼兰人一次又一次认清了自己在汉与匈奴之间的尴尬地位，为了避免成为汉匈争战的牺牲品，楼兰人这才选择向南迁徙。

此后，楼兰放弃了扼守丝路要冲的罗布泊西岸之地，将自己已生活了数百年的世居地区，拱手让给了汉朝用作驻兵屯田的据

---

[1]《汉书·西域传》："王自请天子曰：'身在汉久，今归，单弱，而前王有子在，恐为所杀。国中有伊循城，其地肥美，愿汉遣一将屯田积谷，令臣得依其威重。'"
[2]《汉书·西域传》："乃立尉屠耆为王，更名其国为鄯善。为刻印章，赐以宫女为夫人，备车骑辎重，丞相将军率百官送至横门外，祖而遣之。"

点。自此，楼兰国改称鄯善国，在国际环境变化和国内政治斗争的双重影响下，彻底成为汉朝属国，一直持续到西汉末年。[1]

汉朝则在控制了西域桥头堡——楼兰后，在玉门关至楼兰长达一千多里的土地上沿途设置烽燧，大大加强了西域与内地的联系。

后来，汉朝在包括楼兰旧都——扜泥城在内的楼兰北部，大规模开展驻军屯田工作，不仅将鄯善这个西域盟友牢牢掌控在手中，也有效防备了匈奴对丝路往来的袭扰。

---

[1] 土炳华：《重新发现楼兰》，《文明》2006年第1期。

第三章　汉匈决战

支撑帝国的屯田政策

自商周以来，戎狄部族一直居住在黄河中上游的渭河流域，与华夏之民错居杂处，相互通婚。到了秦始皇时期，实现了中原大一统后的秦帝国开始向外开拓，戎狄部落被向西和向北两个方向驱逐。在北方，帝国夺取了黄河以南的肥沃草场，并修筑了万里长城，然而，在向西进取的征途中，秦始皇的步伐不得不止步于临洮，也就是秦国传统的西部国界。

自从汉武帝征伐匈奴以来，匈奴势力被严重打击，张骞得以开通西域，骠骑将军霍去病击破匈奴右部后，占据河西走廊的浑邪王、休屠王两部归降，汉朝为此设置了酒泉郡。后来，从中原陆续迁来了不少民众，这条狭长的走廊地带才逐渐变得人丁兴旺，为了加强管理，汉朝从原来的酒泉郡中分置出了武威、张掖、敦煌三郡，又在敦煌以西设置玉门关和阳关，正如《汉书》所谓"列四郡，据两关"，汉朝终于得以控制河西走廊。

西域自从汉武帝时期开通，原本有大约三十六个国家，其后分为五十多个小国，都在匈奴以西、乌孙以南的塔里木盆地，东西六千余里，南北一千多里。西域诸国有城郭田畜，居民大多从事农耕，与匈奴、乌孙这样的游牧民族风俗迥异。

秦汉之际，匈奴崛起后征服西域，从此诸国依附于匈奴。匈奴西边日逐王设置僮仆都尉一职，用以监领西域各国，在焉耆国与尉犁国之间派驻官员，向诸国征收赋税。张骞通西域以后，汉朝势力逐渐到达玉门关以西，匈奴常常胁迫西域诸国攻打并劫掠汉使。

自从贰师将军李广利第二次远征大宛以后，西域诸国慑于汉朝的强大，大多遣使朝贡汉朝，汉朝也经常派遣使者出使西域。

为了确保丝路畅通，汉朝在东起敦煌、西至盐泽的一路上，广泛设立亭障，用以供给往来的汉使；又在轮台、渠犁两地常年驻守田卒数百人，屯田积粟，置使者校尉领护，一是为了供给出使西域的汉朝使者，二是为了监视诸国动向，防止它们背叛汉朝。

在汉帝国逐渐加强对西域的掌控过程中，屯田政策起到了至关重要的作用。也正是因为屯田，身为农耕民族的汉朝才真正在西域这片异国他乡站稳了脚跟。

汉军第一次远征大宛时，由于汉与大宛之间路途遥远，粮草供给成为很大问题，正如《史记·大宛列传》记载："道远，多乏食。"而西域大部分地区属于沙漠，地处各绿洲地区的西域诸国，因为畏惧匈奴的报复，也由于自身国力的限制，对汉军的前来极为反感、抗拒。

《史记·大宛列传》记载，当李广利率军西征大宛时，"当道小国，各坚城守，不肯给食"，以致李广利惨败而归，回撤的士兵仅剩十之一二。通过这次惨痛的教训，汉朝决策者们意识到，如果不解决粮草补给等后勤问题，汉朝就无法长期在西域活动。为了长久安稳地经营西域，汉帝国必须解决这个难题。

太初四年（前101年），当汉朝第二次远征大宛的军队在回师途中时，汉武帝选择了位居西域中心的轮台、渠犁两地作为屯田区，派遣兵士数百人常驻其地，设置使者校尉领护[1]，开创了汉帝国在西域设官驻军的先河。

渠犁本是西域三十六国之一，又称渠黎，故址在今新疆库尔勒。汉武帝天汉二年（前99年），渠犁与其他五国向汉朝贡，征和年间（前92—前89）归汉朝直接统治，汉朝在此设城都尉，驻军一百五十人，管辖着一百三十户共一千四百八十人。

渠犁城位于孔雀河以东，河流环绕其间，土地辽阔肥沃，气候温和，交通方便。汉武帝初通西域时，就派军在此屯田。渠犁与轮台各有田卒数百人，置使者校尉领护，秩比六百石，负责开垦粮田，直接听从朝廷调遣，为往来的汉朝使臣和军士提供粮食。

西汉时期，校尉是低于将军的军衔，一般根据职责在校尉前冠以名号，使者校尉意即守护往来交通、供给汉朝使者的军职。另外，由于校尉是军职，碰到战事可以持节调动、统领汉朝在西域各地驻扎的兵力，方便对匈奴或其他小国展开军事行动。

后来，汉朝又在西域各大屯田地区设立屯田都尉（也称屯田校尉），就是以屯田为主要任务的军职，校尉职衔在都尉之上。

---

[1]《汉书·西域传》："自贰师将军伐大宛，西域震惧，多遣使贡献，汉使西域者益得职。于是自敦煌西至盐泽，往往起亭，而轮台、渠犁皆有田卒数百人，置使者校尉领护，以给使外国者。"

汉宣帝时为了统一领导，西域各地的校尉统一隶属于西域都护管辖，包括主管屯田的屯田校尉与主管军事的戊己校尉。

虽然汉朝已在轮台、渠犁两地设立使者校尉，负责开垦农田、囤积粮草等物资，但由于诸国的阻力和汉朝自身政策的影响，汉朝在西域地区的屯田规模并不大。

汉武帝晚年时期，主管农业的大司农桑弘羊上书，建议在轮台、渠犁一带扩大屯田规模，实现"稍筑列亭，连城而西，以威西国，辅乌孙"[1]的战略目的。

但汉武帝否决了桑弘羊的提议。这位已经向匈奴发动了四十年反击战争的天子，有着丰富的政治经验，他认识到对匈奴的连年征战已使国库空虚、国力疲弱，帝国需要休养生息。[2]

晚年的汉武帝向天下颁布了《轮台罪己诏》，称自己使国家"军旅连出，师行三十二年，海内虚耗"，承诺从此止兵戈，与民休息。为了彰显国策变更的决心，汉武帝特地册封丞相田千秋为"富民侯"。[3]

然而，这只是暂时的放弃，汉朝终究要在西域这片土地上"深耕细作"，真正把西域纳入帝国的版图，而实现这一目标最好的途径就是屯田。

---

[1] 出自《汉书·西域传》。

[2] 《汉书·西域传》："自武帝初通西域、置校尉，屯田渠犁。是时，军旅连出，师行三十二年，海内虚耗。征和中，贰师将军李广利以军降匈奴。上既悔远征伐。"

[3] 《汉书·西域传》："由是不复出军。而封丞相车千秋为富民侯，以明休息，思富养民也。"

汉昭帝继位以后，经过数年的休养生息，汉朝再度西出玉门关，第一件事就是开展屯田，屯田的首个地点就选在了楼兰。

汉昭帝元凤四年（前77年），楼兰王安归被刺杀后，新王尉屠耆为了避免步前王之后尘，摆脱汉与匈奴的反复争夺，特意改楼兰国名为鄯善，南迁国都至车尔臣河流域。他担心自己在国中势单力薄，为了免遭安归势力杀害，建议汉朝派兵在自己的新国都伊循屯田，用以震慑楼兰国内的反汉势力，维护自己的统治。

汉朝派出一名司马，带领四十名士卒到伊循屯田。后来，带队司马被正式改制为屯田都尉，在楼兰故城派驻守军，自此汉朝在西域东部设置了大片屯田区。[1]

三国曹魏时期，屯田校尉掌管屯田区的生产、民政和田租，由单纯的军事长官进一步演变为某一地区的行政长官。在后来的西晋时期，西域东部车师旧地的屯田地区正式设郡县，屯田校尉遂改为县令（长）。

在楼兰设置屯田区之后，加上之前设置的轮台、渠犁两地，汉朝已经在塔里木盆地东部和中北部展开了大规模的屯田建设。

元凤四年（前77年），汉昭帝刘弗陵意识到，汉朝的势力必须向西继续发展，于是派出赖丹来到西域，以校尉身份率汉军在轮台主持屯田，进一步扩大屯田区。

赖丹是西域人，本是拘弥太子，拘弥国被龟兹征服后，作为人质来到龟兹国都。当时，贰师将军李广利远征大宛时经过龟兹，得知赖丹被扣押在龟兹，就以西域诸国皆内属于汉，一视同

[1] 李炳泉：《西汉西域伊循屯田考论》，《西域研究》2003年第2期。

仁为汉朝子民为由，要求龟兹国交出赖丹。[1]

当时李广利军威正盛，龟兹王不敢得罪，便将赖丹交给了李广利。李广利带赖丹回到汉朝后，赖丹在长安觐见了汉武帝，自此作为拘弥留在汉朝的人质，在长安生活了数十年。

汉武帝后期，桑弘羊、田千秋等人曾建议朝廷在轮台等地驻军屯田，但并未得到汉武帝的首肯。汉昭帝继位后，为了进一步削弱匈奴、经营西域，重新启用桑弘羊的建议，派遣在汉为质多年的赖丹为校尉，主持西域屯田事务。[2]

作为汉朝在西域任命的第一位土著官员，屯田校尉赖丹肩负着汉朝的使命，回到阔别多年的故土，在轮台一带驻军屯田。

位于轮台西南的库车绿洲，是当时的西域强国龟兹。龟兹定都伊逻卢城[3]，辖今轮台、库车、沙雅、拜城、阿克苏、新和地区。相比于当时西域诸国多为数千人的人口规模，龟兹国大为不同，人口八万有余，兵员两万多人，堪称绿洲城邦第一大国，在西域城郭诸国中最为强大。

此次赖丹代表汉朝来到轮台，在龟兹边境屯田驻军，这一举动引起了龟兹国的警惕。在龟兹国看来，赖丹原本是龟兹属国的质子，如今却佩戴着汉朝的印绶回来，迫使他们献出土地交给汉

---

[1]《汉书·西域传》："初，贰师将军李广利击大宛，还过扜弥。扜弥遣太子赖丹为质于龟兹。广利责龟兹曰：'外国皆臣属于汉，龟兹何以得受扜弥质？'"扜弥即拘弥。

[2]《汉书·西域传》："昭帝乃用桑弘羊前议，以扜弥太子赖丹为校尉，将军田轮台，轮台与渠犁地皆相连也。"

[3]今新疆库车县东的皮朗古城。

朝来屯田，这是他们不可接受的耻辱。

龟兹国内的决策者认为，任由汉人向西扩大屯田，势必会造成龟兹领土面积与人口减少。当时，龟兹国内有一位叫姑翼的大臣建议龟兹王杀掉赖丹，以免养虎为患。龟兹王深以为然，于是派出军队袭击了汉朝在轮台的屯田人员，杀害了校尉赖丹。[1]

当时，汉朝经过武帝时代四十年的对外战争，急需休养生息，加上此时的朝廷内部存在着激烈的政治斗争，未能出兵讨伐龟兹。但到了汉宣帝时期，汉朝经过昭宣中兴数十年的恢复，国力大增，便重新开始了对匈奴的征伐和对西域地区的掌控。

本始三年（前71年），长罗侯常惠率领以乌孙为主的诸国联军，气势汹汹地向龟兹开去。联军共有五万人之多，新的龟兹王绛宾捉拿了当初主张杀害赖丹的贵族姑翼，将其交给常惠，并向其说明当初杀害赖丹是先王在位时所做之事，与自己并无干系。常惠看到绛宾诚心归附汉朝，便接受了龟兹使者的说辞，在斩杀姑翼后罢兵回师。

龟兹国开始执行诚心附汉的国策，绛宾还迎娶了和亲乌孙的解忧公主之女弟史。从此，这对与中原颇有渊源的夫妻多次去往长安，并都受到了汉宣帝的热情招待。

出于对汉文化的仰慕，绛宾回国后竟然更改了龟兹的典章制度，他本人也改穿汉式衣服，用汉家礼仪，以至于被西域诸国嘲

---

[1]《汉书·西域传》："龟兹贵人姑翼谓其王曰：'赖丹本臣属吾国，今佩汉印绶来，迫吾国而田，必为害。'王即杀赖丹，而上书谢汉，汉未能征。"

笑为"驴非驴，马非马，若龟兹王，所谓骡也"[1]。

在汉成帝、汉哀帝时期，绛宾与弟史之子丞德任龟兹国王，龟兹国仍与汉通好，丞德常自称汉家外孙，教导子孙诚心向汉，拱卫都护。此后，龟兹与汉朝长年交好，使者往来不绝，成为汉朝在西域地区最重要的盟友。

五争车师

本始元年（前73年），汉宣帝刘询即位。与此同时，从西域传来车师失守的消息，匈奴重新占领了车师，这让汉朝在西域的统治受到了极大挑战。匈奴这个以游牧为生的民族，竟然也派了四千人的军队到车师屯田。[2]

为了与匈奴争夺西域控制权，新即位的汉宣帝继续派人在渠犁、轮台两地屯田戍守，稳固根基，随时准备应对匈奴的威胁。

车师国在今吐鲁番盆地，地处西域南道与北道之间，是生活在北疆的游牧部族和南疆的农耕城邦之间交往的通道，战略位置十分重要。在楼兰彻底倒向汉朝后，车师成为匈奴进入西域的唯一门户。因此，匈奴十分看重对车师的控制权，这才派出军队在车师屯田。

对于汉朝来说，不控制车师就无法断绝匈奴与西域诸国的交往，不利于彻底掌控整个西域地区。为了稳定西域局势，汉朝必

---

[1] 出自《汉书·西域传》。

[2] 《汉书·西域传》："昭帝时，匈奴复使四千骑田车师。"

定要消除这一障碍。

正是因为车师如此重要，从汉武帝元封三年（前108年）到汉宣帝神爵二年（前60年），匈奴和汉朝在这里进行了长达四十八年[1]的激烈争夺，史称五争车师。

第一次是元封三年，汉将赵破奴与王恢率军击破楼兰、姑师（车师前身）两国，俘虏其王。第二次是在天汉二年（前99年），开陵侯成娩率领楼兰、尉犁、危须等六国联军征讨车师，汉军战败退回，但在征和四年（前89年），开陵侯成娩率领六国联军围攻车师后，车师再次降汉。

然而，车师国屡屡在归降汉朝后不久又倒向匈奴，主要原因就是匈奴武力的强大。匈奴的存在，始终是亚欧大陆各民族的噩梦。汉朝要想将匈奴从西域彻底驱逐，争夺车师，断其往返之路势在必行。

对于处在汉朝与匈奴两大国夹缝中的车师国来说，投向任何一国都有可能会招来亡国之祸，这样的情况一如迁都之前的楼兰，"小国处大国间，不两属无以自安"。

在汉朝对西域展开大规模屯田以前，汉朝在西域的势力时强时弱，在车师看来，汉朝遥不可及，不可依靠，可以依靠的是近在咫尺的匈奴。因此，在汉与匈奴的前期争夺中，车师国往往更加亲附匈奴。

汉宣帝即位三年后，于本始三年（前71年）出动十五万骑兵，由五位将军率领，分五路征讨匈奴，这是汉武帝时代以后汉

---

[1] 前108—前60年。

军的首次大规模出击。汉宣帝以常惠为校尉，持节与乌孙昆弥[1]翁归靡率领五万骑兵，向东攻入天山以北地区，右谷蠡王大败，在车师屯田的匈奴骑兵闻风而逃，车师重归汉军控制。这是五争车师中的第三次战争，汉军获胜。

次年，匈奴为了能重新控制车师，命令车师国王将太子送至匈奴为质。车师国太子名叫军宿，他清楚地知道自己的国家处在汉与匈奴之间，车师王常行首鼠两端之策，自己一旦入匈奴为质，万一哪天其父背叛匈奴，自己可能会白白送命，因此不愿前往匈奴为质。

军宿的生母是焉耆公主，她指使儿子出逃焉耆，于是军宿向西逃亡到了外祖父的国家。车师王无奈之下，只好立另一个儿子乌贵为太子。不久，车师王在内忧外患中病逝，太子乌贵继承王位。乌贵称王之后，娶匈奴女子为妻，车师再次倒向匈奴。

面对匈奴势力卷土重来的威胁，汉宣帝决定再次派遣能臣出使西域。此次出使与以往不同，这次需要长期驻守在西域，作为汉帝国在西域的代理人，与诸国交往盘桓，还要随时做好与匈奴斗争的准备，因此需要派出一位得力干将去执行这一重大任务。

此时朝中有人举荐了郑吉。

郑吉，会稽山阴[2]人，早年因家境贫寒而参军，曾多次出使西域，熟悉西域诸国事务，此时正在宫内担任郎官。汉宣帝召见郑吉，向其询问西域的事务，郑吉对答如流，汉宣帝十分满意。

---

[1] 古代乌孙王的称号，又译作昆莫。
[2] 今浙江绍兴市。

地节二年（前68年）春，汉朝派遣侍郎郑吉前往西域，继续主持屯田事务。校尉司马熹作为其副手，与其一起率领一千五百余名士兵去往渠犁，准备与匈奴展开长期斗争。

在渠犁，郑吉一行人积极发展生产，囤积粮食，为的就是在秋天发兵，赶走在车师屯田的匈奴人。此时，渠犁城里的一千多人都在紧张而有序地做着准备，每个人都清楚地知道自己来到这里的使命。这年秋天，渠犁、轮台两地的屯田大获丰收，给这些远离故国的屯田士兵带来了希望。

谷粟入仓之后，郑吉立即向众人宣读皇帝的诏命，命令所有人准备出征，副手司马熹征发周边国家一万多人，与汉朝留驻在此的一千五百人组成的屯田军会师。大军浩浩荡荡向东开拔，郑吉率诸国军队，奉天子诏命征讨车师。

渠犁距车师约一千里，联军旬月之内来到了车师首都交河城下。此前，车师王乌贵早已得知汉军的行动，他自知不敌，因此逃离了国都，撤往天山谷中的石城要塞。

交河城因河水分成两条环城流过而得名，位于今新疆吐鲁番以西约十三公里的雅尔乃孜沟中，虽有天险可以依凭，但城内人心早已涣散，见郑吉率领的大军来到交河城下，城内守军不久便投降，联军顺利进入交河城。

此次出兵，虽然没有大的伤亡，但耗费的军粮却很多。因此，在控制了交河城之后，郑吉撤军返回渠犁继续屯田。[1]

---

[1]《汉书·西域传》："至秋收谷，吉、憙发城郭诸国兵万余人，自与所将田士千五百人共击车师，攻交河城，破之。王尚在其北石城中，未得，会军食尽，吉等且罢兵，归渠犁田。"

等到来年秋收，郑吉再次发兵攻打车师，这次大军直接兵临石城城下。车师王乌贵一向胆怯，这一年来一直龟缩在石城不敢出城，此次震慑于汉军的强大，直接弃城而逃，向北出山谷逃往匈奴。此时的匈奴刚刚遭受大雪灾与战败的重创，无力发兵来救。失望而归的乌贵不得不率领部众扎营于天山以北的车师国北境。

逃亡途中，车师王乌贵与其最为信赖的大臣苏犹商议后，决定投降汉朝。然而，乌贵担心自己以前多次背叛汉朝，现在突然向汉朝投降，难以取得信任，如果郑吉不相信他们，恐怕会将他们抓起来处决。苏犹建议其先去攻打归顺匈奴的蒲类国，砍下蒲类王的首级，兼并其部众后归降汉朝，以此来打消郑吉的怀疑。

蒲类国在天山西部的疏榆谷[1]，总人口只有两千多，军队只有大约八百人。虽然号称一国，其实只是一个游牧部落。其旁还有另一个部落——蒲类后国，总人口也只有一千多人，军队三百多人。这样的小国"兵弱易击"，乌贵在兼并其部众后又去攻打车师旁的小金附国，以此为诚意，顺利归降了郑吉。[2]

乌贵归降汉朝后，在汉军的护送下又一次回到了交河城。匈奴得知后派大军问罪乌贵，乌贵自知不敌匈奴，急忙派人向郑吉求援。郑吉收到消息后，立即率军北上迎敌。

---

[1] 今新疆巴里坤县。

[2]《汉书·西域传》："王闻汉兵且至，北走匈奴求救，匈奴未为发兵。王来还，与贵人苏犹议欲降汉，恐不见信。苏犹教王击匈奴边国小蒲类，斩首，略其人民，以降吉。车师旁小金附国随汉军后盗车师，车师王复自请击破金附。"

大军屯驻在天山南面的谷口，准备以逸待劳，阻击前来干涉的匈奴大军。匈奴人孤军深入，又见汉军气势正盛，行至天山脚下便再也不敢前进。

两军陷入对峙阶段，汉军所带的粮草已经不够支撑大军继续在此扎营。为了尽可能地节约存粮，郑吉留下一名军候[1]和二十名士卒，协助车师军驻防交河城，自己则率领大军返回渠犁屯田。

看到汉军人数太少，车师军力又弱，乌贵担心匈奴攻破城后问罪于自己，就瞒着所有人，只带着少数亲兵连夜逃出交河城，快马向西一路狂奔至乌孙。远在渠犁屯田的郑吉得知后，命令留守交河的汉军士卒将乌贵的妻儿送至大本营渠犁安置。[2]

长期的对峙也让匈奴开始难以支撑，加上已经进入冬季，匈奴大军不得不考虑撤退事宜。于是，匈奴虚闾权渠单于命令右贤王变换策略，扶植傀儡与汉军对峙。

匈奴另立乌贵的弟弟兜莫为车师王，让其率领从国中逃出的车师人东迁匈奴。匈奴大军撤退，汉、匈之间争夺车师的对峙暂时告一段落。

西域的局势暂时安定下来，于是郑吉带着乌贵的妻儿，准备回长安向朝廷述职。当他到达酒泉时，汉宣帝下诏让他返回渠

[1] 古代军官名。据《后汉书·百官志一》："大将军营五部，部校尉一人，比二千石；军司马一人，比千石。部下有曲，曲有军候一人，比六百石。"
[2] 《汉书·西域传》："车师王恐匈奴兵复至而见杀也，乃轻骑奔乌孙，吉即迎其妻子置渠犁。"

犁，稳定军心，屯田积谷，夯实汉朝在西域的统治根基，与匈奴
继续在车师周旋。郑吉接到命令后返回渠犁，但派人将乌贵妻儿
送往长安。

汉宣帝隆重接待了这对异国母子，赐给他们安身的住宅，经
常赏赐给他们中原的名贵物品，乌贵妻儿得以在长安安定下来。

此时的车师国中没有国王，交河城由汉军实际控制，车师
王远在乌孙避难，车师王子与其母则在汉朝都城长安，匈奴也裹
挟了一部分车师民众，并立王弟兜莫为车师王，借以与汉朝分庭
抗礼。

地节三年（前67年）的冬天，各方势力争斗不休的车师形势
变得愈加复杂。

为了争取主动地位，稳固对车师的实际控制，郑吉迅速安排
三百名士卒到车师屯田。此前，在汉军占据优势地位时，郑吉选
择让大军后撤的原因就是车师国中没有屯田，大军不得不返回渠
犁补充物资。在车师屯田期间，不时有从匈奴逃回的车师人前来
投降。

这些人都向驻屯车师的汉军军官报告说：车师土地肥美，又
靠近匈奴，一旦被汉朝统治，在此地开垦农田、积谷筑城，匈奴
一定会深感不安，因此单于和大臣们都认为车师不可不争。你们
汉人非要在这里屯田，就不怕遭到匈奴的报复吗？[1]

郑吉对此不以为意，他早已做好了与匈奴长期斗争的思想

---

[1]《汉书·西域传》："得降者，言单于大臣皆曰：'车师地肥美，近匈
奴，使汉得之，多田积谷，必害人国，不可不争也。'"

准备。

第二年，即地节四年（前66年），匈奴虚闾权渠单于开始为夺回车师做准备。他派遣左、右大将各率一万多人，进入其右地[1]招徕流民，开展屯田，准备为大军再次拿下车师，囤积粮草，避免出现前一年那样无功而返的情况。

又过了两年，即元康二年（前64年），虚闾权渠单于终于行动，派遣左、右奥鞬王各率六千兵马，攻击在车师屯田的汉军。因车师守军人数太少，郑吉与校尉司马熹率领渠犁田卒七千多人前往救援。收到郑吉出动的消息后，匈奴又派出左大将南下增援。

汉、匈之间的第五次车师争夺战正式拉开帷幕。

郑吉所率部队大多为步兵，平时以屯垦为务，相较于精于骑射的匈奴骑兵，汉军野战并不能发挥所长，因此郑吉率军退入交河城内，充分发挥汉军擅长守城的优势，凭借交河城的险要地势展开防守。

交河城在河流中间，十分险要，又不怕水源断绝，是一处绝佳的防守城池。匈奴大军包围了交河城，左大将亲自骑马到城下叫嚣："单于誓要拿下车师，绝不允许你们汉人在此屯田！"[2]

---

[1] 即天山以北地区。

[2]《汉书·西域传》："于是吉始使吏卒三百人别田车师。得降者，言单于大臣皆曰：'车师地肥美，近匈奴，使汉得之，多田积谷，必害人国，不可不争也。'果遣骑来击田者，吉乃与校尉尽将渠犁田士千五百人往田，匈奴复益遣骑来，汉田卒少不能当，保车师城中。匈奴将即其城下谓吉曰：'单于必争此地，不可田也。'"

接着，匈奴人开始攻城，但遭到了汉军的猛烈反击。几次攻城未果后，左大将下令收兵，为了减少伤亡，匈奴军队对交河城保持着围而不攻的态势，企图在城内粮食消耗一空、汉军毫无斗志时再发起总攻，一举拿下交河城。

郑吉自然清楚匈奴人的算盘，这一招确实高明，一旦城内粮食耗尽，恐怕交河城会不攻自破。郑吉意识到必须向朝廷求援。

入夜之后，交河城头悄无声息地落下一条绳索，有人顺着绳索秘密下城后，迅速向东而去。原来，这是郑吉派出的求援人员。这名勇敢的士兵一路狂奔，很快就将郑吉被围的消息送回了玉门关内。敦煌太守将这个消息通过驿传[1]迅速送达长安。

汉宣帝收到了郑吉的求救信，信中说车师距离渠犁一千余里，中间关山阻隔，北边又靠匈奴太近。汉兵驻扎在渠犁屯田，一旦有事，来不及救援车师。希望朝廷向车师增派士卒开展屯田。[2]

郑吉的进言切中要害，汉朝要想真正掌控西域，那些小国是靠不住的，只能依靠汉人前去屯田，才能将匈奴势力彻底赶出西域，永绝后患。

汉宣帝看到郑吉的信十分感动，认为郑吉被匈奴围困之时仍不忘忧心国事，便与后将军赵充国[3]等人商议，不如趁匈奴衰弱

---

[1] 为供官员往来和文书邮递设置驿站而征的徭役。

[2]《汉书·西域传》："后常数千骑往来守车师。吉上书言：'车师去渠犁千余里，间以河山，北近匈奴，汉兵在渠犁者势不能相救，愿益田卒。'"

[3] 赵充国（前137—前52），字翁孙，陇西上邽（今甘肃天水）人，西汉名将，封营平侯，谥号壮。

之际，行围魏救赵之策。赵充国自请出征，攻打匈奴右部，以便使其从车师撤军，不再袭扰西域诸国。

但丞相魏相对此表示反对。他认为当前国内灾变、物资匮乏，而车师又距离遥远，一旦出兵，花费巨大，便向汉宣帝进言表示当前国家的主要威胁在国内而不在国外。

汉宣帝认为丞相的进言不无道理，但又不能不救援郑吉，就派遣长罗侯常惠率领张掖、酒泉二郡的骑兵，由他们就近前往车师救援郑吉。常惠率领数千骑兵来到车师以北陈兵，逼迫匈奴从交河撤军，解除了匈奴对郑吉所部的围困。[1]

交河解围之后，郑吉得知此时国内并无更多人力可以调遣的消息。考虑到如果只是占据交河一座孤城，随时会遭到匈奴人的进攻，无奈之下，郑吉只好率领所部士卒全部返回屯田大本营渠犁，并将车师民众、物资尽数随师迁往渠犁，自此放弃了车师之地。

郑吉留给匈奴的只有土地，再无其他，匈奴人一无所获。匈奴如果是农耕民族，或许会留下来开垦农田，彻底扎根，然而匈奴人是草原游牧民族，习惯于逐水草而居，并不乐于定居垦荒，之前在车师以北屯田也主要是为了对抗汉朝，并非长久打算。因此，得到了车师的土地对他们来说并没有多大价值，天山以南的土地并不适宜放牧，虽然汉朝让出了这里，但对匈奴来说，没有人口便失去了价值。

---

[1]《汉书·西域传》："公卿议以为道远烦费，可且罢车师田者。诏遣长罗侯将张掖、酒泉骑出车师北千余里，扬威武车师旁。胡骑引去，吉乃得出，归渠犁，凡三校尉屯田。"

至此，汉匈之间五争车师中的最后一次战争结束。表面上看，汉与匈奴双方都没有获得完全胜利，实际上郑吉率领的汉军得到了车师的大部分人口，可以进一步扩大在渠犁的屯田规模，为汉朝在西域的进一步经营打下了扎实的基础。

反观匈奴，虽然得到了汉军放弃的车师故地，但未曾击败郑吉率领的汉军主力，出师一无所获，空耗人力物力。因此，从长远来看，在五争车师近半个世纪的战争中，汉朝取得了最后的胜利。[1]

车师民众迁往渠犁后，郑吉派人前往乌孙，打算迎回车师王乌贵，然而此时乌孙却介入了此事。乌孙昆弥翁归靡想将乌贵留在乌孙，以备不时之需。由于翁归靡夫妇[2]一向与汉朝关系友好，乌孙的请求得到了汉宣帝的准许。[3]

于是，郑吉将逃到焉耆的前王太子军宿接回车师，立为车师王，让他统领迁居渠犁的车师民众。从此，车师人生活在汉朝的屯田区附近，与匈奴隔绝千里，再也不用夹在大国之间左右为难，因此得以安居乐业，与汉朝的关系也变得真正亲密起来。[4]

元康四年（前62年），汉宣帝派出侍郎殷广德为使者，从乌孙接回了原车师王乌贵来到长安与妻儿团圆。乌贵一家自此定居

---

[1] 马智全：《汉简所见西汉与车师的交往》，《鲁东大学学报（哲学社会科学版）》2011年第3期。

[2] 指翁归靡与解忧公主。

[3] 《汉书·西域传》："车师王之走乌孙也，乌孙留不遣，遣使上书，愿留车师王，备国有急，可从西道以击匈奴。汉许之。"

[4] 《汉书·西域传》："于是汉召故车师太子军宿在焉耆者，立以为王，尽徙车师国民令居渠犁，遂以车师故地与匈奴。车师王得近汉田官，与匈奴绝，亦安乐亲汉。"

长安，再也没有回到车师国。

初元二年（前48年），也就是汉朝放弃车师故地的十多年后，汉元帝在车师前部始设戊己校尉，车师前王率领国人开始重返交河。而此时匈奴的势力已经衰弱，车师人倚附汉朝，也成为西域都护的藩屏。

东汉永平十七年（74年），戊己校尉耿恭和关宠分别屯驻车师后国的金满城[1]和柳中城[2]，可见车师对于西域安全的重要性。汉安帝延光年间，班勇在担任西域长史时，也是以柳中城为治所。

汉魏之际，山北六国并入车师后部。三国时期，曹魏所设的戊己校尉驻扎在车师前部高昌壁[3]，并封赐后部王壹多杂为守魏侍中、大都尉。西晋时期，匈奴远遁，而漠北尚无新兴的草原政权崛起，因此车师两部皆属戊己校尉辖制。

南北朝以后，车师国逐渐从史书记载中消失，但吐鲁番盆地却又兴起了一个新的王国——高昌，车师人与生活在这里的汉人融为一体，共同组建了这个新的国家。

从屯田校尉到西域都护

交河解围之后，汉与匈奴在车师将近半个世纪的拉锯战最终

---

[1]今新疆吉木萨尔县北护堡子。
[2]今新疆鄯善县鲁克沁镇。
[3]今新疆吐鲁番高昌故城。

落下帷幕。汉宣帝升任郑吉为卫司马，命其常驻西域，保护鄯善（楼兰）以西的南道诸国，因其领护鄯善以西数国，故称护鄯善以西使者校尉。

当时，汉朝"独护南道，未能尽并北道也"[1]，也就是说，汉朝管辖着天山以南地区，却并未将天山以北地区纳入统治。

从地缘上分析，天山以北地区气候寒冷干燥，地形以草原为主，向来是各种游牧民族生活的家园，大月氏、乌孙都曾在这里游牧。自从匈奴崛起以来，这里的各游牧部落都归属匈奴，属于匈奴右贤王部管辖，右贤王将这里封给了日逐王。

日逐王是匈奴贵族的封号，分左、右，地位次于左、右贤王与左、右谷蠡王。左、右日逐王与左、右温禺鞮王及左、右渐将王，号为"六角"。此十王均为单于子弟，除左贤王常为太子外，其余九王都有相继担任单于的资格。

汉宣帝神爵二年（前60年）九月，匈奴国内发生内乱。十月，日逐王先贤掸背叛匈奴，率领部众一万二千人、小王将十二人，前来投降汉朝。

当时的护鄯善以西使者校尉郑吉亲自率领西域联军五万余人迎接，成功接应日逐王降汉，并护送日逐王等人至长安。汉朝为了表彰他们二人的功业，册封日逐王为归德侯，郑吉为安远侯。

由于日逐王降汉，汉朝得以将天山以北地区也纳入管辖范围，开始并护南、北两道，从此护鄯善以西使者校尉改称为西域

---

[1] 出自《汉书·西域传》。

都护，郑吉被任命为第一任西域都护。[1]

在成为汉朝派驻西域的最高官员后，郑吉选择了乌垒城作为驻地。这里土地肥沃，自从汉武帝时代就是汉朝在西域设立的轮台屯田区，汉朝在这里有深厚的根基，而且距离另一个屯田区渠犁也很近，便于互相支援。另外，乌垒城原本是仑头（轮台）国，地处西域诸国的中心位置，便于与各国联络周旋。

自此，汉朝在西域地区正式设立西域都护府，名义上管辖整个葱岭以东、乌孙以南的西域地区，直接领导汉朝在西域各地派设的屯田校尉与使者校尉，负责轮台、渠犁和伊循等地的屯田事务，羁縻管辖城郭诸国，调解各国关系，并代表汉朝与西边的乌孙、大宛、康居、大月氏诸国交往，督察诸国动静，及时上报朝廷，可根据具体情形从各国调兵征讨。

西域各国的译长、城长、君、监、吏、大禄、百夫长、千夫长、都尉、且渠、当户、将、相、侯、王，都佩带汉朝发给的印绶，成为汉朝的官员。自此，汉朝的政令通行西域，西域诸国之王皆内属于汉，汉朝有权征调诸国军队，向诸国征发粮草。

作为汉代西域地区的最高军政长官，西域都护秩比两千石，相当于内地的郡守。属官有副校尉，秩比两千石；丞一人；司马、军候各两人。也就是说，汉朝仿效内地之制，在西域设置了一套体系完整、组织严密、兼具民事与军事的官僚系统。

---

[1]《汉书·西域传》："其后日逐王畔单于，将众来降，护鄯善以西使者郑吉迎之。既至汉，封日逐王为归德侯，吉为安远侯。是岁，神爵二年也。乃因使吉并护北道，故号曰都护。都护之起，自吉置矣。僮仆都尉由此罢，匈奴益弱，不得近西域。"

西域都护府的设立，有利于西域诸国和平共处，客观上促进了西域地区的社会稳定，又使北方的游牧民族不敢南下侵扰，消除了匈奴、乌孙等国对城郭诸国的武力威胁，进一步促进了丝绸之路上交通和贸易的发展。

自汉朝设立西域都护起，西域诸国日益倒向汉朝，匈奴的僮仆都尉自此作罢，标志着匈奴对西域的统治宣告结束，匈奴势力逐渐退出了西域。

汉朝从内地招徕民众来此屯田，在鄯善、焉耆、龟兹等国开垦农田，西域屯田的规模达到了空前水平，仅在轮台一地，屯田的士卒就有三千人之多。汉朝在各地设置了许多屯田校尉，并属西域都护管辖。

由于大力发展屯垦事业，汉朝在经营西域的过程中得以节约大量的人力、物力，既减轻了诸国负担，又解决了汉军的后勤供给问题，增强了西域守军的防守能力。屯田是西汉政府为了统一和巩固西域而采取的一项切实可行、影响深远的措施，汉人的屯田事业一直持续到了唐朝后期，时间绵延一千多年。[1]

汉元帝初元元年（前48年），汉朝又在车师故地始置戊己校尉，秩比两千石，掌管屯田事务，治车师前王庭，隶属于西域都护，但单独设府，有丞、司马、候等属官，所领士卒亦可行征伐之事。[2]

---

[1] 孟凡人：《魏晋楼兰屯田概况》，《农业考古》1985年第1期。

[2] 《汉书·西域传》："至元帝时，复置戊己校尉，屯田车师前王庭。是时，匈奴东蒲类王兹力支将人众千七百余人降都护，都护分车师后王之西为乌贪訾离离地以处之。自宣元后，单于称藩臣，西域服从。其土地山川、王侯户数、道里远近，翔实矣。"

后来，戊己校尉逐渐升级演变为西域地区仅次于都护的官员，负责统领西域地区的汉军戍防部队，成为专管军事的最高长官。[1]

由此，汉朝对西域的管辖逐步细化，都护职掌外交，戊己校尉统领军队，二者都兼领屯田之责。如果没有新莽篡国改制，西域地区或许会一直归属中原王朝，直至彻底融入中原。

由于双方交往频繁、联系密切，西域地区的物产进一步传入中原，如胡桃（核桃）、蒲陶（葡萄）等，极大地丰富了中原人民的物质生活。中原地区先进的生产技术也不断传入西域诸国，极大促进了西域的经济发展和社会进步。[2]

与此同时，由于汉朝加强了对西域的管理，保障了丝绸之路的畅通，在南、北两条通道上，商人使者往来频繁，大大促进了中西方经济、文化的交流。

至此，从张骞通西域，到郑吉出任西域都护，汉朝历经三代皇帝[3]共七十八年[4]的时间，终于完成了统一西域的大业。

从此，汉朝将塔里木盆地纳入中央政府管辖，西域地区的其他大国如乌孙、康居等游牧政权深受震慑，再也不敢与匈奴联络交好，彻底实现了"断匈奴右臂"的战略目的，在汉匈一百余年的战争中赢得了主动地位，匈奴的败亡已经注定。

在与匈奴对西域诸国的争夺中，汉朝具备一个优势，便是汉

---

[1] 李炳泉：《两汉戊己校尉建制考》，《史学月刊》2002年第6期。

[2] 郎樱：《论西域与中原文化交流》，《西域研究》2001年第4期。

[3] 指汉武帝、汉昭帝、汉宣帝。

[4] 前138—前60年。

使从不横征暴敛。由于汉朝只求通商，匈奴则要求缴纳税金，西域诸国的人心向背自然逐渐明了。

加之匈奴在其蒙古高原大本营的落败，导致其对西域地区的控制力一步步减弱，直至汉元帝时期呼韩邪单于向汉朝称臣，西域诸国无不服从西域都护号令。

从郑吉就任西域都护起，到王莽执政时期，中原王朝一直在西域任命都护，前后总计十八任，每三年一任，姓名见于史册的有十人。宣帝时有郑吉，元帝时有韩宣（前48—前45）、甘延寿（前36—前33），成帝时有段会宗（前33—前30，前21—前18）、韩立（前24—前21）、廉褒（前30—前27）、郭舜（前15—前12），平帝时有孙建（前12—前9）、但钦，新莽时有李崇。

到了新莽末年（23年），西域大乱，末代都护李崇遭到龟兹的袭击，乌垒城破，李崇被杀。自此，中原王朝暂时失去了对西域地区的管辖。

东汉建武二十一年（45年），西域十八国向东汉请求重新开设西域都护府，光武帝考虑到国家刚刚结束战乱，无暇顾及西域，因此只是向十八国的使者表达了友好的态度，并未答应他们设置都护的请求。[1]

明帝永平十七年（74年），东汉王朝经过数十年的休养生息，国力得以提升，开始经营西域，任命陈睦为第一任西域都

---

[1]《后汉书·西域传》："匈奴敛税重刻，诸国不堪命，建武中，皆遣使求内属，愿请都护。光武以天下初定，未遑外事，竟不许之。"

护。第二年，西域发生战乱，焉耆、龟兹反叛，陈睦被杀，朝廷
不得不暂时撤销了西域都护一职。

此后，一直到和帝永元三年（91年），东汉才重新派出将兵
长史班超平定了西域，后来就以班超为新任西域都护，驻扎在龟
兹境内的它乾城[1]。永元十四年（102年），班超因为年老返回
洛阳，朝廷又相继派出了任尚[2]、段禧[3]等人前往西域继任西
域都护一职。

安帝永初元年（107年），西域再次发生变乱，朝廷为了避免
西城都护被杀的悲剧重演，就征召当时的西域都护段禧返回玉门
关内，再次裁撤了西域都护府。

又过了十六年，到了延光二年（123年），朝廷为了缓解匈奴
对边境的压力，再次派出班勇作为西域长史进军西域，虽然不再
设立西域都护，却一直以西域长史的名义代行都护的职责，守护
着丝绸之路的畅通。

自此，中原王朝对西域地区一直以西域长史或西域都护[4]的
名义行使着管辖权，直至唐朝末期。

郑吉在西域二十余年，屯田渠犁、击破车师、迎降日逐王、
出任西域都护，劳苦功高，政绩卓著。班固在《汉书·郑吉传》
中评价他："汉之号令班西域矣，始自张骞而成于郑吉。"

黄龙元年（前49年），郑吉卒于任上，朝廷赐谥号为

---

[1] 今新疆阿克苏地区新和县西南三十公里的玉奇喀特古城。
[2] 102—106年在职。
[3] 106—107年在职。
[4] 唐代更名为"安西大都护"。

"缪"[1]。这一年，当初派遣郑吉来到西域的汉宣帝刘询也在年末驾崩。然而，这两位人物的谢世并未终结汉帝国在西域的经营。相反，由他们二人携手开启的汉朝经略西域的大幕才刚刚拉开，西域即将迎来一个新的时代。

初元元年（前48年），继任的汉元帝刚刚即位，汉朝派出军事长官以戊己校尉为号，屯驻于此前因实力不济而放弃的车师故地。

有了戊己校尉的拱卫，西域都护及其辖下各屯田区的安全得到了保障，汉帝国在西域南道诸国中的威望也大大提升。[2]自此，西域诸国全都归顺了汉帝国，匈奴只能西迁远遁，西域得以保持了半个世纪的安宁。

百年经营，一朝崩盘

作为西汉王朝在西域的最高官职，西域都护代表汉朝行使西域地区的控制权。在近百年的时间里，鄯善、车师、焉耆、龟兹、于阗、莎车等西域诸国一直归属汉朝。

到了汉平帝元始元年（1年），但钦出任第十八任西域都护。当时，西域诸国频繁受到匈奴攻袭，多次向其求救。但钦先后向朝廷求援，然而当时的西汉朝局正处于外戚专政时期，没有精力

[1]古同"穆"，意为布德执义。
[2]刘国防：《西汉比胥鞮屯田与戊己校尉的设置》，《西域研究》2006年第4期。

派遣大军稳定西域的秩序。

汉平帝元始年间（1—5），在往来西域的使者中，开始有人沿着罗布泊东北的五船北直通玉门关，因为这样不仅可以缩短不少距离，还能避开鄯善与敦煌之间的白龙堆沙漠。

戊己校尉徐普想开通这条道路，但这样就不可避免要经过车师后国的地界。

车师后国在天山以北，其统治中心在今新疆奇台县，与匈奴右谷蠡王部相接。此时的车师后王名叫姑句，他认为此路一开，车师后国将成为汉朝通往西域的要地，对往来使者的接待和供应将会给人口不多的车师后国带来很大负担，因此不肯答应徐普的要求。

当时戊己校尉的屯田地区与匈奴南将军[1]的辖区相邻[2]，界限不明，徐普召请车师后王姑句前来做证，姑句也不肯答应。

后来，徐普借故将姑句拘禁起来。车师后国多次送给汉朝官吏牛羊金银，请求释放他们的国王，但徐普一直都没有答应，导致姑句长年被关押在戊己校尉府的大牢里。

一天，姑句趁守卫不备，从高昌壁骑马逃出后投奔匈奴。此时的匈奴虽然已经归附汉朝，但对车师后王姑句的归降依然表示欢迎，姑句从此在匈奴安顿了下来。

数年后王莽专权，为了树立自己的威望，就想向各国宣扬国威。王莽向南匈奴派出使者，从南匈奴单于手里索回了姑句，并

---

[1] 即匈奴右谷蠡王。

[2] 汉元帝时，匈奴呼韩邪单于迎娶王昭君，从此南匈奴归附汉朝。

将其千里迢迢地押送回西域，召集各国国王前来观礼，当众将其处斩。

这件事让西域诸国国王大为寒心，他们本来就对姑句无端被扣押下无奈出逃的这件事抱有同情之心，现在更是生出了不少兔死狐悲之感，汉朝在西域的百年经营开始瓦解。

与姑句一起被处斩的，还有一位国王，就是婼羌国王唐兜。

婼羌国在楼兰国的东南面，也就是现在的若羌县南部，全国有人口一千七百五十人，兵士五百人。与楼兰等国不同，婼羌人是游牧民族，不事耕作，随水草迁徙，平时依靠北面的楼兰和西边的且末两国供给粮食，其地南靠阿尔金山，山中有铁，能够打造兵器。

1953年，新疆沙雅县玉什喀特古城遗址出土了一枚汉归义羌长印章。铜质，正方形，高3.5厘米，印面边长2.3厘米，卧羊钮，阴刻篆文"汉归义羌长"五字，这证明在汉朝时期，有古羌人曾经生活在今新疆南部地区，婼羌人就是其中一支。[1]

最初，婼羌与其他西域国家一起从属匈奴，在汉帝国势力到达西域以后，当时的婼羌国王率先脱离匈奴而归顺汉朝，汉朝为了嘉奖其首附之功，特地颁赐给其"去胡来王"的爵号，此后其家族世代相传"去胡来王"之号。[2]

公元1世纪初，来自青海湖一带的赤水羌部落西迁至阿尔金山以南的婼羌国境内。赤水羌民风剽悍，其人勇敢善战，婼羌人屡

---

[1] 陈云华：《从两方出土古印的考证说起》，《新疆地方志》1989年第4期。

[2] 阿里甫·巴拉提：《婼羌国地理位置考》，《新疆社会科学》2011年第2期。

次被赤水羌人侵扰。婼羌人为了保护自己的牧场，经常与赤水羌人争斗，这种情况持续了多年。

为了保护自己的利益，婼羌国王唐兜向西域都护但钦告急，请求汉朝出面调解，或者出兵援助其驱逐赤水羌。然而，但钦认为这是夷人之间的争斗，不愿耗费兵马去帮助婼羌，因此没有理会唐兜的请求。

当时婼羌国在与赤水羌的战争中处于劣势地位，情势危急之下，唐兜率领部众向东来到玉门关外，想进入河西草场安置下来。但汉朝方面拒绝开关，严令禁止婼羌人进入玉门关。唐兜无奈之下只好带着妻子儿女和部众千余人向北逃亡，投降了匈奴。[1]

匈奴接受了唐兜率领的婼羌人的归降。然而，当时匈奴已经向汉朝称臣，因此派遣使者向汉朝报告了这件事。

当时新都侯王莽执政，派遣使匈奴中郎将[2]王昌等人前往匈奴，告知单于西域诸国是汉朝属国，匈奴不应该接受婼羌的归降。

此时在位的匈奴单于是乌珠留若鞮单于，名叫囊知牙斯，他惧怕汉朝因此事攻打匈奴，就向使者谢罪，逮捕了去胡来王和此前归附匈奴的车师后王姑句，派人将二王交付给汉朝使者，但请求能免除二王之罪。

使者将单于的请求报告给王莽，王莽不同意，下令将二王押

---

[1]《汉书·西域传》："又去胡来王唐兜，国比大种赤水羌，数相冠，不胜，告急都护。都护但钦不以时救助，唐兜困急，怨钦，东守玉门关。玉门关不内，即将妻子人民千余人亡降匈奴。"

[2] 使匈奴中郎将，汉官，亦称护匈奴中郎将，秩比两千石，可拥节，负责持节出使、领护或匈奴南单于、监察匈奴动向。

送西域，知会西域诸国国王，军前处斩车师后王姑句、去胡来王唐兜。[1]王莽下令斩杀姑句、唐兜二人的本意是希望能杀一儆百，稳定西域局势，结果却适得其反，导致西域诸国逐渐背离了汉朝。

王莽正式篡汉以后，于始建国二年（9年）任命广新公甄丰为右伯，即将出使西域。新任车师后王须置离听说此事后，急忙召见两位心腹大臣——股鞮、尸泥之，对二人说："听说甄丰被任命为西域太伯，按照汉朝以前的先例，必然又要送给使者大量的牛、羊、谷物、刍茭，派人充当向导和翻译。之前五威将从我国经过的时候，尚且不能备齐这些礼物，如今太伯又来，我国恐怕要更加贫困了，还未必能让大国满意。"[2]

须置离表示想效法先王姑句逃亡匈奴。

当时，新朝在西域的最高军事长官——戊己校尉刀护听说后，立即命人拘捕了须置离，并将其押送到都护但钦的驻地——坼娄城。车师后国的民众知道他们的国王不会再回来了，都哭着前来送别。

须置离到坼娄城后，但钦果然将其斩首示众。须置离的兄长——辅国侯狐兰支率领两千多人的部众赶着牲畜向东逃亡，投

---

[1]《汉书·匈奴传》："单于叩头谢罪，执二虏还付使者。诏使中郎将王萌待西域恶都奴界上逆受。单于遣使送到国，因请其罪。使者以闻，有诏不听，会西域诸国王斩以示之。"

[2]《汉书·西域传》："至莽篡位，建国二年，以广新公甄丰为右伯，当出西域。车师后王须置离闻之，与其右将股鞮、左将尸泥支谋曰：'闻甄公为西域太伯，当出，故事给使者牛、羊、谷、刍茭，导译，前五威将过，所给使尚未能备。今太伯复出，国益贫，恐不能称。'"

降了匈奴。[1]

前33年，南匈奴呼韩邪单于亲自来到长安朝贡，这在汉朝历史上尚属首次。汉元帝热情招待了呼韩邪，呼韩邪向元帝请求赐婚，表示自己愿意做汉朝的女婿，以示汉匈之间永世盟好的决心。

汉元帝将宫女王昭君许配给了他，呼韩邪单于立王昭君为宁胡阏氏，自此归附汉朝。呼韩邪死后，其后裔遵从其遗嘱，与汉朝保持友好关系三十多年，直到王莽篡汉为止。

这时，王莽派遣五威将[2]王骏等人，携带金银出使匈奴，追缴汉朝赐予南匈奴的金质匈奴单于玺官印，改为颁授新匈奴单于章，蓄意降低单于的政治地位。此前，王莽还企图用武力树立威信，分匈奴各部居地为十五部，强立呼韩邪子孙十五人同时担任单于，用来分化削弱匈奴的势力，这激起了匈奴统治者的极度不满。[3]

乌珠留若鞮单于早已怨恨新朝，于是接受了狐兰支来降，并派兵和狐兰支一起进攻新朝在车师驻扎的屯田部队，杀死了新朝在车师所驻的车师后城长，都护司马受伤后逃回埒娄城。战后，

---

[1] 《汉书·西域传》："戊己校尉刀护闻之，召置离验问，辞服，乃械致都护但钦在所埒娄城。置离人民知其不还，皆哭而送之。至，钦则斩置离。置离兄辅国侯狐兰支将置离众二千余人，驱畜产，举国亡降匈奴。"

[2] 五威将，新莽官名。王莽即帝位后，置五威将，持节，奉符命，赍印绶，着五色衣冠，周行五方，以威天下。

[3] 《汉书·匈奴传》："莽于是大分匈奴为十五单于，遣中郎将蔺苞、副校尉戴级将兵万骑，多赍珍宝至云中塞下，招诱呼韩邪单于诸子，欲以次拜之。使译出塞诱呼右犁汗王咸、咸子登、助三人，至则胁拜咸为孝单于，赐安车、鼓车各一，黄金千斤，杂缯千匹，戏戟十；拜助为顺单于，赐黄金五百斤；传送助、登长安。"

狐兰支引兵退回匈奴。[1]

此时，戊己校尉刀护正在患病，不能主持军务，便派陈良率兵屯守于桓且谷，以防备匈奴侵犯；长史终带负责运送粮草；司马丞韩玄管领各壁；右曲候任商管领各垒，负责防卫事宜。

当时西汉已经灭亡，陈良、韩玄这些人不远万里来到西域，本来就是刀口舔血的亡命之徒，看到如今的西域各国厌烦新朝的苛政，害怕自己也沦为新朝在西域瓦解过程中的牺牲品，于是在商量之后决定杀死戊己校尉刀护，然后率领人马向匈奴投降。

这些中级官吏率领数千骑兵前往校尉府，威胁各亭点燃烽火，并分头告知诸壁垒，扬言匈奴将举兵十万来攻，要求各级官吏士卒拿起武器迎敌。这样又集合了三四百人后，一行人在距离校尉府数里时停止前进。

天亮时，戊己校尉属下的军士打开城门，看见各壁垒纷纷点燃烽火，以为匈奴大举来犯，于是击鼓集合官吏士卒。陈良等人趁机而入，杀死校尉刀护和他的四个儿子，又杀了刀护留在城内的兄弟子侄数十人，只放过妇女和小孩。

眼见大事已成，陈良等人留驻埒娄城，并派人向驻牧车师以北的匈奴右谷蠡王通报情况，右谷蠡王派遣两千骑兵迎接。陈良等人随即撤离埒娄城，胁迫戊己校尉府官吏士卒共两千余人北投匈奴。匈奴乌珠留若鞮单于任命陈良、终带为乌贲都尉。

一年后，即新莽始建国三年（11年），为了分化匈奴的势

---

[1]《汉书·西域传》："是时，莽易单于玺，单于恨怒，遂受狐兰支降，遣兵与共冠击车师，杀后城长，伤都护司马，及狐兰兵复还入匈奴。"

力，王莽将乌珠留若鞮单于的弟弟栾鞮咸一家诱胁到云中，强迫其接受孝单于称号，又立其子栾鞮助为顺单于，以对抗在位的乌珠留若鞮单于。

栾鞮咸拒绝后逃归匈奴，被其兄乌珠留若鞮单于降为于粟置支侯。但栾鞮咸的两个儿子栾鞮助、栾鞮登却被送至常安[1]为人质。不久栾鞮助病逝，王莽再立栾鞮登为顺单于。[2]

第二年，乌珠留若鞮单于屡次侵扰新朝边境，王莽得知领兵者正是栾鞮咸的儿子、栾鞮登的兄弟栾鞮角，愤怒之下，下令腰斩栾鞮登。

始建国五年（13年），乌珠留若鞮单于病死，其弟栾鞮咸被掌权大臣右骨都侯须卜当[3]拥立为乌累若鞮单于。新单于即位后，为了稳定局势，转而与王莽和亲。王莽派使者带了很多金银绸缎送给新单于，要求交出陈良、终带等人。

乌累若鞮单于派人逮捕了此前杀害刀护的芝音、陈良、终带、韩玄、任商等人，连同他们的妻子儿女一共二十七人，押上囚车，交给了新朝使者。使者带着这些人到达常安后，王莽将这些人全部以火刑烧死。[4]

---

[1] 王莽称帝后，改长安为常安。
[2]《汉书·匈奴传》："莽不听尤言，转兵谷如故，天下骚动。咸既受莽孝单于之号，驰出塞归庭，具以见胁状白单于。单于更以为于粟置支侯，匈侯贱官也。后助病死，莽以登代助为顺单于。"
[3] 王昭君女伊墨居次云之婿。
[4]《汉书·西域传》："后三岁，单于死，弟乌累单于咸立，复与莽和亲。莽遣使者多赍金币赂单于，购求陈良、终带等。单于尽收四人及手杀刀护者芝音妻子以下二十七人，皆械槛车付使者。到长安，莽皆烧杀之。其后莽复欺诈单于，和亲遂绝。"

后来，乌累若鞮单于得知其子孪鞮登被王莽所杀，愤恨不已，而王莽又派出使者将匈奴单于更名为侮辱性的恭奴善于和降奴服于，匈奴与新朝的关系再次破裂，匈奴开始大举侵扰新朝北部边境。

此后，由于久失人心，新朝在西域的统治也开始逐渐瓦解。

天凤三年（16年），王莽派出五威将王骏率军远征西域，并任命李崇为西域都护，郭钦为戊己校尉，企图重新稳固西域的统治。西域各国听说后都不敢直接与新朝对抗，都在垺娄城郊外迎接王骏一行，并向其供应粮食以示服从。

然而，焉耆王却在暗地里调兵，以防备新军攻入匈奴。王骏获悉后，率领所部与莎车、龟兹等国联军七千余人，分为多部攻入焉耆，却遭遇了焉耆设下的埋伏。

其实，姑墨、尉犁、危须三国的军队早已与焉耆串通好，在王骏攻打焉耆的路上，与焉耆合兵截击王骏，王骏及其率领的士兵都被杀。[1]

不巧的是，戊己校尉郭钦率领的军队因为其他事情延误了出兵，所以在王骏之后才到达焉耆国都。此时焉耆全国的士兵都被国王率领在外伏击王骏，尚未回到国都，于是郭钦轻松地攻破了毫无防守能力的焉耆国都，杀死全城男女老少后撤军。

这本是一次失败的军事行动，王骏主力遭遇伏击全军覆没，

---

[1]《汉书·西域传》："天凤三年，乃遣五威将王骏、西域都护李崇将戊己校尉出西域，诸国皆郊迎，送兵谷，焉耆诈降而聚兵自备。骏等将莎车、龟兹兵七千余人，分为数部入焉耆，焉耆伏兵要遮骏。及姑墨、尉犁、危须国兵为反间，还共袭击骏等，皆杀之。"

郭钦所部杀害了当地无辜的民众来求取战功，并不能算胜利。为了能挽回一点面子，王莽还是封郭钦为"剿胡子"。[1] 剿，绝也，同"剿"，这个爵位封号意为"剿灭胡人"。

然而，西域的这些胡人并没有如王莽所愿被彻底征服，新朝在西域的统治基本上土崩瓦解。最后一任西域都护李崇在焉耆之乱后，收拢了数千残余部众，退军据守龟兹。过了几年之后，王莽被攻入常安的农民军杀死，新朝灭亡。李崇和他的士兵们自此流落西域，与中原断绝了往来，后来全部被龟兹军队所杀。[2]

总之，因王莽篡汉以后执行了一系列错误的民族政策，派出的官员在与周边异族政权的交往中仗势凌人，最终招致了各国的反叛。自从最后一任西域都护李崇被杀后，西域诸国便与中原王朝彻底断绝了交往，使得西汉在西域长达百年的经营短时间内迅速崩盘。

---

[1]《汉书·西域传》："（郭）钦击杀其老弱，引兵还。莽封钦为剿胡子。"
[2]《汉书·西域传》："李崇收余士，还保龟兹。数年莽死，崇遂没，西域因绝。"

第四章　楼兰的黄金时代

本土势力的崛起

25年，雄踞河北的刘秀于鄗城[1]称帝，建元建武，仍以"汉"为国号，史称东汉。

自从西汉西域都护但钦、戊己校尉刀护被杀以来，西域地区与中原王朝暂时断绝了往来，后来虽然王莽再次派出李崇担任西域都护，但遭到了诸国的反叛。李崇被杀后，西域诸国与中原彻底断绝了往来。

此前，在鄯善国的伊循城、车师前国的高昌壁、车师后国的金满城以及靠近龟兹的轮台和渠犁二城都有大量汉人在此屯田戍守，失去了西域都护府的领导，西域汉人日益陷于绝境。

西域诸国在脱离中原王朝后，转而投靠匈奴。匈奴意图趁中原陷于王莽之乱时占据西域，但此时的匈奴在汉朝持续百年的打击下国力空虚，显得有心无力。在其他各国基本归附匈奴的同时，莎车却因国力强盛，始终与匈奴分庭抗礼，不肯附属。

---

[1] 今河北省邢台市柏乡县北。

西域本土的莎车国逐渐崛起，填补了汉朝与匈奴势力退出后的真空。

莎车王延与汉朝颇有渊源，汉元帝时曾至长安为侍子，成长于汉朝，因此十分仰慕汉文化。后来他回国继位，参考汉朝法制完善了莎车国的法律制度。平时在教导诸子时，延就经常告诫儿子们，要世世代代尊奉汉朝为宗主，绝不可背叛汉朝。[1]

天凤五年（18年），延薨逝，朝廷赐谥忠武王，其子康继承王位。

汉光武帝初年，康率领军队抵御匈奴，护卫原都护将士们的妻儿共一千多人，发文书给河西询问中原王朝的情况，并叙述自己对汉朝的思念和仰慕。

建武五年（29年），河西大将军窦融以天子的名义册封康为汉莎车建功怀德王，授予其西域大都尉的官职[2]，这样莎车国王就在名义上获得了西域五十五个国家的管辖权。

建武九年（33年），康去世，朝廷赐谥号宣成王。由于其子尚幼，王位由其弟贤继承。贤为人强势霸道，凭借莎车的强大国力，仰仗汉朝法理上的支持，开始执行更强硬的对外政策。继位

---

[1]《后汉书·西域传》："匈奴单于因王莽之乱，略有西域，唯莎车王延最强，不肯附属。元帝时，尝为侍子，长于京师，慕乐中国，亦复参其典法。常敕诸子，当世奉汉家，不可负也。"

[2]《后汉书·西域传》："光武初，康率傍国拒匈奴，拥卫故都护吏士妻子千余口，檄书河西，问中国动静，自陈思慕汉家。建武五年，河西大将军窦融承制，立康为汉莎车建功怀德王、西域大都尉，五十五国皆属焉。"

伊始，贤就率军进攻莎车周边的西夜[1]、拘弥二国。

西夜国在莎车以西，是丝路南道小国，人口只有四千，军队只有一千人，自然不是莎车的对手。西夜军队战败，国王被杀。拘弥国在莎车以东，面对莎车军队的进攻毫无还手之力，其王战败被杀，举国被莎车征服。

贤考虑到其兄康的两个儿子已经长大，从法理上来说，自己百年之后不能传位给自己的儿子，而要将王位还给康的儿子。

为了解决这个问题，贤将其兄康的两个儿子分别封为拘弥王、西夜王，让他们在别国当王，这样就可以由自己的儿子继承莎车王位。另外，立康的两个儿子为两国之王，还有一个好处，就是可以大大方便控制两国，使之成为莎车的附庸。

建武十四年（38年），莎车王贤遣使与鄯善王安商议，双方共派使节前往汉朝，请求新建立的东汉王朝延续传统，派出汉使镇抚诸国，设西域都护以抗匈奴。鄯善王安表示同意，派出使者与莎车使者一道前往东方，到洛阳朝见光武帝刘秀，并进贡物品，自此西域才与汉朝恢复了往来。

但汉光武帝考虑到国家初定，不宜用兵海外，徒劳无功反而劳弊中国，因此并未同意。

事实上，刘秀的这一决策并非错失良机，刚刚建立的东汉王朝确实没有经营西域的能力，西汉开通西域也是在距离国初半个多世纪的汉武帝时期才开始的，况且此时的西域正处于莎车崛起与匈奴反攻的境地，汉朝出兵西域只能夹在其间，不能有所

---

[1] 在今新疆叶城县境内。

作为。

看到汉朝无暇西顾，莎车王贤开始谋求称霸西域，通过武力征服，葱岭以东的国家都服从贤的号令。然而，没有大国的支持，莎车王贤的霸业始终名不正、言不顺。此时的莎车之所以能号令诸国，是因为国力强盛，万一以后哪一国的实力超过莎车，便不会再有国家顺从莎车的霸权。所以莎车若想长久称霸西域，就必须得到大国的册封。

此时，东汉初立，中原刚刚恢复安定，并没有向西开拓西域的实力。于是，莎车王贤就想利用这个时机向汉朝要求册封其为西域都护，以此来号令诸国，一统西域。

建武十七年（41年），贤再次派使者到洛阳朝贡，在明知汉朝不会派出西域都护的情况下，再次请求朝廷派遣都护以安定诸国。对于莎车之请该如何处置，汉光武帝刘秀询问了大司空窦融的意见。

窦融认为贤与其父兄相约侍奉汉朝，态度诚恳，最好对其加官晋爵，以安其心。汉光武帝于是召见贤派来的使者，赐给贤西域都护的印绶，以及车马、旗帜、黄金和彩色丝帛。[1]使者达成了既定目的，离开长安，准备回莎车国向贤复命。

当莎车使者到达敦煌的时候，敦煌太守裴遵得知了这个消息。熟悉西域事务的裴遵立刻意识到这是莎车王贤的阴谋，意图借汉之名号称霸西域，欺凌诸国。因此，裴遵扣留了莎车使者一

---

[1]《后汉书·西域传》："十七年，贤复遣使奉献，请都护。天子以问大司空窦融，以为贤父子兄弟相约事汉，款诚又至，宜加号位以镇安之。帝乃因其使，赐贤西域都护印绶，及车旗黄金锦绣。"

行，同时向朝廷上书说："对于夷狄之人，不能给予他们太大权力，而且这会使其他国家对汉朝失望。"[1]

裴遵的上书被送到洛阳后，汉光武帝思前想后，也觉得此举欠妥，因此下诏收回都护印绶，重新赐给莎车王贤汉大将军的印绶。

诏书送到了敦煌，裴遵拿着诏书去会见莎车使者，要求使者交出都护印绶。对于莎车使者来说，此行目的就是为其王贤求得西域都护的头衔，因此他坚决不肯换回。

无奈之下，裴遵只好命人强行夺过都护印绶，将汉大将军的印绶交给了莎车使者。使者心有不甘地出了玉门关，回到莎车国后向贤报告了情况，贤自此对汉朝怀恨在心。[2]

虽然没有得到汉朝的册命，莎车王贤仍然向各国发送文书，谎称自己受汉朝册封为大都护，要求西域各国全都要服从他的管辖。西域各国慑于莎车的强盛，纷纷称他为单于表示尊崇。

贤志得意满，逐渐失去了以往的烈烈雄心，变得骄横残暴，开始向各国索取贡物，并多次攻打龟兹等不愿听从莎车号令的国家，包括鄯善在内的各国都深受其害。

此时的鄯善国仍然处于尉屠耆后代的统治之下。自从汉宣帝时代楼兰改名为鄯善起，鄯善国经历了一百年的和平岁月，汉人在罗布泊西岸的屯田区屯田，鄯善人向西南发展，逐渐征服婼羌

[1]《后汉书·西域传》："敦煌太守裴遵上言：'夷狄不可假以大权，又令诸国失望。'"
[2]《后汉书·西域传》："诏书收还都护印绶，更赐贤以汉大将军印绶。其使不肯易，遵迫夺之，贤由是始恨。"

等国，双方精诚合作，确保了当地的和平和繁荣。

此时的鄯善王名叫安，深受莎车王贤的欺压，十分怀念以前汉朝在西域设置都护府的种种好处，对莎车王贤的骄横贪婪深恶痛绝。

建武二十一年（45年）冬，鄯善国王安联合西域东部诸国，共同入关请求汉朝设立西域都护府，希望借汉朝之力对抗匈奴的袭扰和莎车的霸凌。鄯善、焉耆、车师前国等十八个国家都派王子入汉，西域诸国庞大的使团进了洛阳。

东汉朝廷秉承着怀柔远人的原则，以隆重的礼仪接见了十八国王子率领的使团。王子们觐见汉光武帝时都泪流满面，请求朝廷派出都护监领诸国，扫除莎车国的暴虐无道。各国王子都表示愿意作为人质，留在洛阳侍奉皇帝。[1]

然而，作为一个极富统治经验的老政治家，光武帝认为国家刚刚安定下来，北方的匈奴边患仍然没有完全解决，对此还是礼貌性地拒绝了。东汉朝廷将十八国的侍子全部送回，并赏赐给他们诸多财物。

就在鄯善等国朝觐汉朝的同时，莎车王贤仗着自己国力强盛，想继续推行吞并整个西域的计划，因此加紧进攻其他国家。各国听说东汉并没有派出都护，送去的侍子都已在回来的路上，因此都恐惧不安。

焉耆、于阗、车师等国国王与鄯善王安一起向敦煌太守裴遵

---

[1]《后汉书·西域传》："二十一年冬，车师前王、鄯善、焉耆等十八国俱遣子入侍，献其珍宝。及得见，皆流涕稽首，愿得都护。"

发去文书，表示愿意留下侍子来迷惑莎车王贤，意在通过侍子被汉朝留下，造成东汉朝廷不久就会派出都护前来西域的假象，以此来震慑莎车王贤。

裴遵将这一情况报告给朝廷，汉光武帝体恤诸国的难处，同意了这一请求，并要求裴遵好生看护诸国王子。裴遵自然不敢懈怠，各国王子就在敦煌安置下来。

然而，这样也只能延缓莎车王贤对诸国发动侵略。

第二年，东汉不会派出西域都护的消息终于传到了莎车王贤的耳中。就在这一年，匈奴国内又发生了严重的自然灾害，人、畜经历了饥荒和瘟疫的沉重打击，死亡大半。与此同时，匈奴上层统治阶级因争权夺利，政权再次分裂为南匈奴与北匈奴。

此时东方的两个大国都抽不开身经略西域，这给了莎车王贤可乘之机。

自从秦汉之际匈奴征服西域以来，数百年间，西域诸国一直依附于大国而存在，或归附匈奴，或归附汉朝，尚未有一个本土国家称霸西域，或许莎车可以完成这个使命，让西域诸国合为一国，对抗匈奴与汉朝。

于是，贤向西域最东端的鄯善国派出使者，要求鄯善王安切断通往汉朝的道路。鄯善国扼守西域东大门，东与汉敦煌郡相望，汉使出玉门关、阳关后，第一站便是鄯善。

此前，鄯善国境内有不少汉军驻扎，在此地屯田以自给，自从新莽时期中原王朝在西域地区的统治倒台，这些汉人便失去了统一领导，沦为流民，逐渐散布于西域各地，有的还被匈奴掳掠到了漠北。

现在如果封闭通往中原的道路，一定会造成莎车王贤有恃无恐的局面，因此，安没有听从贤的命令，反而杀掉了贤的使者。莎车王贤见安不听从自己的号令，并且敢杀害自己派出的使者，大怒之下亲自领兵攻打鄯善。

从莎车到鄯善，距离一千多里，此前鄯善王安就是考虑到两国距离遥远，才敢违抗莎车的命令，却没有想到莎车军竟突然出现在鄯善国境内。莎车军队不愧为当时的西域劲旅，千里奔袭数日后就到达了鄯善国都伊循城下。

鄯善王安率军迎战，但他不是莎车军队的对手，鄯善军大败。安狼狈地逃进了阿尔金山，在山谷之中藏了起来。莎车军搜寻不到鄯善王安的踪迹，在鄯善国都大肆杀戮，掳掠了一千多人后撤军回师。[1]

莎车军队撤走后，鄯善王安又回到了伊循，城中的景象让他大为震惊，曾经繁华的街道成了一片废墟，自己的王宫也被莎车军夷为平地。安意识到了亡国的危险，如果汉朝再不救援，自己的国家恐怕就将不保。

之前留在敦煌的鄯善王子以及其他各国的侍子都因为拖延之计失败、思念母国而返回了各自的国家。此时，鄯善王安通过敦煌太守裴遵向朝廷上书，愿意再派自己的儿子入朝侍奉，重新请求朝廷派出都护。

鄯善王安在信中向东汉朝廷明确表示，他从小国的实际出

---

[1]《后汉书·西域传》："二十二年，贤知都护不至，遂遗鄯善王安书，令绝通汉道。安不纳而杀其使。贤大怒，发兵攻鄯善。安迎战，兵败，亡入山中。贤杀略千余人而去。"

发，如果汉朝不能派出都护，他们就要转而依附匈奴，以此来抵御莎车王贤的欺压。

光武帝回信说现在无法派出使者和大军，假如各国力不从心的话，东西南北随你们自己选择投靠哪方。[1]于是鄯善、车师再次依附匈奴，莎车王贤称霸塔里木盆地西部，愈加横暴。

就在这一年冬天，莎车军队攻打了邻近的龟兹国，并杀了龟兹王。贤吞并了龟兹国，立自己的儿子则罗为龟兹王。

在向南征服了于阗、向北征服了龟兹，在向西征服了邻近的疏勒国后，贤又把目光投向了西方的妫塞国，向妫塞派出了使者。

妫塞王自以为其国与莎车相距遥远，杀掉了贤的使者，拒不服从贤的号令。结果，贤率领莎车大军灭掉了妫塞国，立妫塞国贵族驷鞬为妫塞王。

不久，贤考虑到自己的儿子则罗年纪尚小，就从龟兹国分出乌垒国，将原妫塞王驷鞬改任为乌垒王，以拱卫则罗，又任命了另一位妫塞贵族为妫塞王。

几年后，龟兹国的贵族暗杀了则罗、驷鞬二人，并且派人出使匈奴，请求匈奴册立新王。匈奴立龟兹贵族身毒为龟兹王，龟兹自此归附匈奴。

贤因为大宛进贡的赋税减少，向属下各国征召士兵，凑了数万人，亲自统领各国联军进攻大宛，大宛王延留开城投降。贤将

[1]《后汉书·西域传》："鄯善、焉耆诸国侍子久留敦煌，愁思，皆亡归。鄯善王上书，愿复遣子入侍，更请都护。都护不出，诚迫于匈奴。天子报曰：'今使者大兵未能得出，如诸国力不从心，东西南北自在也。'"

延留带回国，将拘弥王桥塞提改立为大宛王。

但康居多次进攻大宛，桥塞提在大宛待了一年多，逃回了拘弥，贤又让他当拘弥王，并打发延留回到大宛，要求他像往常一样进贡。贤又将阗王俞林改为骊归王，立俞林的弟弟位侍为于阗王。这样，于阗、骊归、大宛、拘弥四国之王都由贤所册立，莎车王贤称雄于塔里木盆地西部，而龟兹、焉耆、鄯善等国因不愿屈服于莎车，不得不依附于北匈奴。

过了一年多，贤为了彻底吞并其征服的各国，便召各国国王前来莎车。等到各国国王一到，贤便以反叛的罪名，将于阗王、骊归王、拘弥王、姑墨王、子合王一并处死，各国不再设立新的国王，而是由莎车派出将领作为总督来镇守诸国。[1]

莎车王贤废除了各国本土的旧贵族，想将各国同化，成为莎车国的一部分。这一点其实是有社会基础的，因为于阗、莎车、疏勒等国都是以塞种人为主的城邦国家，文化、语言相近。如果贤的霸业能维持三代，塔里木盆地西部恐怕将会崛起一个方圆千里的西域大国。

莎车霸权的衰落

于阗王位侍被莎车王贤杀死后，其子戎趁乱逃走，向西是莎车控制下的西域诸国，向北则是北匈奴，戎举目四望后决定向

---

[1]《后汉书·西域传》："岁余，贤疑诸国欲畔，召位侍及拘弥、姑墨、子合王，尽杀之，不复置王，但遣将镇守其国。"

东逃亡。他沿着丝路南道一直向东，越过了且末、鄯善等国后，终于到达玉门关。敦煌太守收留了他，东汉朝廷下诏封他为守节侯。

此时坐镇于阗的是莎车王贤派驻于阗的将领君得。作为于阗总督，君得并不想好好治理这个国家，他生性残暴，在于阗国内为非作歹，于阗的百姓和贵族都对他非常痛恨，但都敢怒不敢言。

到了汉明帝永平三年（60年），被莎车奴役十年有余的于阗国内发生了一起政变。有一个名叫都末的贵族与其兄一起暗杀了君得。

然而，这起政变引起了于阗国内的政治动荡，上层贵族之间开始陷入相互倾轧的乱局之中。另一个贵族休莫霸不接受都末成为国王，在其汉人幕僚韩融的策划下，出其不意地杀死了都末兄弟，自立为于阗王。

当上国王之后，休莫霸迅速稳定了于阗国内的政治局势，开始着手解决莎车带来的外患。他与拘弥人联合攻打莎车驻扎在西域南道上的军队，杀死了军事重镇皮山的守将。

得知于阗国内生变的消息，莎车王贤立即派太子、国相率领其属下多国联军共两万人，前往于阗讨伐休莫霸。谁知一向所向披靡的莎车军这次却被于阗人打得大败，一万多人被杀，太子带着残兵败将狼狈逃回了莎车。

莎车王贤大怒，为了确保霸业永固，贤再次征调各国军队，拼凑起了一支数万人的军队，亲自率军出征于阗，讨伐休莫霸。面对来势汹汹的莎车联军，休莫霸沉着应战，再次打败了莎车军。贤统率的军队伤亡过半，剩下的乱作一团，如鸟兽散，贤只身逃回莎车。

为了一鼓作气消灭莎车，使于阗获得真正的独立地位，休莫霸领兵包围莎车国都。莎车守军眼见国都被围困，一个个争先杀敌，于阗军遭遇了激烈的抵抗。于阗王休莫霸被流箭射死，于阗军队这才撤退回国。此时，于阗国王已死，为了稳定局势，于阗国相苏榆勒等人立休莫霸兄长之子广德为新王。

眼见莎车霸权已倒，匈奴联合其附属龟兹等国出击莎车，却屡战不利。就在莎车拼死抵抗时，于阗王广德派其弟辅国侯仁率军攻贤。由于莎车连年遭遇战争，北境又与匈奴、龟兹等国僵持，为了稳定南面，莎车王贤选择了与兵临城下的于阗军队讲和。

为了向于阗表明诚意，贤将扣押在莎车的广德之父放回，并许诺将女儿嫁给广德，与其相约结为兄弟，成功使于阗军队撤退。

贤将自己的儿子不居徵送往匈奴为质，与匈奴和解，龟兹等国退兵，莎车的危局暂时得到缓解。一再败北的窘境，使贤变得更加暴虐，猜疑心日益加重，动辄杀人抄家，莎车国内人心惶惶。

坚固的堡垒都是从内部被攻破的。

第二年，即永平四年（61年），广德率军三万人进攻莎车。此时的莎车国力弱小，经不起战争的打击，贤只好派出使者出城求和。

广德接见了莎车使者，称自己是贤的女婿，又与其结为兄弟，他今天来到这里，只是因为思念亲人，想见上一面而已，顺便加强两国的盟好关系。

贤心生疑虑，不愿出城去见广德。国相且运劝他出城与广德会面，说可以借此机会来维持莎车的霸权。贤听从了且运的建议，只领着贴身随从两三人就轻率出城。殊不知，这正是且运与广德定下的计谋。

原来，一直受贤器重的且运，早就想推翻贤的统治。他与于阗王广德暗中联络，定下了诱使贤出城的计策，企图在贤毫无防备的时候杀死他。

等贤出城后，广德立即命令手下抓捕了他。且运等人打开莎车国都的城门，于阗军队兵不血刃拿下了莎车，俘虏了贤的全家，并将贤以铁链锁住，押上囚车，运回于阗看押。

从此，称霸西域二十多年的莎车王贤霸业终结，莎车也被于阗吞并。一年后，广德下令杀死了贤。

征服莎车之后，于阗王广德成为塔里木盆地西南部新的霸主。北匈奴此前攻伐莎车受阻，一直未将这里纳入统治，听说广德灭了莎车，就派出五位将领，并征调焉耆、尉犁、龟兹等十五个国家的军队共三万多人，包围了于阗国都。广德自知不是北匈奴的对手，以太子为质乞降，从此向北匈奴称臣，每年为其提供罽絮（一种丝绵）千匹。

自此，北匈奴彻底一统西域，将塔里木盆地东部的鄯善、车师，中部的焉耆、龟兹与西部的于阗、莎车等国皆收入囊中，西域诸国再次沦为北匈奴的属地。

东西双雄：于阗与鄯善

由于莎车王贤的横行无道，莎车的霸权仅仅持续了一代。汉明帝永平四年（61年），于阗王广德杀死贤后，莎车迅速衰落，成为西南新霸主于阗的属国。不久，于阗又向北匈奴称臣，但因国力强盛，保持了西南大国的地位，雄踞于天山南道地区。

于阗国在西域南道中部，即今塔里木盆地南缘的和田绿洲，是生产美玉的西域大国。周穆王时，曾西游至"西王母之国"，核心区应该就在今和田地区。数百年后，塞种人迁徙至此，在这里建立了于阗国。

西汉时期，于阗为西域南道强国，后归属汉朝西域都护府，东汉初为莎车所并。汉明帝永平四年，贵族广德被立为于阗国王后击败莎车，摆脱其控制，一跃而起，与鄯善成为西域南道诸国中最强大的两个国家。[1]

史籍记载，于阗国王姓尉迟。这其实并非表示血缘传承的姓氏，而是表示法理政权的头衔。

汉明帝永平十六年（73年），东汉使者班超出使于阗，此时距离新莽末年（23年）都护李崇没于龟兹、汉朝势力退出西域，已经过去了整整半个世纪，中原王朝在西域地区的影响力十分有限。加之于阗已是南道霸主，不愿再向汉朝称臣纳贡。

---

[1]《后汉书·西域传》："明帝永平中，于寘将休莫霸反莎车，自立为于寘王。休莫霸死，兄子广德立，后遂灭莎车，其国转盛。从精绝西北至疏勒十三国皆服从。而鄯善王亦始强盛。自是南道目葱岭以东，唯此二国为大。"

因此，于阗王广德对班超的态度十分冷淡，班超到了城中好几天后才受到广德的接见。接见时，广德态度傲慢，将汉使的座次置于匈奴使者之下。

班超在城里逗留期间，还发生了一件事，让一位本想羞辱汉使、讨好其王的于阗巫师白白断送了性命。于阗人本是来自欧亚草原的塞种人后裔，早在数百年前便开始信奉琐罗亚斯德教[1]，以上两点已被现代考古发掘所证实。

《后汉书·西域传》记载，于阗国"其俗信巫"，所谓"信巫"便指的是普遍信仰琐罗亚斯德教。

当时，于阗国内有一位琐罗亚斯德教祭司，看出于阗王广德不愿亲近汉朝，但又有些大臣劝谏广德要亲附汉朝，就装神弄鬼地对广德说："我们的神因为汉使的到来而发怒了，他说要我们从汉使那里取来好马，向他献祭。"[2]

为了达到羞辱汉使、与汉绝交的目的，这位自作聪明的祭司借着"神发怒"的幌子，责问于阗朝野为什么要倾向汉朝，并要求于阗王向汉使索要一匹黑唇黄马用来祭神。于是，广德派宰相私来比来向班超索马。

班超知道了事情原委后，便答应了此事，但提出一个要求，就是要那位巫师（祭司）亲自来取马。私来比回去禀报广德后，广德命令巫师去汉使处取马。巫师一来到汉使住处，班超立即逮捕了他，将其绑在柱子上痛打数百鞭后斩首，而后将巫师首级送

---

[1] 即拜火教，中国史籍称之为"祆教"。

[2]《后汉书·西域传》："神怒何故欲向汉？汉使有騧马，急求以祠我。"

给广德，并谴责广德轻慢汉使的行为。

在班超到达于阗之前，广德就听说过班超在鄯善斩杀北匈奴使者的消息，如今亲眼见识了班超的杀伐果断，害怕惹恼汉朝，导致大兵压境，因此决定就此摆脱匈奴，重新倒向汉朝。

于是，广德命人杀死匈奴使者，并在王宫重新隆重接见了班超一行。班超以汉朝皇帝的名义，重赏了广德及其大臣以示镇抚，自此于阗归附。

汉章帝元和三年（86年），作为对于阗倒向东汉的报复，也为了制衡日益崛起的于阗，匈奴派出军队护送原莎车王贤留在匈奴做人质的儿子不居徵回国，并立其为莎车王。

这引起了于阗王广德的坚决反对。

于阗之前虽然在名义上臣服了匈奴，却与龟兹等国的彻底归附不同，于阗依然保持着在塔里木盆地西南一带的小霸权。

此时虽然东汉并没有大军驻扎西域，但班超在八年前（78年）率于阗、疏勒、康居、拘弥等国联军进攻匈奴支持的龟兹，龟兹大败，严重动摇了匈奴在西域地区的统治。

虽然匈奴势力并未彻底退出西域，但已经成为强弩之末，无法随心所欲地干涉诸国事务。不居徵虽然有了匈奴的支持，但莎车的国力业已衰退，无法挑战于阗的霸权。

为了彻底消除后患，广德率军再次围攻莎车，杀死了不居徵，重新立自己的弟弟齐黎为莎车王。[1]从此，曾经雄霸一方

---

[1]《后汉书·西域传》："冬，匈奴复遣兵将贤质子不居徵立为莎车王，广德又攻杀之，更立其弟齐黎为莎车王。"

的莎车国彻底衰落，成为避居一隅的西域小国，不久又被并入于阗，彻底亡国。

在东汉的默许下，于阗兼并了皮山、渠勒、戎卢、拘弥等城邦，成为"从精绝西北至疏勒十三国皆服从"的强国，《后汉书》记载其国"领户三万二千，人口八万三千，胜兵三万余人"，疆域大致在今和田地区。

由于于阗东通且末、鄯善，西连莎车、疏勒，位居丝路贸易的重要据点，是东西方贸易商旅的集散地，也是东西方文化传播的要冲之地，在后世持续保持了千年的繁荣。魏晋时期，于阗屡次向中原王朝进贡，与鄯善、焉耆、龟兹、疏勒并为西域大国。

与此同时，塔里木盆地东部的鄯善国也逐渐崛起。自从西汉昭帝时期，楼兰人放弃罗布泊西岸的故地，将都城由扜泥城迁到了伊循城并更国名为鄯善后，一直致力于在塔里木盆地南缘的经营。在迁都伊循后，鄯善不断向西扩张，开始了逐步兼并诸国的步伐。此时，婼羌故地已被鄯善占领，鄯善人将目光投向了西边的且末国。

《汉书·西域传》记载："且末国，王治且末城，去长安六千八百二十里。户二百三十，口千六百一十，胜兵三百二十。辅国侯、左右将、译长各一人。西北至都护治所二千二百五十八里，北接尉犁，南至小宛可三日行，有蒲陶诸果，西通精绝二千里。"

且末国在车尔臣河上游，西边紧邻的就是车尔臣河下游的鄯善国，今新疆且末县城西南的且末遗址正是曾经的且末王城。

且末人与于阗人一样是塞种人的后裔，他们在车尔臣河上游的绿洲过着农耕的生活，其地出产葡萄，种植五谷。相比鄯善，且末人口更少，军事力量更是弱小，因此鄯善将扩张的首要目标定为且末。

鄯善军队出征后，成功占领了且末国，废且末王，留置将领管辖其地，自此且末并入鄯善国。在兼并且末后，鄯善又将征服的目光投向了小宛国。

《汉书·西域传》记载："小宛国，王治圩零城。去长安七千二百一十里。户百五十，口千五十，胜兵二百人。辅国侯、左右都尉[1]各一人。西北至都护治所二千五百五十八里，东与婼羌接，辟南不当道。"

小宛国在且末国正南，背靠昆仑山，紧临喀拉米兰河，是一处水草丰美的绿洲地区。与且末一样，小宛的居民也是塞种人的后裔，以农耕为生，是一个小国寡民的城邦国家。鄯善从且末出兵，一番征伐后灭亡小宛国，自此基本统一塔里木盆地东南部地区。

在占据了婼羌、吞并了且末和小宛之后，鄯善一跃成为东西千里、人众数万的西域大国。此时，于阗正崛起于西部，二者之间尚有尼雅河流域的若干绿洲，还有不少民众可以征服。趁着于阗与莎车争夺西部霸主的时机，鄯善下一步又将触角伸向了这里。这里有两个国家，都在尼雅河流域，上游是戎卢国，下游是精绝国。

《汉书·西域传》记载："戎卢国，王治卑品城。去长安八

---

[1] 国内治安部队长官。

千三百里。户二百四十，口千六百一十，胜兵三百人。东北至都护府治所二千八百五十里。东与小宛、南与婼羌、西与渠勒接，辟南不当道。"戎卢国在今新疆民丰县正南的尼雅河上游地区，为定居农耕民族，亦属塞种人。

《汉书·西域传》记载："精绝国，王治精绝城。去长安八千八百二十里。户四百八十，口三千三百六十，胜兵五百人。精绝都尉、左右将、译长各一人。北至都护治所二千七百二十三里，南至戎卢国四日行地空，西通扜弥四百六十里。"

精绝国在今新疆民丰县北约一百五十公里处的沙漠深处，今尼雅遗址就是精绝国的都城。2000年前，这里是一片繁荣的绿洲，地处西域南道的中心位置，往来商贾云集、贸易发达，是一个十分富庶的城邦国家。

通过多年战争，鄯善向西灭掉了戎卢、精绝这两个小国。自此，鄯善国成为西域南道城郭诸国中占地面积最大的国家，占据了车尔臣河、米兰河、若羌河、喀拉米兰河与尼雅河流域的多个绿洲，开始跻身西域大国行列。

从汉武帝时代楼兰夹在汉与匈奴之间左右为难、朝秦暮楚，至汉昭帝时代楼兰最终放弃了自己的本名和故城，从罗布泊故地向南迁往婼羌所在的车尔臣河与米兰河流域，再到如今征服列国雄踞于塔里木盆地南缘，两百多年的时间里，鄯善人（楼兰人）走过了一条充满艰险的富强之路，最终迎来了自己的黄金时代。

塔里木盆地西南部的于阗国也最终完成了对莎车等国的征服，从此鄯善与于阗并立于塔里木盆地南缘，成为一东一西双雄并立的两个大国。

帝国势力的重新伸展

东汉明帝永平十六年（73年），奉车都尉窦固率军出击匈奴。班超以假司马之职，带兵进军伊吾，与匈奴军队在蒲类海[1]开战，汉军大获全胜，斩首数千人后还师。窦固见识到了班超的才能，于是派遣其与从事郭恂一道出使西域，为汉军重新经营西域提前做好准备。

班超第一站来到了鄯善，此时的鄯善王名叫广，是前王安的儿子。此前，广一直从父辈那里听说汉朝极为强大，如今终于得见汉使，因此对班超一行礼遇甚殊，班超在伊循城逗留了数日。结果过了几天，鄯善王广对他们的态度骤变，汉使一行遇到了突如其来的怠慢。

智者见微知著，能在事情还在萌发的时候预见结果。班超觉察到了鄯善王广态度的变化，推测一定是因为匈奴使者也来到了鄯善，广正在迟疑到底应该归降哪边。他召来了负责他们起居的鄯善侍者，向其打听匈奴使者的住处。

侍者以为匈奴使者来的消息已经走漏了风声，不得已透露了匈奴使者的住处。确定了匈奴使者已到鄯善后，班超命人关押了鄯善侍者，当即召集同行三十六人一起商议对策。

班超提出了一个大胆的计划，建议众人趁着夜色火攻匈奴使者的营帐，因为匈奴人不知他们有多少人，到时一定会大为惊恐，在匈奴人四散逃走时，他们便可趁机控制住局势。一旦匈奴

---

[1] 今新疆巴里坤湖。

使者被杀，鄯善王广便不得不投降汉朝，到时便可大功告成。

众人十分犹豫，担心这样做风险太大，想再与从事郭恂商议之后决定。班超冷静分析了当前的局势，认为郭恂是一介文官，如果他听到这样的计划必然会心生恐惧，等到消息一泄露，鄯善王广必定派人前来抓捕。到时他们这些人不仅不能扬名海外，还会无声无息地死在这个遥远的异国他乡。众人听了班超的分析后，意识到了事情的严重性，纷纷表示同意。

当天夜里，班超带着这三十六人奔向匈奴使者的住处。当时正好刮起了大风，班超令十人拿着鼓藏在屋后，约定一见燃起大火就立刻击鼓大呼，其余二十六人都手持兵器埋伏在门口。班超顺着风向在匈奴使者房屋外纵火，众人一见火起，争相杀入房内，屋后十人也擂起大鼓，做出一副大军出征的假象。

在班超等人的前后鼓噪下，匈奴使者一行不明就里，只听屋外杀声震天，以为汉军已经攻进了鄯善，顿时慌忙逃窜，乱作一团。班超一向英武，徒手格杀三人，同来的汉兵共斩杀匈奴使者及其随从三十余人，其余一百多人全部被烧死。

第二天，班超回来后将昨晚的事告诉了郭恂。郭恂先是大惊失色，等了解到匈奴使者已经被杀后又显得不悦。班超心里很清楚，郭恂这是在嫉妒自己的功劳，为了稳定人心，班超就拉起他的手让他放心，表示这份功劳所有人都有份，郭恂这才面露喜色。

班超出了驿馆后径直来到鄯善王宫，受到鄯善王广的召见。一见到广，班超就拿出匈奴使者的首级向其展示，广大吃一惊。自从迁都伊循以来，鄯善摆脱了东方农耕帝国与游牧政权的争夺，过了一百年的太平日子，如今匈奴使者在鄯善国都被汉朝使者杀死，鄯善又将陷入两难之地。

班超猜到鄯善王广为何忧虑，就对其好言抚慰，说明汉使的来意只是为了隔绝匈奴对西域的控制，保护汉朝北境的安全。于是，鄯善王广请求派出儿子入汉为质，借以结交汉朝，共抗匈奴。

等到班超返回伊吾后，主帅窦固得知了班超成功招降鄯善的消息，向朝廷上书为班超请功，并请求另派使者出使西域，继续完成招抚列国的使命。

汉明帝得知班超的传奇经历后大喜过望，认为他智勇双全、气节可嘉，可与过去的傅介子相媲美，于是下诏让窦固继续留用班超，并正式任命班超为军司马，激励其再立新功。[1]

于是，班超再次踏上出使西域的征程。他拒绝了窦固为其增员的提议，仍旧率领以前那三十多人作为随员。[2]在班超看来，属下的这三十六人与他共同经历过危难，都是过命的交情，遇到危急时刻可以相互扶助，反而胜过人多且杂。

这一次，班超成功招抚了西部霸主——于阗王广德。

于阗是西域大国，其归服为汉朝势力进一步深入西域减少了许多阻力。自此，西域许多国家都派出王子前往洛阳为人质，中

[1]《后汉书·班超传》："还奏于窦固，固大喜。具上超功效，并求更选使使西域。帝壮超节，诏固曰：'吏如班超，何故不遣，而更选乎？今以超为军司马，令遂前功。'"
[2]《后汉书·班超传》："超复受使，固欲益其兵，超曰：'愿将本所从三十余人足矣，如有不虞，多益为累。'"

原王朝与西域诸国的交往再次畅通起来。

当时，龟兹王建依附匈奴势力，占据着整个西域北道[1]，又向西攻破疏勒，杀其王，立龟兹人兜题为疏勒王。

在西汉时代，龟兹国大部分时间都与汉友好，是西汉在西域地区的重要盟友。但到了西汉末年，由于王莽改弦更张，不仅得罪了早在汉元帝时期就内附于汉的南匈奴，还逼迫西域诸国献出财货、贬损王号，于是在新莽时期，龟兹与西域各国一道背叛了中原王朝。

就在龟兹杀害疏勒王的第二年，班超走小路秘密前往疏勒，去往兜题居住的盘橐城。出于安全考虑，班超一行人在距离盘橐城九十里的地方潜伏下来。

班超让属下田虑带着两个人先行前往盘橐城招降。他很清楚，这个名叫兜题的人原本并不是疏勒国王，甚至都不是疏勒人，只是龟兹国王扶植的傀儡，如果发生紧急情况，他身边的侍从一定不会舍命保护他。

田虑来到疏勒国都后，以汉朝使节的名义请求入见，兜题在王宫召见了他。看到田虑长得文弱，随行又只有两个人，没有带军队，兜题不以为意，并不打算投降。

突然，田虑乘兜题不备上前劫持了他。果然如班超所料，王宫里的侍从官员们眼见兜题被抓，纷纷乱作一团，四处逃散，根本没人理会兜题的死活。

田虑劫持了兜题后，派人日夜兼程驰报城外的班超。班超收

---

[1] 即塔里木盆地北缘。

到消息后立即进城。

　　一到盘橐城中，班超立即召见疏勒国的大小官员和将军，向他们说明汉使的来意是为了帮他们推翻兜题的统治。这些人本就不满龟兹的横行霸道，听说汉使可以帮他们赶走兜题，纷纷表示愿意协助班超。

　　班超为了安定人心，就顺从了疏勒国人的愿望，废掉龟兹人兜题的王位，改立前任国王哥哥之子忠为疏勒王。疏勒国内的局势因此稳定下来，疏勒举国归附了汉朝。

　　疏勒王忠及其官属向班超请求杀掉兜题，却遭到了班超的拒绝。作为一位老练的政治家，他有自己的考量。此时如果杀了兜题，依附龟兹的其他国家就会心生忌惮，汉朝想要收复这些国家就更难了。因此，班超下令将其押送回了龟兹国。

　　在短短数年内，班超凭借一己之力，成功收服鄯善、于阗、疏勒三国，还恩威并济，释放了龟兹所立的傀儡，在西域诸国中广泛树立了威信，这也为他日后在西域的事业奠定了基础。

沿用百年的统治模式

　　汉武帝时期，汉朝通过四十年的战争使得匈奴对西域的统治开始瓦解，西域诸国逐渐内附为汉朝属地。汉朝为稳定西域，设置使者校尉开垦屯田，保护西域诸国免遭匈奴的劫掠。

　　汉宣帝时期，置西域都护于乌垒城，汉帝国从此有了专门的行政机构来管理西域地区。

　　汉元帝时期，汉朝又设置戊己校尉，在车师前王庭垦种荒地，借此防备匈奴突入南道。

后来的哀帝与平帝时期，西域逐渐陷入动乱，原本的三十六国逐渐分裂为五十五个国家。王莽篡位以后，随意废立诸国侯王，由此招致了西域诸国的怨恨与反叛。新莽后期，国内民怨沸腾，农民军起义最终推翻了新莽王朝，西域与中原的联系也彻底断绝。

由于匈奴此时已经叛汉，各国再次从属匈奴，但匈奴赋税繁重，各国难以忍受，于是到了东汉初期的建武年间，纷纷派使者要求归属汉朝，请求汉朝派遣都护，镇抚西域诸国。

当时天下初定，光武帝刘秀出于对自身国力的考量和对国际形势的判断，明确拒绝了西域诸国重开西域都护府的请求，诸国不得不重新依附匈奴。

后来匈奴逐渐衰落，莎车国得以崛起，各国大多附属莎车。可惜莎车王贤刚愎自用、滥杀诸王，莎车霸权衰落，取而代之的是西域南道的鄯善和于阗两个大国。

鄯善兼并了且末、小宛、精绝、戎庐等国，于阗吞并了渠勒、皮山、莎车等国，西域北道的车师国也吞并了郁立、单桓、孤胡、乌贪訾离等部众，诸国都依附于匈奴。

东汉建武二十四年（48年），匈奴再次分裂为南、北两部，呼韩邪单于之孙日逐王比自立为单于，与漠北的蒲奴单于并立为南、北两位单于。

日逐王比率领部众四万多人南下归附汉朝，被安置在河套地区，称为南匈奴，留居漠北的蒲奴单于部则称为北匈奴，继续控制着西域诸国。

北匈奴连年遭受雪灾，又受到南匈奴、乌桓、鲜卑等部的攻击，社会经济极度萎缩，力量已大为削弱，因此多次遣使向东汉请求和亲。东汉初立，光武帝没有答应和亲，但同意了双方互市。

然而，汉明帝继位以后，北匈奴开始不断南下劫掠，从永平八年（65年）至永平十五年（72年），北匈奴胁迫西域各国一起入侵汉朝边境，河西诸郡城门昼夜紧闭。

随着东汉的政治稳定和经济得到恢复发展，国力增强，天下安定，汉明帝想要效仿汉武帝，恢复与西域各国的联系，于是开始了征伐北匈奴的战争。

永平十六年（73年）二月，汉军分四路出击，奉车都尉窦固、骑都尉耿忠率酒泉、敦煌、张掖三郡之兵及卢水胡兵共一万二千骑，出酒泉塞，进击白山[1]呼衍王部；驸马都尉耿秉、骑都尉秦彭率武威、陇西、天水三郡之兵及羌兵共一万骑出居延[2]塞，进击沐楼山[3]匈林王部；谒者仆射祭肜与度辽将军吴棠率河东、北地、西河三郡羌兵与南单于兵回师，合军一万一千骑出高阙塞[4]，进击涿邪山[5]皋林温禺犊王部；骑都尉来苗、护乌桓校尉文穆率太原、雁门、代郡、上谷、渔阳、右北平、定襄郡兵及乌桓、鲜卑兵一万一千骑出平城塞[6]，进击匈河。

---

[1] 今新疆哈密市、吐鲁番市北。
[2] 今内蒙古额济纳旗。
[3] 今内蒙古额济纳旗以北。
[4] 今内蒙古狼山中部。
[5] 今蒙古国境内曼达勒戈壁以南一带。
[6] 今山西大同市东北。

窦固和耿忠率军出关，直抵天山以北，打败北匈奴呼衍王部，斩杀北匈奴一千余人，追击到蒲类海，夺取了伊吾卢[1]，设置宜禾都尉，在伊吾卢城留下士卒数百人屯垦荒地，重新开始了汉朝在西域的屯田事业。汉军通过占领伊吾卢，初步打通了西域东部。

紧接着，窦固任命班超为假司马，命其出使西域南道，招降诸国。班超一举招降鄯善、于阗，并于次年代表汉帝国成功从疏勒驱逐了龟兹势力，沉重打击了北匈奴在西域的势力。从此，东汉朝廷开始重新审视光武帝时代以来的西域政策。

第二年，汉明帝派窦固与好畤侯耿秉、下博侯刘张率军出敦煌郡昆仑塞，与驻扎在此的窦固合军，共一万四千人，在蒲类海击败了北匈奴呼衍王和左鹿蠡王部，又进军车师。耿秉担任先锋，率领所向向北挺进，其他部队一同进军，斩杀敌人数千。

车师后王安得大为震惊，出城向窦固投降。随后，车师前王也归降了汉朝。大军平定了车师后，向东返回玉门关内。

然而，此时西域诸国大多已经归顺汉朝，面对北匈奴的威胁，汉朝必须有所作为才能确保西域的稳定和北境的安宁。

为此，西征统帅窦固向朝廷上书，建议重新建立与西域诸国的联系，设置西域都护及戊己校尉作为管辖者。汉明帝采纳了其建议。

在这一年年末，东汉朝廷终于决定在西域设置统治机构，恢复西汉时代设立百年的西域都护府，此时距离西域与汉朝断绝往

---

[1] 今新疆哈密市西四堡。

来已经过去了近六十年。[1]

汉明帝任命陈睦为东汉首任西域都护，屯驻龟兹境内的它乾城，又任命耿恭、关宠为戊己校尉，各自统领数百人，分驻车师后部的金满城和车师前部的柳中城。官属设置一如西汉，在鄯善国以北的楼兰故地也派去了屯田部队，西域诸国重新纳入中原王朝的统治之下。

疏勒十三勇士

汉明帝永平十七年（74年），陈睦就任西域都护，驻守龟兹国的它乾城。作为对南道诸国的拱卫，戊己校尉耿恭和关宠各率数百人，分别驻守在车师后国的金满城和车师前国的柳中城，扼守西域北大门，严防北匈奴突入西域，祸乱诸国。

耿恭到达金满城后，立即以戊己校尉的名号传檄乌孙，向乌孙王宣示大汉重归西域。此时，乌孙早已分裂为大昆弥、小昆弥两部，其中大昆弥部的王族是当年解忧公主之子元贵靡的后代。

听说汉朝再次回到西域，大昆弥大为惊喜，遣使进献汉武帝当年赐名的西极马，还带来了当年汉宣帝赐给解忧公主的器具，表示愿意遣子入侍汉朝。耿恭派出回使，赐给大昆弥许多金帛，

---

[1]《后汉书·西域传》："十六年，明帝乃命将帅北征匈奴，取伊吾卢地，置宜禾都尉以屯田，遂通西域，于窴诸国皆遣子入侍。西域自绝六十五载，乃复通焉。明年，始置都护、戊己校尉。"

迎其侍子送往洛阳，西域北境的乌孙自此重新归降汉朝。

　　然而，汉朝势力的到来，打破了西域地区原有的政治平衡，招致了一些国家的怨恨。

　　当时，塔里木盆地北部是人口五万多人的焉耆国，向来依附匈奴，由于焉耆国的位置正好处于都护、校尉驻地之间，焉耆王舜与其子忠担心自身安全，十分忌惮都护的存在。加之焉耆国四面皆有大山，山岭相连，道路艰险，易守难攻，汉军难以攻入，焉耆王逐渐有了抵抗汉朝的打算。

　　永平十八年（75年），汉明帝在洛阳驾崩。消息传到西域，焉耆与龟兹决意背叛东汉，联合进攻都护所在的它乾城。它乾城内的守军只有两千人，不久城池陷落，都护陈睦、副校尉郭恂都被乱军杀害，汉军佐吏兵士大多被杀，此时距离东汉设立西域都护府仅过去一年时间。

　　都护一死，东汉留在西域各地的部队一时群龙无首，陷入各自为战的境地。第二年三月，北匈奴蒲奴单于派遣左鹿蠡王率领两万名骑兵进攻车师。耿恭派遣司马率兵三百人前去救援，结果在半道上遭遇北匈奴骑兵，北匈奴人多，耿恭这三百人的军队全军覆没。北匈奴顺利攻破车师后国都城，杀其王安得，拿下了整个车师后国，随后，车师前国再次归降北匈奴。

　　然而，关宠驻守的柳中城和耿恭戍守的金满城却像两颗钉子一般插在了天山南北，北匈奴人想要打通通往西域的道路，就必须拔除这两颗钉子。

　　于是，左鹿蠡王掉转大军，猛攻金满城与柳中城。此时正值汉明帝驾崩，朝廷无暇发兵，救兵不至，车师与北匈奴合兵进攻，两万多人将这两座城围得水泄不通。

无论是金满城还是柳中城，城内的守军都只有数百人，面对北匈奴大军围城，城内的汉军陷入绝境。对于拔除这两座城，消除其南下路上的阻碍，北匈奴大军志在必得。然而，他们却不知自己将会面对什么。

金满城的守将耿恭，出身将门世家，颇有其先祖之风。其祖父是曾以上谷太守之身归附刘秀的喻糜侯耿况，大伯父是东汉的开国元勋、建威大将军耿弇，二伯父是曾随伏波将军马援南征武陵蛮的牟平侯耿舒，三伯父是建议东汉设立度辽将军以经营辽东的大司农耿国。

耿恭年幼时，父亲耿广就去世了，或许是由于年少多难，久经磨砺，耿恭为人慷慨有大略，有将帅之才。面对来势汹汹的北匈奴大军，耿恭临危不惧，亲自登上城楼，与士卒一起奋勇搏杀。

黑压压的北匈奴军队像潮水般涌来，众人惊恐万分。耿恭命人在箭头上涂上毒药，命令士兵使用弩机发射"神箭"。这种弩机射程远，杀伤力强，有效减缓了北匈奴的突击力。无数支利箭从天上射下来，北匈奴士兵大量中箭，疼痛难忍，继而伤口生疮，军营中一片哀号，北匈奴猛攻的势头被有效地遏制住了。

在北匈奴大军遭受大量伤亡的同时，耿恭派出一支敢死队，在一个暴风雨的夜晚，出其不意地偷袭北匈奴军营，杀伤甚众。北匈奴大军不堪其扰，以为汉人有神兵相助，不得不退兵。

北匈奴大军退走后，金满城虽然暂时解除了围困，但耿恭心里明白，这一仗虽然赢了，北匈奴大军迟早要回来，金满城无法固守。此时正值圣上驾崩，汉朝内政未稳，朝廷在短时间内无法派出大军救援，自己必须做好长期坚守的准备。

为了更好地组织防守，五月，耿恭放弃了孤悬野外的金满城，带着数百人的部队向东北转移，路上不断收拢汉军散兵，来到另一个汉军的驻屯之地——疏勒城。

疏勒城依山而建，傍临深涧，四周以石块筑成，是一处可以据险固守的要塞，又邻近柳中城，便于相互支援。今新疆奇台县城南六十多公里的半截沟镇麻沟梁村天山北坡的丘陵地带有一处汉代石城遗址，当地人称其为"石城子"。

此城依山形而建，南北宽一百三十多米，东西长一百九十多米，城墙残高一米多，北、西城墙建在自然地形梁上，东墙较低。城中偏西南有一圆形凹地，直径五米。该城东邻悬崖石壁，北面是陡坡，南面地形虽低但坡度较大，南端残留墙迹有两块圆形巨石，河谷深约几十米，地面露出岩石。整个城堡居高临下，如果发生战事，易守难攻。

城内出土了多件汉代风格文物，如云纹内席纹青灰陶大板瓦、简瓦、实心砖、黑灰陶钵、陶瓮、陶盆、屋形图案青灰陶等。据考证，这里就是耿恭当年驻守的疏勒城。

七月，北匈奴大军再次围攻耿恭所部，疏勒城被上万人的大军包围。趁北匈奴大军扎营之际，耿恭号令数千人组成的突击队径直冲向北匈奴前军。北匈奴骑兵此前见识过这些汉军的威力，不敢与之交战，纷纷四散逃走。汉军初战告捷，士气大振。

北匈奴大军眼看首战受挫，决定改变策略，将疏勒城团团围住，但并不急于攻城，又将涧水截断，企图断绝城中水源。围城战持续了数月，城中食物已经吃完，汉军将士们不得不将弓弩上用野兽筋腱做的弦和盔甲上的皮革煮了吃。

汉军人数虽然越来越少，但疏勒城要塞仍然没有陷落，汉军大旗依然高高飘扬，让北匈奴大军焦急万分。耿恭与将士们推心置腹，誓同生死，所有人一心抗击北匈奴大军，怎奈北匈奴大军围困日久，汉军几千人到最后只剩下几百人。

北匈奴单于知道耿恭等人已经陷入绝境，派遣使者来到城下招降耿恭，单于向耿恭承诺，他如果投降，可以封他为白屋王。

耿恭在城楼上亲手射杀了北匈奴使者。

长期的围城战也让北匈奴士兵的情绪趋于崩溃，北匈奴士兵们泄气之下纷纷号哭而去。单于大怒，继续增兵围攻耿恭，但仍然攻不下疏勒城。

此前，车师后王的夫人因为是汉人后裔，常常私下里与耿恭联络，告知其北匈奴大军的动向，偷偷接济其粮饷。如今，北匈奴大军将疏勒城围得严严实实，任何人想要穿越北匈奴大军的哨卡进入城内已不可能。

失去了车师后王夫人的秘密支援，耿恭眼看着城内的将士一个又一个地倒下，不得不与众人在疏勒城中挖井，可挖到十五丈深，也没挖到水脉。士卒们又渴又累，甚至将马粪榨干取汁拿来喝。

在众人濒临绝望的边缘时，没想到从这口井中竟然奔涌出了清冽的泉水，众人一看，立即欢呼雀跃，马上对抗击北匈奴重生信心。

耿恭命人在城楼上泼水，北匈奴人看得目瞪口呆，以为汉军有神明相助，不得不再次退兵。就这样，耿恭率领汉军数百人坚守孤城，让北匈奴两万大军无功而返。

就在耿恭困守孤城之际，万里之外的洛阳，新即位的汉章帝与大臣们正在进行一场激烈的辩论。司空第五伦[1]认为西域路途遥远，粮草难以接济，大军出师恐将不利。不少大臣也持这种观点，只有司徒鲍昱提出了反对意见。

鲍昱认为出使西域本就风险极大，这些汉朝使臣冒着客死异域的风险出使西域，无非是为了执行朝廷的使命。如果使臣遇险，朝廷不去救援，这不仅是放纵蛮夷的暴行，更会伤了忠臣良将的心。以后如果再有边境之患，谁还愿意领兵出征？

鲍昱建议敦煌、酒泉太守各率两千精骑，多带旗帜以迷惑敌军，星夜兼程驰援耿恭、关宠。北匈奴大军已经跟他们打了几个月，想必已经疲惫至极，到时候只能选择撤退。

于是，汉章帝下诏遣征西将军耿秉屯驻酒泉，行太守事；遣秦彭与谒者王蒙、皇甫援发张掖、酒泉、敦煌三郡及鄯善之兵，共七千余人，前往救援耿恭。

建初元年（76年）正月，汉军来到西域，先在柳中城下大败车师，继而攻破交河城，斩首三千八百级，俘获三千余人，驼、驴、马、牛、羊共三万七千头。北匈奴大军以为汉朝出动大军，惊恐之余纷纷撤退，车师再次投降汉朝。

此时，坚守在天山以北的耿恭等人迎来了希望。

---

[1] 第五伦，字伯鱼，京兆长陵（今陕西咸阳东北）人，东汉大臣。个性耿介，不惧权贵。永平十八年（75年）担任大司空，元和三年（86年）致仕，数年后去世，享年八十余岁。

然而，由于柳中守将关宠在汉朝援军到来前就已经战死，王蒙等人推测耿恭也已殉国，便想引兵东还，退回塞内。当时正值冬季，疏勒城又在天山以北，与北匈奴大军的营地太近，因此无人愿领军前往。

耿恭先前曾派遣军吏范羌到敦煌去取兵士寒服，范羌因而随王蒙大军一同出塞。面对众人的迟疑，范羌坚决请求救援耿恭，并自告奋勇表示愿意前往。

于是，王蒙分兵两千人，由范羌率领前往救援耿恭。一行人穿越天山，中途遇上大雪，山谷里的积雪厚达一丈有余，但范羌等人最终还是成功翻越天山，于一天夜里抵达疏勒城下。

城里的人听到城下的兵马声，以为是北匈奴大军又来偷袭。得知是范羌带着朝廷援军前来，耿恭赶紧亲自开门迎接。此时，疏勒城中的守军仅剩二十六人。

当天夜里，这二十六人随范羌率领的两千兵士一同上路，准备东返汉地。第二天一早，北匈奴大军发现疏勒城已空，耿恭等人早已不知去向，因此派兵去追。范羌与耿恭率领众人且战且行，路上不断有人倒下。

三月，当他们到达玉门关时，原先的二十六人只剩下十三人，个个衣衫褴褛、形容枯槁。玉门关守将郑众见到这十三名勇士，感动不已，亲自为他们沐浴更衣，并上书为十三勇士请功：

> 恭以单兵守孤城，当匈奴数万之众，连月逾年，心力困尽，凿山为井，煮弩为粮，出于万死，无一生之望。前后杀伤丑虏数百千计，卒全忠勇，不为大汉耻。恭之节义，古今

未有。宜蒙显爵，以厉将帅。[1]

耿恭回到洛阳后，鲍昱上奏称赞耿恭"节过苏武"，建议朝廷封赏耿恭众人。汉章帝对耿恭一行人立下的功勋大为赞赏，拜耿恭为骑都尉，以耿恭所部司马石修为洛阳市丞，张封为雍营司马，范羌为共丞，其余九人都补任羽林，并为他们举办了盛大的庆功宴。

后来，范晔在《后汉书》中将耿恭与苏武并列，认为西汉有苏武，东汉有耿恭。在为耿恭作传时，范晔深情地写道：

> 余初读苏武传，感其茹毛穷海，不为大汉羞。后览耿恭疏勒之事，喟然不觉涕之无从。嗟哉！义重于生，以至是乎！

耿恭留给后人的是精忠报国的勇气，此等热血忠魂，必将万古长存。

---

[1] 出自《后汉书·耿弇传》。

第五章 时断时续的丝路古道

投笔从戎的梦想

班超，字仲升，扶风安陵[1]人，东汉史学家班彪之子，《汉书》作者班固之弟。比起沉默寡言的兄长，班超的口才极好，待人热情，虽不及兄长才学渊博，但也喜爱读书，涉猎广泛，尤其喜欢读《春秋》。

永平五年（62年），班固被朝廷征召为校书郎[2]，班超和母亲跟着兄长一起到了洛阳。此时的班超已经年满三十，却只能靠替官府抄写文书养家糊口。

班超胸怀大志，虽然此时忙于抄书琐务，但从未忘记自己的梦想，那就是效仿傅介子、张骞建功异域。他甚至找人为自己相面，看相的人说他长得燕颔虎颈，以后必会封侯于万里之外。

有一天，汉明帝向班固问起了班超。此前，班固因为"私修国史"被人告发，被收押在扶风郡大牢，班超星夜骑马赶到洛

---

[1] 今陕西咸阳东北。

[2] 东汉时，征召学士至东观宫中藏书处校勘典籍，其职为郎中者，称校书郎中；其职为郎者，则称校书郎。

阳，为兄长鸣冤叫屈，汉明帝对这个年轻人印象颇深。

得知班超此时正在以替官府抄写文书为业，汉明帝觉得有些大材小用，打算交给班超一项重要的使命。

永平十六年（73年），汉明帝派遣窦固北击匈奴，班超作为假司马随军出征，在天山以北大破呼衍王部，夺取伊吾卢，初步打通了西域东部。而后班超又率勇士三十六人，成功说服鄯善王与于阗王归顺汉朝，汉朝得以于次年在龟兹再置西域都护。

永平十八年（75年），汉明帝驾崩。焉耆趁着中原大丧之机，派兵围攻西域都护陈睦。此时班超正在疏勒国，孤立无援，龟兹、姑墨多次发兵围攻疏勒。班超驻守盘橐城，与疏勒王忠互为首尾，成掎角之势，士卒虽然人少，但足足坚守一年有余。[1]

汉章帝建初元年（76年）春，酒泉太守段彭在交河城大败车师军，救出了戊己校尉耿恭，但刚刚继位的汉章帝也意识到，经过将近百年的时间，汉朝想重新经营西域并非想象中那么容易。

考虑到需要耗费大量的人力、物力，汉章帝决定罢撤西域都护，再行休养生息之策，重拾光武帝时代对西域事务不闻不问的态度。第二年，东汉又裁撤了在伊吾的屯田，北匈奴重新控制了天山以北地区。

出于国策变更的缘故，朝廷召班超回国。班超收到诏书后，担心自己一旦东返，于阗、疏勒等国又将反叛汉朝，投向北匈奴，自己的努力将付诸东流，但朝廷诏书已下，他不得不准备东

---

[1]《后汉书·班超传》："十八年，帝崩。焉耆以中国大丧，遂攻没都护陈睦。超孤立无援，而龟兹、姑墨数发兵攻疏勒。超守盘橐城，与忠为首尾，士吏单少，拒守岁余。"

返长安。

疏勒人听说班超要走，担心自己的国家在班超离去后被龟兹灭亡，一位叫黎弇的都尉甚至以拔刀自刎的方式请求班超留下。但圣命难违，班超不得不离开疏勒。在东返途中，班超路过于阗国，于阗人抱着班超的马不让他走。

在西域各国的挽留下，班超索性横下心来，决定留在西域实现自己尚未实现的抱负。

果如班超所料，在班超离开后，疏勒有两座城再次投降龟兹。龟兹命令这两座城的城主与尉头国合兵进犯疏勒，围困了疏勒国都。班超回到疏勒后，立即领兵捕杀反叛者，又击破尉头军，杀六百余人，疏勒国再次安定下来。

建初三年（78年），班超率领疏勒、康居、于阗、拘弥诸国联军共一万人，攻占了龟兹国的墨石城，斩首七百级。班超想趁此机会一举平定西域，于是向朝廷上疏请兵。

在呈给汉章帝的奏章里，班超阐述了自己对西域事务的看法，并向朝廷表达了自己甘愿用尽一生来完成汉朝平定西域的心愿。

汉武帝时，朝廷认为取西域三十六国是断匈奴右臂之举，后来的历史验证了这种观点。东汉历经新莽十多年动乱后，忙于恢复国内社会经济，无暇顾及西域与北匈奴事务。汉明帝时期，东汉王朝国力开始强盛起来，为了彻底解决北匈奴的威胁，便派遣军队再次开通了西域，鄯善、于阗等国慑于汉朝国力强大，随即调整国策，与北匈奴断了联系，转而归附于汉朝。

此时的西域地区，拘弥、莎车、疏勒、月氏、乌孙、康居等国都愿意臣属汉朝，唯独龟兹、焉耆两国仍然依附北匈奴。各国为了摆脱北匈奴的威胁，都愿意与汉朝合力共同击破龟兹，恢复中原与西域之间断绝百年的联系。

因此，班超认为当前汉朝只需降服龟兹、焉耆两国，就可以取得西域大定的战果，丝绸之路也可以重新贯通。

可以说，在西域度过了五年的艰难岁月后，班超对西域诸国有了比较深入的了解，此时他对西域形势的判断还是比较客观的。

之前，班超与属下三十六人奉命出使西域，备尝艰辛，自从孤守疏勒到今天已经有五个年头。在与胡人交往的过程中，他发现西域各国不论城郭大小，都说倚靠汉朝如同倚靠老天一般。由此可见，由中原通往葱岭的道路可以打通；道路一通，则龟兹可伐。

班超进一步向汉章帝提出建议，认为如今应该将留在洛阳的龟兹侍子白霸立为国王，派兵将其送还龟兹，自己与诸国联军围攻龟兹，用不了一年，龟兹便可平定。以夷狄攻夷狄，于汉朝无损，其功可成。

莎车、疏勒土地肥沃，农田广布，无论是耕种还是放牧，都很适宜，不同于敦煌与鄯善之间的沙漠之地，不必向中原要一兵一卒就可以实现粮食自足。况且如今的姑墨、温宿二王都是龟兹所立，国王非其国人，底下的大臣、民众必定反对，如果形势有变，必会杀其王而反叛龟兹。如果两国来降，龟兹便可以不攻自破。

奏书送至洛阳，汉章帝与朝臣们商议后决定发兵西域，增援班超。

此时班超的一位故交站了出来。他名叫徐幹，素来与班超志同道合。听说班超已在西域站稳了脚跟，他便想前去西域协助班超，同时也为自己博取功名。

建初五年（80年），朝廷任命徐幹为假司马进军西域。徐幹率领刑徒及招募而来的士兵一千人西行，打算与班超会师。

在此之前，莎车国以为汉朝不会派军队来，在徐幹到达之前便投降了龟兹。此外，疏勒国都尉番辰也反叛了班超。徐幹率领这一千人的队伍，来到疏勒与班超合军后大破番辰，斩首千余级，俘虏数百人。

班超攻破番辰以后又想进攻龟兹，但龟兹有八万人口，素来是西域大国，单靠汉军这支千人队伍很难战胜。于是，班超便想联合人多兵强的乌孙前往征讨。

乌孙是游牧民族建立的国家，有十万人的军队，与南边的城邦诸国比起来，算得上西域大国，所以当初汉武帝将公主嫁给了昆弥。汉宣帝时期，汉军曾与其联手出击匈奴。如今，汉朝与乌孙已经取得了联系，班超想向其派遣使者，联络其合力围攻龟兹。

汉章帝采纳了班超的建议。

建初八年（83年），朝廷拜班超为将兵长使[1]，特赐军乐和仪仗旗帜，以徐幹为军司马，又派遣卫侯李邑护送乌孙使者，赐大、小昆弥等乌孙首领大量金银绢帛。

[1]东汉时为府郡掌管兵马的长官。

李邑是一个贪生怕死之人，刚到于阗就因听说龟兹攻打疏勒，再也不敢西进。

为了能尽快回国，李邑向汉章帝上书称平定西域不可能实现，又诬陷班超贪图生活享受，来到西域只是为了拥兵一方，称王享乐。[1]

班超听说此事后，担心朝廷会因此召自己回国，为了消除朝廷的疑虑，随即将妻子儿女遣还归国。汉章帝知道班超是忠勇之人，没有轻信李邑的谗言，下诏对其严厉斥责，命令李邑立即前往疏勒，授予班超节制诸军之权。

为了抚慰班超，汉章帝又给他下了一道秘密诏书，允许他留下李邑在西域任职，以此来惩罚其诽谤之罪。

李邑来到疏勒后，向班超等人宣布了朝廷的任命诏书。班超没有公报私仇，反而让他带着乌孙侍子返回洛阳。

李邑造谣诽谤班超贪图享受，差点坏了朝廷经略西域的大计，班超却对其不加责罚，徐幹对此大惑不解，就向班超发问。班超解释说李邑此前的诋毁证明他不愿留在西域，如果自己为了泄愤把他强留下来，恐怕还会再出乱子，所以才将其遣送回国。徐幹等人对班超的大度极为佩服。

第二年，朝廷再次派遣假司马和恭率领八百人的队伍来到班超处，班超又征发了疏勒、于阗两国之兵合击莎车。莎车王私下派人联络疏勒王忠，对其许以重利。忠因此反叛班超，从后方偷

---

[1]《后汉书·班超传》："李邑始到于阗，而值龟兹攻疏勒，恐惧不敢前，因上书陈西域之功不可成，又盛毁超拥爱妻，抱爱子，安乐外国，无内顾心。"

袭班超的部队，失利后向西退却至乌即城。

疏勒王忠自从永平十六年（73年）便与班超结盟，在形势瞬息万变的西域互为倚靠，到现在已经整整十年。在班超的心中，忠不仅仅是汉朝的盟友，更是自己在西域少有的密友。没想到，如今却遭到好友的背叛，这让班超心痛不已。

忠战败后退往西境，班超于是另立成大为疏勒王，并发动疏勒国中没有造反的人前去讨伐忠。战争整整进行了半年，因康居派遣精兵救援忠，班超始终不能攻克忠所占据的乌即城。

当时月氏与康居联姻，双方关系友好，班超派遣使者送给月氏王很多礼物，希望他可以劝康居王不要再干涉疏勒国事。康居王退兵后，忠和他一起返回了康居，乌即城因此降于班超。

过了三年，忠向康居王借兵返国，秘密与龟兹合谋，遣使诈降班超。班超了解忠这个人，知道这是他的奸计，于是将计就计，假装答应。

忠大喜过望，只率领轻骑数人就来到班超的驻地。班超为忠安排了酒宴，酒过三巡，菜过五味，班超立即命令军士逮捕忠，将其斩杀。随后，班超率领大军击破忠的部众，自此西域南道再次被打通。

在消灭忠的第二年，班超决定对龟兹用兵。但龟兹势大，短时间内难以攻取，又无法与其正面对决，因此班超决定先收服莎车，斩断龟兹的侧翼。

班超向于阗等国发出号令，征发了二万五千人的军队再次攻打莎车。莎车被围，龟兹王遣左将军发温宿、姑墨、尉头三国之兵共五万人前往救援。

听说龟兹军已经出动，班超故意召集各军将校与于阗王，共同商议下一步的行动计划，商议之时设计把莎车俘虏引到大帐一侧，让其以为恰巧听到了班超等人的谈话。

班超故意迷惑莎车俘虏，向众人传达了撤军的命令，并假装安排自己与于阗王各自率军分两路撤回疏勒与于阗。

莎车俘虏以为自己听到了绝密情报，偷偷跑回莎车，向龟兹王报告了这一情况。龟兹王大喜，以为班超不敢与其交战，便亲自率领骑兵万人赶往西部边界，企图在班超返回疏勒的路上进行截击，又派温宿王率领骑兵八千人在东部边界等候于阗军队的到来。

龟兹王自以为安排周密，殊不知已落入班超的圈套。班超得知龟兹王已中计，秘密召集诸部整顿兵马，以鸡鸣为号，全军出动，杀奔对面的莎车军营。

莎车人以为班超即将撤走，正疏忽大意之时，没想到汉军突然杀了出来，莎车人一时惊惧万分，乱作一团，如鸟兽散。班超所部展开追击，斩首五千余级，缴获的牛马财物不计其数。莎车大败，随后便投降了班超。龟兹王得知后暴跳如雷，此时他才意识到自己中了班超的计，无奈之下只好退兵。

自此，班超的威名传遍了西域。

就在班超击破莎车的同年，贵霜（大月氏）以曾助汉进攻车师有功为由，向班超请求迎娶汉朝公主。贵霜远在西域诸国以西，又远隔葱岭，汉朝与其交往并不多，因此班超拒绝了这个请求，贵霜王因而怀恨在心。

章和二年（88年），汉章帝驾崩，其子刘肇即位，是为汉和帝，次年改元永元。

永元元年（89年），车骑将军窦宪与执金吾耿秉联合南匈奴、乌桓、羌胡兵马三万人，出塞三千余里，会师于涿邪山，大败北匈奴于稽洛山[1]，歼敌一万三千人，俘虏无数。窦宪率军登燕然山[2]，刻石记功，史称"燕然勒石"。此后北匈奴一蹶不振，逐步向西退却。

永元二年（90年）夏，贵霜军队突然翻越帕米尔高原进攻汉朝，原因是此前班超拒绝了贵霜王向汉朝的求亲，贵霜王命令一位名叫谢的贵族率军前来攻打班超。

这支军队足有七万人之多，在地广人稀的西域地区已经算得上一支大军，班超的军队人数处于绝对劣势，汉军一时陷入恐慌。

其实，当时贵霜军队人数虽多，但帕米尔高原严酷的自然环境使得他们的运输极为不便，因此随军只带着自认为充足的粮食。班超认为只要坚壁清野，不给敌军留下一粒粮食，敌军的粮道又被葱岭所隔，等到他们所带的军粮吃光，便会因粮草不济而投降。

谢猛烈进攻班超，班超坚守不出，汉军已提前将粮草悉数转移到城内，贵霜军抢掠粮草不成，全军陷入饥饿之中。十几天后，班超估计其粮草将尽，一定会差人到龟兹求救，于是派出数百名士兵提前埋伏在通往龟兹的路上。

谢果然派出使者去龟兹求援，班超的伏兵将使者杀死后，将其首级送给谢。谢大为惊恐，只好遣使向班超请罪，希望能放

---

[1] 今蒙古国境内的额布根山。
[2] 今蒙古国境内的杭爱山。

他们一条生路。班超放他们回国，贵霜举国震动，自此与汉朝通好，朝贡不绝。

永元三年（91年），龟兹、姑墨、温宿等国投降。至此，西域诸国除了焉耆之外全部归顺汉朝，东汉朝廷趁势重开西域都护府，借以稳定西域局势，彻底解除北匈奴的威胁。

班超，是公认的最合适的都护人选。

于是，汉和帝正式任命班超为东汉第二任西域都护，班超的副手徐幹担任西域长史，驻龟兹境它乾城。

此时距离班超刚到西域已经过去了整整十八年。

为了彻底稳定龟兹局势，汉朝立白霸为龟兹王，派司马姚光护送其返回龟兹继位。白霸成为龟兹王后，前任龟兹王被姚光带回了洛阳，汉和帝对其赏赐甚厚。这位龟兹王自此便定居洛阳，再也没有回龟兹。

与汉朝建立同盟后，龟兹兼并了姑墨、温宿、尉头等国，继续保持着西域大国的地位。

为了与都护互为掎角，东汉朝廷延续了西汉旧制，在车师前部高昌壁置戊己校尉，领五百士兵屯垦驻军，又在车师后部候城置戊部候吏，分别安插在天山南北要害之地，借以威慑北匈奴与西域诸国。[1]

---

[1]《后汉书·西域传》："和帝永元元年，大将军窦宪大破匈奴。二年，宪因遣副校尉阎槃将二千余骑掩击伊吾，破之。三年，班超遂定西域，因以超为都护，居龟兹。复置戊己校尉，领兵五百人，居车师前部高昌壁。又置戊部候，居车师后部候城，相去五百里。六年，班超复击破焉耆，于是五十余国悉纳质内属。"

班超就任西域都护后，西域诸国只剩下焉耆、危须、尉犁三国尚未归附。

焉耆国在塔里木盆地正北位置，位于敦薨浦（今博斯腾湖[1]）西北岸，历史上又译为乌夷、阿耆尼[2]，与楼兰一样是一个吐火罗人建立的绿洲城邦国家，辖今焉耆、库尔勒、和硕、尉犁一带。

焉耆国地处开都河流域与孔雀河流域的交汇处，南靠博斯腾湖，地形平坦、水源充沛，地貌与罗布泊湖畔的楼兰国大致相同，也是塔里木盆地开发最早的地区之一，早在新石器时代就有人类活动。

大约与楼兰国在同一时间，焉耆先民开始进入农业社会，又在先秦时期建立了自己的国家。他们的语言与龟兹人接近又有所不同，西方史学家称之为"吐火罗语A"，中国史学家一般称之为"焉耆语"，与楼兰语同属吐火罗人的语言之一。

据史籍记载，焉耆国东西六百多里，南北四百多里，国内有九座城池。王城在员渠城[3]，即今焉耆县城以西六十公里的南哈拉毛坦古城，方圆六七里，四周群山环绕，道路险要，易于守卫。另外，焉耆西南为天山支脉霍拉山，有扼守西境的天险铁门关，道路艰险，易守难攻。

焉耆全国有百姓三万二千多人，军队六千余人，在西域诸国之中算得上大国，国内设有击胡侯[4]、却胡侯、辅国侯、左右将、

---

[1] 又称巴格拉什湖，中国最大的内陆淡水湖。

[2] 见于《大唐西域记·阿耆尼国》。

[3] 《汉书·西域传》："焉耆国，王治员渠城，去长安七千三百里。"

[4] 最高军事长官，兼匈奴方面军总司令。

左右都尉、击胡左右君、击车师君、归义车师君等官职。

西汉初年,焉耆与楼兰诸国被匈奴征服。自张骞通西域以来,焉耆国多在汉与匈奴之间摇摆不定,多依附于汉,汉宣帝神爵二年(前60年)以后归属西域都护府。东汉初年,莎车王贤崛起,焉耆依附莎车,后来又倒向北匈奴。

因为杀害了西域都护陈睦,焉耆王广心怀恐惧,自知得罪于汉,所以一直负隅顽抗。汉和帝永元六年(94年),班超以西域都护的名义,征调各国军队征讨焉耆、危须、尉犁,终于攻破其王城,斩焉耆王、尉犁王以报陈睦之仇,将首级传送京师,悬挂在洛阳城门。班超立曾在洛阳为质的焉耆左侯元孟为国王,又在尉犁、危须两国重新册立了亲近汉朝的国王。

至此,西域的反叛力量彻底平定,西域诸国全部归顺了东汉王朝,五十多个国家都向洛阳送去了质子,各国服从西域都护号令的时代再次来临,这一切都要归功于班超和他身边有志之士的坚持。

在班超平定西域的过程中,他往往只诛杀作乱的首恶之人,不追究其他无辜之人,因此得到了西域人民的广泛支持。说到底,各国百姓都想过安宁祥和的日子,只是少数统治者为了自己的野心发动了不必要的战争。

永元七年(95年),汉和帝为了表彰班超平定西域的功勋,下诏封其为定远侯,食邑千户,因此后人也称班超为"班定远"。在诏书中,汉和帝高度称赞了班超不辞万险、为国尽忠的壮举:

> 出入二十二年,莫不宾从。改立其王,而绥其人。不动

中国，不烦戎士，得远夷之和，同异俗之心，而致天诛、蠲宿耻，以报将士之仇。[1]

永元九年（97年），班超派部下甘英[2]出使西域，想与更远方的安息、大秦等国建立联系，一直到达了波斯湾地区。自此，条支[3]、安息这些西亚国家也与中国有了交往，史书评价班超有"九译之功"。

然而，再大的功劳也抵不过对故土的思念。随着西域局势的安定，班超日益感到衰老，归心似箭。

永元十二年（100年），班超向朝廷上书表达自己对故乡的思念，请求朝廷另遣官吏来西域接替自己。[4]

班超的奏书被儿子班勇送至洛阳，二十一岁的汉和帝大为感动，自己在孩童时期就听说过班超的传奇事迹，如今收到班超请求返国的奏疏，立即下诏同意了班超的请求。自从西征伊吾开

---

[1] 出自《后汉书·班超传》。

[2] 东汉人。和帝时，为西域都护班超属吏。永元九年（97年）出使大秦（罗马帝国），至条支国西海（今波斯湾）受阻返回，是中国最早到达西亚地区的使者。

[3] 地在安息西界，临西海（波斯湾），当在今伊朗西南部布什尔港附近。

[4] 《后汉书·班超传》："臣闻太公封齐，五世葬周。狐死首丘，代马依风。夫周齐同在中土千里之间，况于远处绝域，小臣能无依风首丘之思哉？蛮夷之俗，畏壮侮老。臣超犬马齿歼，常恐年衰，奄忽僵仆，孤魂弃捐。昔苏武留匈奴中尚十九年，今臣幸得奉节带金银护西域，如自以寿终屯部，诚无所恨；然恐后世或名臣为没西域。臣不敢望到酒泉郡，但愿生入玉门关！臣老病衰困，冒死瞽言，谨遣子勇随献物入塞，及臣生在，令勇目见中土。"

始，班超在西域一共操持了二十七年。

永元十四年（102年）九月，在回到洛阳一个月后，官拜射声校尉的班超离开了人世，卒年七十一岁。

班勇奇谋与父子两代的坚持

自从班超回到洛阳后，东汉朝廷继续向西域派出都护。班超之后，继任者有任尚、段禧二人。然而，这两人没有班超与诸国同心协力的深厚交情，一味地用武力威胁诸国服从，于是西域人心又失，班超近三十年的努力又将付诸东流。

仅仅过去三年，元兴元年（105年）十二月，二十七岁的汉和帝驾崩，西域再次反叛。永初元年（107年），汉安帝即位两年后，西域诸国对都护段禧等人发起了围攻。

西域路途遥远，汉朝难以接应，不得不下诏征段禧东还。朝廷派出班超之子班雄、班勇为军司马出兵敦煌，迎接都护和驻军返还。

东汉朝廷再次罢撤了西域都护之职，放弃了对西域的经营。

几乎在汉人撤出的同时，北匈奴立刻卷土重来，西域各国再次沦为北匈奴的仆从，北匈奴裹挟着这些国家，侵犯汉帝国边境长达十余年，永平年间河西诸郡城门昼闭的景象再次出现。[1]

---

[1]《后汉书·西域传》："及孝和晏驾，西域背畔。安帝永初元年，频攻围都护任尚、段禧等，朝廷以其险远，难相应赴，诏罢都护。自此遂弃西域。北匈奴即复收属诸国，共为边寇十余岁。"

当时，由于汉帝国势力已经撤出西域，玉门关便成了东汉王朝最西边的国门，玉门关内就是河西四郡中最靠西的敦煌郡，这里的防守压力最大。

汉安帝元初六年（119年），为了扭转局势，敦煌太守曹宗派出行长史[1]索班西出玉门关，率领一千多人来到伊吾驻守。听说汉朝再次派出军队来到伊吾，邻近的车师前王和鄯善王前来归降。

这引起了北匈奴的警觉。几个月之后，北匈奴与车师后王一起进攻伊吾，伊吾失守，索班等人被杀。车师前王战败后被迫撤退，鄯善王被逼无奈，只得向曹宗求救。[2]

敦煌与鄯善东西相望，虽然隔着白龙堆沙漠，但在距离上比较近，如果救援鄯善，几天内便可以赶到。曹宗向朝廷请求援救鄯善、出击北匈奴，先替索班报仇，再夺回西域的控制权。

然而，临朝的邓太后[3]不同意。公卿大臣们也大多认为西域道路艰险、经略不便，应该关闭玉门关，彻底弃绝西域，以免浪费人力与物力。

这些人的目光无疑是短视的。

当初秦始皇统一六国后立即向北出兵，从匈奴手中夺取了水

---

[1] 即代理长史，非正式官职。

[2]《后汉书·西域传》："敦煌太守曹宗患其暴害。元初六年，乃上遣行长史索班，将千余人屯依吾，以招抚之。于是车师前王及鄯善王来降。数月，北匈奴复率车师后部王共攻没班等，遂击走其前王。鄯善逼急，求救于曹宗。"

[3] 邓绥，汉和帝皇后，和帝死，她先后迎立殇帝、安帝，于延平元年（106年）至永宁二年（121年）临朝称制十六年。

草丰美的河南之地[1]，目的绝不仅仅是拓展华夏民族的生存空间，秦始皇更看重的是此地的战略意义。北方游牧民族一旦控制了这一地区，那么雁门郡、上郡、北地郡等北方边郡就暴露在北方异族的马蹄前，必然会招致其永无止境的入侵。

但秦始皇在夺取河南之地后并没有向北继续开拓，他知道，即使征服了这里，以农耕民族为主体的帝国也无法实际统治这里，不如就此占据地势之便[2]，以加强北方的防守，于是将秦、赵、燕三国的长城连为一线，并向北增修筑长城，派遣数十万人屯垦戍边，这一做法有效减少了匈奴的侵扰，从此胡人不敢南下而牧马，中原王朝的北方边境保持了十几年的和平。

在秦帝国大厦倾倒时，匈奴迎来了历史上最伟大的一代雄主——冒顿单于。他与秦始皇一样具有长远的战略眼光，看到了河南之地深远的战略意义，因此趁中原内乱之际，迅速出兵夺取了这一地区，这也使得稍后建立的西汉王朝在处理对匈奴关系的问题上十分被动，不得不采用屈辱的和亲政策来暂时抑制匈奴南下的野心。

七十多年后，汉武帝为了解决边患问题，不仅派卫青、霍去病率军出击匈奴，夺取了战略要地——河南之地与河西之地，还派遣张骞通西域，通过争取西域诸国的支持，来分化瓦解匈奴的党羽，事实证明这是"夺匈奴府藏、断匈奴右臂"的明智之举。

王莽篡汉以后，西域诸国痛恨王莽的高压政策，转而投靠了

---

[1] 指今内蒙古中西部的黄河以南地区，大致相当于今鄂尔多斯地区。
[2] 指阴山山脉绵延耸立的山峰隘口。

匈奴。后来汉光武帝恢复汉室，致力于平定中原，没有顾得上应对北匈奴的威胁，北匈奴得以借此机会继续挟制西域诸国，以致常年骚扰河西地区，造成永平年间河西诸郡，城门昼闭的景象。

汉明帝继位后，意识到了开通西域的重要性，于是命令窦固等人出征西域，用武力驱逐北匈奴势力，汉朝边境这才得到了暂时的安宁，西域诸国也先后臣服于东汉王朝。后来，河西地区的羌人发动叛乱，西域地区再次与中原断绝了交通，北匈奴派人威胁诸国，要求向其缴纳赋税，并按时朝贡。鄯善、车师等国都心怀怨愤，不想对北匈奴称臣纳贡，他们怀念汉朝宽松的羁縻政策，一心附汉却苦于无路可通。

如今，曹宗派人招抚西域，却被北匈奴所杀。如果东汉朝廷不出兵征讨，毫无疑问会加剧北匈奴的猖獗，西域诸国也必然会得出汉弱匈奴强的结论，不会再归附东汉，以后东汉王朝再想经营西域恐怕就再无可能。北匈奴因为有了这些丝路沿线国家的人力财力支持，必然会加大对东汉边境的侵扰，甚至造成"兵连祸结，永无宁日"的局面。

此时，朝堂上有一个身份特殊的人站出来发表了不同意见。他看到了汉匈之间对决的关键所在，想劝说邓太后和公卿们出兵西域援救鄯善。

他就是自小与父亲班超生活在西域的班勇。

班勇建议朝廷恢复永元年间在敦煌设置西域副校尉的做法，并派驻军队准备随时西出玉门，征战西域，对北匈奴形成战略威慑；此外，还应该派遣西域长史率领五百人屯驻楼兰，招抚列国，让西域诸国与汉帝国建立更加紧密的联系。这样一来，屯驻楼兰的西域长史与驻守敦煌的西域副校尉相互倚靠，向西可以直通焉耆、龟兹，向南可以威慑鄯善、于阗，北匈奴便不能肆无忌惮地裹挟西域诸国叩关河西。

班勇的建议无疑是明智的，这是一位对西域事务有着清晰认识的智者给出的真知灼见，可惜身居高堂的朝廷要员们却不以为然。他们提出了一系列理由，企图驳倒班勇的建议。

为了说服他们，班勇为他们详细解释了其中的利害关系。

当初，东汉王朝在永平末年始通西域时，派遣一名中郎将驻守敦煌，又在车师设置副校尉，双方东西相连，成掎角之势，既能阻止北匈奴南下，又能管理驻军垦户。当地人生活安宁，诚心拥护东汉的统治，北匈奴失去了在西域的统治基础，不敢再向南侵扰。事实证明，这样的做法是实用而有效的。

班勇在西域生活多年，其父班超与西域各国的王室贵族多有交往，班勇多少也了解一二。他知道此时在位的鄯善王尤还与汉人颇有渊源，尤还的祖母是嫁到鄯善的汉人。班勇对朝堂上的公卿们解释说，鄯善王尤还一定知道，一旦北匈奴再次控制了鄯善，他必然会被处死，出于趋利避害的原因，尤还必然会对朝廷派兵屯驻楼兰的做法表示欢迎，这样一来朝廷便可招附鄯善，稳定后方。

此时，长乐卫尉镡显、廷尉綦母参、司隶校尉崔据却纷纷表示反对，他们认为朝廷之所以放弃西域，是因为西域对中国无益，只能白白耗费兵马钱粮。如今车师已属北匈奴，鄯善不能确保一定会归附汉朝，一旦反复，屯驻当地的汉军又将陷入万劫不复的绝境，北匈奴人又会南下侵扰，边境会再起祸事。

　　班勇不赞成这样的说法，在他看来，任何计划或做法都没有绝对保证，于是回击道："中原在各地设置州牧、郡守等官员来打击郡县境内的盗贼。如果天下的官员都能保证他们的辖区内永远不会发生盗窃之事，那么我也愿意用人头担保不让北匈奴为祸边关。"

　　事实上，当时的东汉王朝已经逐渐进入衰落期，每当一个王朝到了这种地步，其统治者便不再有向外开拓的雄心，只想确保国内不再生乱。朝堂上的邓太后和公卿们都是如此的想法，他们对班勇的意见只是姑且一听。因此，无论班勇怎样有理有据地表达自己的观点，他们始终都不为所动。

　　事实上，当时北匈奴大有死灰复燃的趋势，如果东汉置西域于不顾，不仅丝绸之路这条商道会断绝，不利于中原社会经济的发展与物产的兴盛，而且会锁死东汉制约北匈奴的西部通道，如果北匈奴真的崛起，已经归降的南匈奴部落也就不得不反叛，到时东汉王朝面临的北方边患恐怕会比此时大一百倍。所以，班勇评价这样的鸵鸟政策是"归其府藏、续其断臂"，纯粹是给匈奴人做贡献。

　　对于东汉统治者们所担心的财力问题，班勇提出了一套切实可行的方案。

　　西域诸国人口加起来有数十万，由于生活于东西方之间，当地人普遍善于经商，这些城邦国家虽然地域狭小，但所囤积的财富往往十分惊人。也正因如此，匈奴才在数百年的时间里一直对这里垂涎三尺，总想从汉朝手中夺取西域。

匈奴本是游牧民族，经济和生产落后，一旦发生天灾很难自救，军事实力骤降。如果西域归属了匈奴，西域各国便不得不向匈奴缴纳税赋、提供兵力，这样匈奴便具有了稳定的财政来源和兵源，到时候南下出兵侵扰汉朝边郡的情况会远胜于现在。

汉朝如果在西域设立校尉与长史，那么这些城邦国家就会倚靠强大的汉帝国来抵抗匈奴的掠夺，匈奴失去了西域这个经济来源，自己在北方草原上又不能发展出先进的生产力，那么等待他们的必然是衰落甚至灭亡。汉朝出兵西域看似耗费国家财力之举，实则是在消除以后可能发生的隐患，就如同一个人治病一般，在病情尚未扩散加重的时候花点钱治愈，总好过病入膏肓时不计成本的花费。

班勇的话有理有据，众人无法驳倒。但邓太后不懂边疆事务，决意对北匈奴与西域采取保守措施，只在敦煌设置"护西域副校尉"一职，领兵三百人，但并未出玉门关，不能对西域政局产生实质影响。

此后果如班勇所言，北匈奴与车师连年入寇河西诸郡，东汉朝廷对此无可奈何。此时，有人提议关闭玉门关、阳关，以免北匈奴为害，然而这只是闭关锁国的一厢情愿罢了。

延光二年（123年），敦煌太守张珰上书，提出三条计策。他认为，北匈奴呼衍王部经常转徙于蒲类海与秦海[1]之间，控制了整个西域，裹挟诸国一道抄掠汉朝边境。为了解决这一祸患，汉朝有三条计策可以采纳：

---

[1] 今新疆博湖县东的博斯腾湖。

第一条，朝廷征发酒泉属国两千多将士在昆仑塞集结，先进攻呼衍王，斩断祸根，再征调鄯善五千兵力威慑车师后部，此为上策；

第二条，如果不能出兵，可以置军司马率五百名将士，由河西四郡供其耕牛、粮食，向西屯驻柳中城，占领西域门户，此为中策；

第三条，如果还不能做到，就应该放弃交河城，收聚鄯善等国之民，让他们全部入关，免遭北匈奴劫掠，此为下策。

当时，在东汉王朝面临的外患中，北方的游牧民族匈奴毫无疑问是最大的威胁。从三百年前的西汉初期起，中原王朝就一直受到匈奴的压制和掠夺，长达七十多年。

直至汉武帝时期开始征伐匈奴，经过河南之战、河西之战、漠北之战三次大的战役，才终于成功削弱匈奴的势力。当时，很多汉军死于狼居胥山[1]以北，财货都填进了庐山[2]的沟壑，府库耗尽，汉帝国才终于得以驱逐匈奴，开拓河西四郡，阻隔南羌与匈奴勾结，又向西收服了西域三十六国，斩断匈奴右臂，使得单于困顿孤立，只能四处流窜，逃往遥远的西北荒原躲起来。到了宣帝、元帝时期，匈奴终于成为汉朝的藩国，单于成为汉朝皇帝的臣子，从此汉匈之间的边关不用再关闭，北境再也不用向中原传送急报。

但自从王莽乱政以来，北匈奴势力再次崛起，虽然南匈奴

---

[1]今蒙古国克鲁伦河北岸的肯特山。
[2]今内蒙古中部的阴山。

已经归附汉朝，北匈奴却一直与新建立的东汉朝廷为敌。此时，北匈奴已经击败车师，下一步就要向南进攻鄯善、突入城郭诸国了。如果东汉丢下鄯善不去救援，那么西域国家便会纷纷投降北匈奴。

如此一来，北匈奴便会控制整个西域和漠北地区，再次对中原王朝构成合围之势，再加上收取丝绸之路上各种贸易的税金，北匈奴的势力必然会越来越大，汉朝积攒百年的对匈优势将会土崩瓦解。

如果北匈奴用武力胁迫南羌与其联手夹击汉军，那么汉朝的河西四郡就将面临失守的危险。河西连接陇西、关中，一旦告急，东汉朝廷就不得不救援，到时兴起的徭役恐怕会比此时多一百倍，前代人苦心经营西域正是这样的用意。

幸运的是，东汉有少数人看到了这一点，其中有尚书陈忠。

陈忠向汉安帝上奏，请求朝廷在敦煌设置校尉，增加河西四郡的驻守兵力，并出兵西域，让士民安心，向百蛮示威。

汉安帝刘祜最终采纳了陈忠的建议，再次打算开通西域。汉安帝想起了当初在朝堂上舌战群臣的班勇，于是任命班勇为西域长史，让其率领五百名被释放的刑徒，向西进军至柳中城。[1]

班勇是班超之子，此前一直任军司马之职。其兄班雄承袭其父爵位，成为第二代定远侯，担任屯骑校尉，后来升任京兆尹。相比于兄长的顺风顺水，班勇则走上了一条截然不同的道路，他

---

[1]《后汉书·西域传》："帝纳之，乃以班勇为西域长史，将弛刑士五百人，西屯柳中。勇遂破平车师。自建武至于延光，西域三绝三通。"

选择追随父亲的脚步，回到自己幼时成长的那片土地建功立业。

此时，自从永初元年（107年）朝廷迎回都护起，西域与中原的往来已经断绝了十六年。

终于，班勇又回到了自己熟悉的西域。多年不见，物是人非，一切又要从头开始。班勇做好了长期扎根这里的打算，命令一行人在柳中城驻守下来。

柳中城的地理位置靠近车师，而此时车师王并未依附汉朝，反而与北匈奴沆瀣一气，连年侵扰东汉的河西四郡，这对初到西域的班勇构成了极大威胁。但班勇并没有退缩，而是默默地为征讨车师和招降列国做着准备。

延光三年（124年）正月，班勇来到了楼兰故城，这里有汉人在此屯田。鄯善王听说汉使再次前来，连忙遣人表示归附，班勇以东汉朝廷的名义向鄯善王表示了嘉奖。然而，龟兹王白英等西域诸国王都在观望，他们尚未明晰形势变化，不敢冒着得罪北匈奴的风险向汉朝示好。班勇明白他们的担心，他知道这一切还需要时间。

一年后，白英率其属国姑墨、温宿二王，绑着自己的胳膊，来到班勇的驻地请降。班勇为三王解开绳索，好言抚慰，三国再次归附汉朝。

在取得一些国家的支持后，班勇征发诸国兵马一万多人，浩浩荡荡地开进车师前国。在伊和谷，班勇所率的联军击退了北匈奴伊蠡王部。于是，车师前王率部五千余人投降了班勇。

至此，东汉政府再次开通了天山以南的丝绸之路。班勇率军返回后，继续在柳中城屯田。

延光四年（125年）秋，因为天山以北的车师后国仍旧勾结北匈奴对抗汉朝，班勇向朝廷请求征发敦煌、张掖、酒泉三郡的六千骑兵，与鄯善、疏勒、车师前部合兵大破车师后王军就[1]。

当初，汉和帝永元二年（90年）时，大将军窦宪大败北匈奴，车师震动，前王和后王各派王子入朝为侍子，被赐给印绶、黄金和丝帛。

永元八年（96年），戊己校尉索颯意图废掉车师后王涿鞮，改立破虏侯细致为国王。涿鞮因为痛恨车师前王尉卑大出卖自己而发动叛乱，俘获了尉卑大的妻子儿女。

第二年，汉朝派将兵长史王林征调了凉州[2]六郡的汉军，会同羌胡军共两万多人，前去征讨涿鞮，杀死和俘虏一千多人。涿鞮逃亡到北匈奴，汉军追上后将其杀死，涿鞮的弟弟农奇继位为车师后王。

汉安帝永宁元年（120年），车师后王军就为了报汉朝的杀父之仇，与其母沙麻再次反叛，杀害了后部司马和敦煌行事。

此时，身为西域长史的班勇进攻车师后部，正是为了给死于车师后王军就之手的汉朝官吏报仇。此役汉军大胜，车师后部损失八千多人、马畜五万多头，军就与北匈奴使者被俘。为了替去年战死西域的索班报仇，班勇派人将军就二人带到索班被杀的地方处死，并派遣使者东归洛阳，将战胜的消息连同军就二人的首级一道带回朝廷。

---

[1] 涿鞮之子。
[2] 今甘肃张家川。

汉顺帝永建元年（126年），班勇率领前任车师后王农奇之子加特奴和八滑等人，征调精锐部队大败北匈奴呼衍王。朝廷立加特奴为车师后王，封其兄弟八滑为后部亲汉侯。班勇又派遣部将斩杀北匈奴所立的东且弥王，另立其本族人为王。

至此，车师六国[1]全部归附汉朝。

同年冬天，班勇调集各国士兵攻打北匈奴呼衍王，呼衍王逃走，其部下两万余人都投降了汉朝。大军抓到了单于之兄，班勇让加特奴亲手将其处斩，目的是让车师与北匈奴加深仇恨，防止车师日后再次投靠北匈奴。

北单于亲率万余骑兵进入车师后部的金且谷，班勇派假司马曹俊快马赶去救援。单于退走后，曹俊率军追击，斩杀了北匈奴大臣骨都侯。从此，呼衍王远遁，车师再没有北匈奴的踪迹，城郭安定，人民富庶。

此时，西域还剩下焉耆没有降服。

永建二年（127年）夏，班勇上奏朝廷，请求出兵攻打焉耆王元孟。朝廷派敦煌太守张朗率领河西兵三千人出玉门关，班勇调集西域各国之兵，共四万余人，分两路进击焉耆。班勇行军南道，张朗行军北道，约定日期到焉耆城下会师。

张朗急于立功，赶在约定日期之前抵达爵离关，提前发动进攻，斩首焉耆两千多人。元孟害怕被杀，赶紧派使者请降，张朗入焉耆城受降而回。焉耆王元孟派其子到洛阳进贡，龟兹、疏勒、于阗、莎车等十七个国家都来归顺，但乌孙、葱岭以西的国

---

[1]指车师前国、车师后国、蒲类、卑陆、且弥、移支六国。

家自此与这些国家断绝往来。

事后，班勇因迟到被召回洛阳下狱免官，不久得到赦免，后来老死家中。班勇开启的第三次通西域的历史进程，被东汉朝廷继续推进下去。

永建六年（131年），出于对伊吾战略地位的重视，东汉朝廷再次派军在伊吾屯田，并设置伊吾司马一职负责管理，严防北匈奴南下侵扰。

车师的内乱

汉顺帝阳嘉三年（134年），汉朝留驻当地的车师后部司马，与车师后王加特奴联军一千五百人，袭击了游牧在阊吾陆谷的北匈奴人，摧毁其营地，杀死数百人，俘虏了单于的母亲、叔母和几百名妇女，缴获了十万多头牛羊、一千多辆马车以及大量兵器物资。

第二年春天，北匈奴为了报复汉军的袭击，由呼衍王率部侵扰车师后部。因为车师六国接近北匈奴，是西域的屏障，朝廷下诏命令敦煌太守征调西域各国军队前去救援，连同玉门关候、伊吾司马，合起来有六千名骑兵。他们在勒山下与北匈奴军队交战，但并未获胜。同年秋天，呼衍王再次率领两千人进攻车师后部，车师军队不敌，北匈奴势力从此重新崛起。

汉桓帝元嘉元年（151年），呼衍王率领三千多骑兵入侵伊吾，伊吾司马毛恺派五百名士兵在蒲类海以东与呼衍王交战，全军覆没，呼衍王接着攻打伊吾军队驻守的城邑。

当年夏天，朝廷派敦煌太守司马达率领敦煌、酒泉、张掖属国的四千多名士兵前去救援，一直赶到蒲类海，呼衍王得知后率军退走，汉军无功而返。

永兴元年（153年），车师后部王阿罗多与汉朝驻守在此的戊部侯严皓发生矛盾，愤恨之下反叛汉朝，攻打汉军的屯田区且固城，许多汉军或死或伤。

然而，车师后部王的反叛并不得人心，后部侯炭遮带领其他人背叛了阿罗多，转而投降了汉朝。阿罗多无奈之下，被迫带着母亲、妻儿和一百多名骑兵逃往北匈奴。敦煌太守宋亮得知后，上书建议册立原车师后部国王军扣留在洛阳的质子卑君为车师后部王，朝廷采纳了他的建议。

后来阿罗多又从北匈奴返回车师后部，企图与卑君争夺王位，在其号召下，不少车师民众归附了他。戊部校尉阎详担心阿罗多与北匈奴勾结祸乱西域，转而实行绥靖政策，答应恢复阿罗多的国王地位，以换取阿罗多的投降。于是，汉朝收回了赐给卑君的印绶，重立阿罗多为车师后部王。卑君仍旧返回汉朝，被安置在敦煌，统领后部三百帐部落作为俸禄。

东汉朝廷出于对自身国力的考量和对国际形势的判断，对西域的政策始终在断绝与复通之间左右摇摆。东汉虽然设置了都护、长史、校尉等一整套官僚体系来管理西域，但由于后来西域形势的不断变化，朝廷总有"劳弊中国"的议论，因此其官时置时废。从建武到延光，西域三次和中原中断往来，又三次恢复往来，史称"三绝三通"。

值得一提的是，后人通过阅读《汉书》和《后汉书》这两部书才得以了解两汉时期的西域历史，而这两部书的执笔者都来自班氏家族，《汉书》出自班固之手，《后汉书》则来自班超和班勇对于亲身经历的传述。

班氏远祖乃楚令尹子文，而真正起家自汉宣帝时以军功受职的越骑校尉班况，也是从他开始，班氏始定居扶风安陵。

班况共有三子一女：长子班伯官居奉车都尉；次子班斿官居右曹中郎将；三子班稚官居广平相；幼女班氏入宫被立为成帝妃，也就是有名的班婕妤，一直受到成帝的宠爱，后来被赵飞燕姐妹所逼，入长信宫服侍王太后，死后陪葬延陵。

班氏兄弟与王家子弟同为贵族世家，一直多有来往。从年少时起，王莽与班氏兄弟就是玩伴，班伯、班斿与其关系很好。班斿死时，王莽甚至为他披麻戴孝。王莽掌控朝政后，班氏一族的宗主班稚却并不与王莽亲近，因此招致王莽一党的仇恨，最终在被人陷害后辞官。

班稚有一个儿子，就是著名的学者班彪。班彪生二子一女：长子班固为著名史学家，继承其父之志修成中国第一部断代史《汉书》；次子班超投笔从戎，征战西域近三十年，为东汉平定西域立下了不世功勋，任职西域都护数十年，因建功异域而受封定远侯，食邑千户；幼女班昭博学高才，接替其兄班固继续修《汉书》，宫中贵人皆以其为师，汉和帝赐号大家[1]，封班昭之子曹成为关内侯，官居齐国相。

班超生二子，都是班超在西域时所生，后来班超回京，两

---

[1] 读作dàgū，古代用于尊称有学识、品德高的女性。

个儿子跟他一起回到了洛阳。长子班雄继承了其父的爵位，后来担任负责京师安全的京兆尹一职；次子班勇于汉安帝时任西域长史，大破北匈奴伊蠡王与呼衍王，巩固了东汉在西域的统治。

后来，班雄之子班始继承定远侯爵位，官居京兆尹，汉安帝将妹妹阴城公主嫁给了他。不料后来阴城公主与人通奸，班始一怒之下杀死了公主。此时在位的汉顺帝大怒，处死了班始全家，班氏一族从此衰落。

大乱的前兆——于阗之变

汉顺帝永建四年（129年），于阗王放前侵略拘弥国，杀死了拘弥王兴，将自己的儿子立为拘弥国王，并派遣使者向汉朝进贡，意图使朝廷默认其对拘弥的实际占领。

敦煌太守徐由上书请求讨伐于阗，但此时的东汉已经在走下坡路，无力在西域地区掀起新的风波。为了尽快平息事态，汉顺帝下诏赦免了于阗王放前擅自诛杀拘弥王的大罪，但命令其将军队撤出拘弥国。

对于汉朝这样的命令，放前自然不肯接受，他明确拒绝了撤军的命令，这让东汉朝廷在西域的威望受到了极大挑战。

汉桓帝元嘉元年（151年），西域长史赵评因病死在了于阗，其子从于阗迎回灵柩，准备运回内地安葬。

在一行人东行的途中，拘弥王成国企图挑拨汉朝与于阗的关系，借此来解除于阗的侵略压力。他告诉赵评的儿子，是于阗王指示胡医将毒药敷在赵评的疮上才造成了他的死亡，赵评的儿子返回敦煌后，将这条秘闻告诉了敦煌太守马达。

第二年，朝廷任命王敬接任西域长史，马达要求王敬在就职后暗中调查这件事。

王敬此人志大才疏，做事缺乏考虑，被任命为西域长史后，就急于建立一番足以媲美班超的功业。当他经过拘弥国时，拘弥王成国为他出了一个馊主意——借机杀掉于阗王建，这样一来汉朝在西域诸国间的威望就能重新树立起来。

成国的建议看似为了汉朝，实则为了自己的利益，他与于阗王建之间积怨已久，双方都想吞并对方的国家，如果汉使替他除掉了建，那么他便可以一雪国仇家恨，顺便实现吞并于阗的野心。

但王敬看不到这一点，他贪图建功，稀里糊涂地接受了成国的建议。在到达于阗后，王敬设下酒宴宴请于阗王建。建赴宴之前，有人劝阻其不要前往，却被建拒绝，一来是因为如果拒绝出席宴会就意味着对汉朝不从，这样可能会招致汉朝的讨伐，二来是因为建不相信这位素未谋面的新任长史会无缘无故地杀他。

然而，就在这场宴会上，趁着众人酒酣耳热之际，王敬突然喝令手下将于阗王建拿下，拘弥王成国派来的主簿秦牧杀了建，跟随建前来的几十名于阗人则趁乱逃脱。

这些于阗人快马赶回了城内，将国王被汉使斩杀的消息带了回来。于阗人出于激愤，由将领输焚等人率军进攻王敬的驻地。面对于阗人的包围，王敬企图以汉朝的威势吓退他们，他对城下的于阗人声明自己是奉旨杀建，但并没有起作用。于阗军队不顾一切地冲进了汉军大营，汉朝的官吏士兵多被杀死，王敬本人也被于阗人砍杀分尸。

于阗人将王敬的首级悬挂在都城的集市上，汉朝长久以来在西域苦心经营，历经数十年逐渐树立起来的威望，就这样土崩瓦解了。

输焚想自立为王，却被国人所杀，建的儿子安国得以继位为王。

敦煌太守马达得知于阗的悖逆之举后，想率领各郡兵马出关攻打于阗。

汉桓帝考虑到路途遥远，大军征伐耗资巨大，没有答应马达的请求，将马达召回洛阳，由宋亮接任敦煌太守。宋亮一到敦煌，立刻传书于阗，悬赏征求输焚首级。

当时输焚已死一月有余，于阗人砍下其早已腐臭的头颅，将其传送到敦煌。后来，宋亮详细了解了这件事的来龙去脉，最终还是没能出兵，而于阗则仗着杀死汉朝西域长史的威风而变得越发骄纵。

汉灵帝熹平四年（175年），于阗王安国攻打宿敌拘弥国，杀死了拘弥王成国，报了杀父之仇。东汉的西域长史、戊己校尉分别出兵援救，拥立王子定兴为新的拘弥王，于阗吞并拘弥的野心再次泡汤。

自从汉武帝时期初开西域以来，中原王朝对西域地区的政策总是在羁縻统治和放弃之间摇摆。一般而言，当中原王朝强盛之时，往往将西域诸国纳入麾下，以此来控制丝绸之路的主导权，进而打击北方游牧民族的势力。

或许是因为与中原内地截然不同的人种、文化风貌，中原王朝对西域的统治也往往较为宽松，不仅不需要征收赋税，也可以保留自己的军队，设置自己的官吏，各国基本保持自治，只要按时派使者前往汉朝进贡即可。

西域都护作为西域最高长官，在很长的时间里，事实上充当的是各国之间的调解人。然而，这种地位并不能保证都护在西域的绝对权威，其影响力必将随着汉朝国力的兴衰而起伏不定。

自从阳嘉年间（132—135）以后，东汉朝廷的威信逐渐下降，西域各国骄纵无度，相互攻杀，有的强国甚至敢杀害汉朝派驻的西域长史，袭击汉朝的屯田部队，而国力持续衰退的东汉帝国再也无法及时制裁西域诸国的暴行。

从此，西域与中原的关系又变得疏远起来，汉朝的影响力仅限于塔里木盆地东部地区。失去了汉朝居中调停的约束，西域诸国再次陷入混战，不断出现大国兼并小国，而后相互争霸的局面。

除了鄯善兼并婼羌、且末、小宛、精绝、戎卢，于阗再次吞并了渠勒、皮山、拘弥等国，焉耆征服了尉犁、危须、墨山，龟兹控制了姑墨、温宿、尉头、乌垒等国，莎车、竭石、渠沙、西夜、依耐、蒲犁、捐毒、休循等国则归属于疏勒。塔里木盆地东北部的车师前部统一了今吐鲁番地区，车师后部则征服了天山以北的且弥、卑陆、蒲类、乌贪訾离等国。

第六章　楼兰的混乱年代

中原帝国的衰落与七大强国的崛起

从魏晋南北朝至隋唐，中原王朝对西域的控制基本上是连贯的，中原王朝只在实力衰弱的情况下几次中断与西域的联系。唐末以后，中国进入五代十国，此时的中原各政权无暇顾及西域，不得不对西域进行了"冷处理"。两宋时期，党项等西北少数民族实力强大，宋朝无力西征，经营西域更是天方夜谭。到了元朝时期，中原才重新与西域建立起相对紧密的联系。明朝建立后，除了在哈密短暂实施过羁縻统治外，基本上从未有效统治过西域，中原与西域的政治联系再度断绝。这种局面一直持续到清朝中期彻底剿灭准噶尔汗国势力才宣告结束。

自从2000多年前西汉的张骞通西域以来，中原王朝对包括新疆在内的西域地区一直不断地加强统治，不仅先后在轮台、乌垒、柳中、伊循、楼兰等塔里木盆地东部国家屯田驻军，还在后世六百年的时间里持续设立西域都护府（西域长史府、西戎校尉府），统辖戊己校尉和各屯田校尉所部军队[1]。

自汉宣帝神爵二年（前60年）设立西域都护府以来，西汉政府直至最后一刻都坚持通过西域都护府对西域诸国行使宗主权。东汉虽然对西域"三绝三通"，但始终没有放弃对西域的羁縻统治，一直维护与西域的联系。此后的曹魏、西晋继承两汉遗制，依然保持着对西域地区的有效控制，西域诸国时不时就要集体向中原朝贡。

五胡十六国时期，前凉、前秦、后凉、西凉、北凉、北燕等先后占据河西走廊的中原政权，保持着对于西域诸国的宗主地位。直至南北朝后期，青海的吐谷浑和西域土生汉人建立的高昌国崛起，中原王朝才基本丧失了对西域的管辖权。但这种局面很快就被开放进取的唐朝改变了，来自中原的汉人政权又一次获得了对西域地区的支配权，但这也是汉人王朝最后一次掌控这片土地。

自从西汉时期遭受汉与匈奴的反复争夺以来，楼兰为了摆脱大国博弈战场的地位，不得不放弃了罗布泊西岸的楼兰城，转而南下迁都伊循，自此远离东西要冲之地，将丝绸之路的控制权让给了更强大的汉朝。

迁都之后的楼兰改国名为鄯善，东汉初期逐渐征服了塔里木盆地南缘的婼羌、且末、小宛、精绝、戎卢等国，一跃成为避居一隅的西域七雄之一。

所谓"西域七雄"，是指汉魏以后，西域经过长期的兼并战

---

[1] 平时耕地，战时出征。

争，逐渐由西汉前期的三十六国演化为七国争雄的局面，七国争霸于西域地区，这七国自东向西分别是：鄯善、高昌、焉耆、于阗、龟兹、莎车、疏勒。

在塔里木盆地东南一带，鄯善国吞并了婼羌、且末、小宛、精绝诸国；北边的焉耆国吞并了尉犁、危须、墨山、劫国；后来建立的高昌国则吞并了车师、卑陆、蒲类、且弥等国；南缘的于阗国吞并了拘弥、渠勒、皮山等国；西边的龟兹国吞并了姑墨、温宿、尉头等国；莎车国在东汉前期短暂崛起过后就日薄西山，最终被并入疏勒；疏勒国吞并了莎车、竭石、捐毒、休循等国后一跃而起，成为雄踞塔里木盆地西南的强国。

东汉建安二十五年（220年），曹丕代汉称帝，建国大魏，改元黄初。占据江南的孙权接受曹丕册封为"吴王"，名义上依附魏国，实则自立。次年，刘备于成都称帝，国号仍定为"汉"，建立蜀汉政权，建元章武。自此，魏、蜀、吴三国鼎立的局面基本形成，中原社会逐渐安定下来。

魏文帝黄初四年（223年），在统一北方之后，曹魏政权得以腾出手来，继续东汉后期以来中断的西域经略事业。

曹魏政权派出军队西出玉门关，前往伊吾、楼兰等地屯田，又在高昌壁重新设立戊己校尉，负责统领军队，保护在西域的各族民众。高昌壁在西汉后期就已设立，为汉戊己校尉所属军队营垒之一，一直都是中原王朝控制西域的基地。

鄯善国建立后，其故都楼兰并未彻底没落，而是成为鄯善的一个重要城镇，地理位置依然十分重要。其西通城郭诸国，其东向着白龙堆，与敦煌相望，扼守丝绸之路要冲，因此依然在东西方交通往来的路上占据重要地位。

曹魏政权还在鄯善国北境的楼兰故城设西域长史府，开展屯田，打通了从玉门关通往西域南道的道路，西域各地使者和商人纷纷前往中原朝贡贸易，鄯善等西域诸国再次与中原王朝建立起正式外交关系。

1900年，斯文·赫定在罗布泊地区考察时，发现了一座一千多年前的古城遗址[1]，次年重返古城发掘时，发现了一枚汉文木简文书，上有"建兴十八年三月十七日粟特胡楼兰"字样。

此处的"建兴"[2]是五胡十六国时期前凉政权使用的年号，建兴十八年为330年，这说明至少在330年，楼兰这一地名仍在使用。

而此后的文书中则将楼兰称为"故楼兰"，说明楼兰城逐渐遭到了废弃，楼兰也变成了一个历史地名。这或许从另一个方面说明，西域长史府的移治让楼兰故城逐渐失去了交通要道的地位，转而被新的长史治所海头城所替代。

关于魏晋时期中原王朝曾在古楼兰地区设立西域长史府一事，已经被史书记载和考古发掘所证实。《后汉书·班勇传》记载："东汉延光二年夏，班勇为西域长史，将兵五百人出屯柳中。明年正月，勇至楼兰，以鄯善归附。"

这说明早在东汉时期，鄯善国就已经归附汉朝，而班勇作为

---

[1] 该遗址后来被斯坦因编号为LA。

[2] "建兴"本为西晋愍帝司马邺的年号，使用时间为213—316年，建兴四年（316）晋愍帝投降汉赵政权，但其年号仍被其他尊晋为正朔的地区沿用，其中就包括河西地区的前凉政权。

西域长史必然要继续在丝路要道的楼兰故地开展屯田，以拱卫玉门关，进而保障西域与河西地区的联系。今楼兰地区出土的木简文书中，明确记载有楼兰地名的木简有八件，纸文书有十件，记载西域长史及其下属官衔的木简有七件，这说明魏晋时期的西域长史府治所就在楼兰。

当时，中原王朝虽然在名义上延续了东汉以来对西域的管辖权，但实际上的影响力仅限于西域东部地区。为了稳定对西域的开拓，曹魏、西晋两朝都在罗布泊地区进行了规模较大、耗时长久的屯田，并在西域长史府下设主管屯田事务的部门和官吏。

今天在楼兰故城一带发现的魏晋时期汉文木简，其内容大部分都是记载屯田事务。中原的汉人作为士卒，大批来到这里屯田，并逐渐在此安家，鄯善国内的汉人留居者日益增多，朝廷甚至在汉人集中的屯田区专门设有县令、三老[1]和管理邮传事务的机构。

总之，楼兰故地作为汉魏在罗布泊地区的屯田中心，仍然承担着接待往来使节、商旅、僧人的任务，为东西方的文明交流做出了极大贡献。

通过屯田，中原王朝向楼兰和西域地区传播了先进的铁制农具和耕作方法，再加上屯田士卒在楼兰地区进行开荒垦田、修渠筑坝，使楼兰地区的农业得到了很大的发展。

到了西晋时期，鄯善已是西域地区农业生产较为发达的地区。西晋王朝在海头继续设置西域长史府，又在鄯善西部的尼壤

---

[1]古代掌教化的乡官，县的下一级官员，类似于乡长。

城[1]设置都尉府和司禾府，并册封鄯善国王为"晋守侍中、大都尉、奉晋大侯、亲晋王"。相比于西域其他诸国，鄯善与魏晋王朝的关系更加亲密。

自西汉、东汉、曹魏、西晋共计四百多年以来，塔里木盆地东部地区一直都有大量汉人军垦区存在，历代中央王朝也正是依靠这一点对西域地区行使较为有效的治理。

西汉武帝时，开始在乌垒（轮台）设立使者校尉负责屯田垦殖，后来又陆续在高昌、鄯善等地扩大屯垦区。随着屯田区域的不断扩大，西汉政府不断强化对西域地区的统治，不仅设置戊己校尉来加强军事力量存在，而且于汉宣帝神爵二年（前60年）设立西域都护府，统一管理汉人屯田、驻军诸事宜，同时协调城郭诸国之间的关系。

魏晋时期，西域都护府建制虽废，但中原政权在河西走廊地区的凉州设护羌校尉，兼领西域事务，下设西域长史驻节楼兰，保护丝路交通，迎送往来使者，主持屯田垦殖。

对西域地区的管辖，魏晋基本延续了羁縻统治的政策，只是要求诸国臣服朝贡、不与北方游牧民族联手祸乱中原、保障丝绸之路畅通而已，并未干涉西域诸国的内部事务，其王统世系、风俗习惯、语言文化、宗教信仰，悉听诸国自便。这在客观上也促成了两汉时期的西域三十六国至魏晋时演变为七大强国争雄的局面。

---

[1] 今新疆和田的尼雅故城。

据《水经注》记载，魏晋时期[1]敦煌大族索劢被凉州刺史毛弈举荐为行贰师将军，他从酒泉、敦煌招募了一支一千人的军队来到楼兰屯田。

索劢等人在楼兰城筑起白屋（用当地白膏土垒筑的房屋），又召集了鄯善、焉耆、龟兹三国的士兵各一千人，率领总共四千人的队伍，人为截断注滨河[2]。

河水断流的当日，水势激荡，直冲堤坝。面对汹涌的水势，索劢大声疾呼："王尊建节，河堤不溢；王霸精诚，滹沱不流。水德神明，古今一世。"[3]索劢率领众人焚香沐浴，躬身祷祀，但水势仍然没有减弱。

于是，索劢集合四千人的队伍列阵于河岸边，擂起大鼓，鼓声震天响，众将士一齐上阵，且刺且射。大战三日后，水势果然回减。士兵们引河水浇灌楼兰一带的田野，西域的胡人都认为有神灵相助。

索劢率领士卒在楼兰屯田三年，积攒下来的粮食竟然达到了上百万石，其声势甚至得以威服鄯善等国。

这件事虽然来自稗官野史，但在某种程度上说明在魏晋时期，楼兰地区已经有大片屯田和汉人的踪迹。[4]也正是此时，许

---

[1] 具体何时不知。

[2] 古西域河名。《水经注》引释氏《西域记》曰："且末河东北流，迳且末北，又流而左会南河，会流东逝，通为注滨河。注滨河又东迳鄯善国北治伊循城，故楼兰之地也。"西晋、十六国时期称阿耨达大水，南北朝、隋、唐称且末河或且末水。

[3] 出自《水经注·卷二·河水注》。

[4] 李宝通：《敦煌索劢楼兰屯田时限探赜》，《敦煌研究》，2002年第3期。

多来自中亚地区的粟特商人在塔里木盆地和河西走廊建立了许多村镇据点，使西域的人种和民族构成产生了变化。

鄯善国地处西域与河西走廊连接处，人员往来密集，人口交流频繁，其人种构成也逐渐发生着变化，不仅吸收了许多粟特人的血统，也吸纳了不少中原汉人的血统。

前凉的西进运动

公元3世纪以后，汉朝、贵霜、安息、罗马四大帝国纷纷倒台，本已稳定的亚欧世界再次进入新一轮权力争夺混战。

在欧洲，以日耳曼人为主的众多蛮族部落南下攻进罗马帝国境内，建立了许多独立的蛮族小国，西罗马灭亡；在西亚，安息帝国早已被新兴的萨珊王朝取代；在中亚，由于贵霜帝国的解体，众多城邦恢复独立，中亚再次回到了小国林立的状态。

而在东亚，中国在经历了两汉魏晋五百年的积淀以后国力大增，至西晋时已是天下大治、海内一统，周边各少数民族纷纷归附。这些生产力落后的少数民族都居住在中原王朝的边境上，为晋朝守边。这些民族接受晋的招抚，一方面可以受到强大的晋朝保护，另一方面也可以提高社会生产力，改变本民族落后荒蛮的面貌。

西晋后期为了加强对归附部族的管理，将他们大部迁入塞内，南匈奴与其仆从民族羯胡被安置在并州[1]，乌桓被安置在幽

---

[1] 约今山西大部和内蒙古、河北的一部。

州[1]，氐、羌被安置在关中[2]。

鲜卑各部分三部南迁：宇文部、慕容部、段部分居辽东各处，称"东部鲜卑"；乞伏部、秃发部、乙弗部进占河西，称"河西鲜卑"；拓跋部自漠北南迁代地[3]，统率着许多鲜卑部族，后来其中一支北遁漠北草原，建立了柔然汗国。

此外还有卢水胡、沮渠部、铁弗部等北匈奴别部和古代山戎的后裔——稽胡占据着河西和黄土高原北部。

这些游牧部族大量入居中原，加剧了中原地区的社会矛盾和民族冲突。终于在291—307年，西晋爆发八王之乱，北匈奴、鲜卑、羯、氐、羌等北方游牧民族趁机横扫中原，在中国北方和巴蜀相继建立了众多异族政权，这个时期被称为五胡十六国。

晋惠帝永宁元年（301年），凉州望族张轨出任凉州刺史兼护羌校尉，大筑姑臧城[4]。张轨任用当地才俊共治凉州，课农桑、立学校，阻击鲜卑，保境安民。

在北方各地战乱频仍的大环境下，张氏家族统治的河西地区成了避难所。当时的中原士族除了南下江左，还有大量人口选择西迁凉州，河西地区的实力大为增强。

建兴元年（313年），晋怀帝在平阳遇害，晋愍帝在长安继

---

[1] 今北京城西南隅。
[2] 史念海《中国的河山》："现在一般人们习惯是以汧陇以东，至于黄河西岸，秦岭以北的泾渭流域作为关中的地区的。"（陕西师范大学出版总社，2022，第180页）
[3] 今山西北部。
[4] 今甘肃武威市。

位。建兴四年（316年），长安失守，晋愍帝司马邺在走投无路之
下投降汉国[1]，受封怀平侯，西晋灭亡。

司马邺投降前，特地下诏给凉州：

> 仰惭乾灵，俯痛宗庙。君世笃忠亮，勋隆西夏，四海
> 具瞻，朕所凭赖。今进君大都督、凉州牧、侍中、司空，承
> 制行事。琅邪王宗室亲贤，远在江表。今朝廷播越，社稷倒
> 悬，朕以诏王，时摄大位。君其挟赞琅邪，共济难运。若
> 不忘主，宗庙有赖。明便出降，故夜见公卿，属以后事，
> 密遣黄门郎史淑、侍御史王冲赍诏假授。临出寄命，公其
> 勉之。[2]

张轨之子张寔此时已为凉州之主，得知司马邺被俘，派遣
三万名骑兵东进勤王。次年，晋愍帝被刘聪杀害，年仅十八岁，
中原地区长达一百多年的大动乱就此拉开序幕。

晋愍帝被害后，留守江左的晋室皇族司马睿于317年在建
康[3]称晋王，建元建武，并于次年正式称帝，改元大兴，建立
东晋。

消息传到凉州，张寔意图效仿窦融世守凉州，继续沿用晋
愍帝的建兴年号，这标志着张氏政权在实际上脱离东晋而独立存
在，史称"前凉"。

---

[1] 北匈奴人刘渊所建立的汉赵政权。
[2] 出自《晋书·列传第五十六·张轨传》。
[3] 今江苏南京。

但在名义上，前凉向东晋称臣，被封为凉王。终前凉一世，张氏都奉晋朝为正朔，世守藩臣之礼，从未僭越称帝，这在政治失序的五胡十六国时期可以算得上特立独行。

由于当时东晋偏安江左，与河西地区以中原隔绝，更遑论管理遥远的西域了。于是，魏晋之后，负责接应西域汉人、招抚西域诸国的历史使命便落在了前凉政权的手里。前凉拒守东境，对中原事务不闻不问，一心发展河西地区的社会经济。

为了进一步促进河西地区经济发展、扩大贸易交流，也为了结交更多西域国家作为倚靠，前凉政权积极维护丝绸之路的畅通，西域与河西地区的交往在此时渐至高峰。

前凉沿用前朝制度，继续向西域派出西域长史与戊己校尉，长史仍驻楼兰，校尉仍屯高昌壁，确保西域诸国人等可以自由往来河西。

当时，屯驻楼兰海头城的西域长史作为前凉政权在西域地区的最高军政长官，主要负责屯田事务、民政与外交，而驻守高昌壁的戊己校尉则是西域地区实际上的最高军事长官，手握重兵。

东晋咸和二年（327年），戊己校尉赵贞反叛前凉，自封高昌郡守，意图割据称雄，独霸西域。第二年五月，西域长史李柏奉命出击赵贞。

为了争取西域各国的支持，彻底孤立赵贞叛军，李柏从蒲昌海南畔的海头城致书焉耆国王龙，希望其能尽忠朝廷，不受叛军煽动，不与之共同作恶。

这封书信便是著名的《李柏文书》。

不知为何这封书信并未送出，而是被默默遗落在了海头古城中，并随着古城的废弃，在沙海荒城中沉寂了近1600年，直到1910年被日本人大谷光瑞和橘瑞超发现。

《李柏文书》原文如下：

> 书一：五月七日，海头西域长史、关内侯李柏顿首顿首。别□□□^[1]恒不去心，今奉台使来西，月二日到此，未知王消息，想国中平安，王使回复罗，从北房中与严参事往，想是到也。今遣使符大往相闻通知消息，书不悉意。李柏顿首顿首。

> 书二：五月七日，西域长史、关内侯柏顿首顿首。阔久不知问，常怀思想，不知亲相念便见忘也。诏家见遣，来慰劳诸国。此月二日来到海头，未知王问，邑邑天热，想王国大小平安。王使□□俱共发，从北房中与严参事往，不知到未。今遣使符大往通消息，书不尽意。李柏顿首顿首。^[2]

海头古城位于今新疆若羌县东北、楼兰故城西南约五十千米处的罗布荒原里，即斯坦因编号为LK城、LL城和LM住宅群的古城，是罗布泊地区仅次于楼兰的第二大城。海头古城的主体LK古城平面呈长方形，东、西城墙约长一百六十米，南、北城墙约长八十多米，总面积大约两万平方米。

整个城墙为夯土建筑，其间杂以芦苇、红柳和胡杨枝覆泥，

---

[1]《李柏文书》中的未识别文字。下同。
[2] 李青、张勇：《楼兰书法与李柏文书》，《新疆艺术学院学报》2009年第1期。

局部用土块垒砌，残高三至五米，顶宽二至六米，墙基厚度约七米。城门向东，开在东城墙南端，门宽两米以上，门道两侧壁底部有木础，其上各有九根立柱，门内一侧有两根横木与木础连接构成门框，门框用方木卯榫相连构成，城墙内外散乱分布着很多已经倒塌的木材。

这座城市的建筑物主要保存于城南地区，其中大部分已被流沙掩埋，依稀可辨的主要是一组东西长四十六米、南北宽十三米的房屋，其北面还有两间长七米、宽约三米的房屋，紧靠城门北侧有一间长方形房屋，长、宽都有五米以上。

在古城西南约三百米的风化土堆中，还有一处长约二十米、宽五至十米、高约两米的建筑台地，台地上散布着许多柱础、八角柱、陶片、铜镞、冶炼渣等遗物。

以上提及的这些建筑的墙体都是木柱框架编排红柳枝外抹草泥的"木骨泥墙"式建筑，房屋框架多已倒塌，不过仍有个别柱子与架底横木相连耸立，但受自然破坏严重，大部分遗址都半埋在沙漠里。

1907年，英国人斯坦因首先发现了该城。1910年，日本人橘瑞超在该城获得了《李柏文书》，当时误认为该城为楼兰故城。同年，王国维在考释时发现文书中写有"月二日来到海头"，据此认定此地绝非楼兰故城，而是名为海头的前凉古城。1914年，斯坦因在该城采集到了一百七十多件文物，有石器、陶器、铜铁器、木雕、铜铁器和钱币，他将该城编号为LK。

1959年，日本学者森鹿三根据《李柏文书》出土地点的照片，经过仔细比对，判定《李柏文书》的出土地点并非楼兰故城，而是斯坦因在1914年探险时命名的LK城址，也就是海头古城。现代考古证明，公元4世纪30年代以后，楼兰城逐渐被废弃，西域长史府治所也迁到海头城。

和亲的鄯善公主

自从张轨父子占据凉州以来，前凉国内长期安定繁荣，社会各方面都取得了长足发展，传至第四代国王张骏时，前凉国力雄厚，因此想开拓西域，恢复两汉以来经略西域的传统。当时，驻守在敦煌的沙州刺史杨宣是前凉大将，张骏派遣杨宣率军西征。

杨宣率领前凉军队西出玉门关后，穿过白龙堆沙漠，很快便到了鄯善国境内。自汉魏以来，这里有大量汉人屯田戍边，他们盼望恢复与中原故国的联系，因此都积极响应杨宣。杨宣一路势如破竹、所向披靡，不仅拿下了楼兰一带的城镇，还很快进军到了鄯善国都伊循城下。

鄯善王元孟自知不敌，因此并无抵抗之意，于是举国投降，并将自己的女儿进献给前凉国主。史籍虽然并未详细记载鄯善公主的外貌，但鄯善公主是印欧人，具有印欧人的样貌特征，可以想象出鄯善公主一定美貌过人。

于是杨宣派人将鄯善公主迎送至姑臧城，果然，前凉文王张骏对她一见钟情，立即将其册封为美人，专门为她建造了西域风格的宾遐观，鄯善公主与其仆人们就在这里住了下来。

鄯善归附以后，杨宣继续率军向西征讨。当时西域最强大的国家是焉耆和龟兹，两国之间为了争夺西域霸权，一直都有仇怨。

当初，在晋武帝太康年间，焉耆王龙安曾经派自己的儿子到洛阳为质。后来中原大乱，焉耆便与中原断绝了联系。龙安的夫人是狯胡[1]之女，怀孕十二个月后才生下一个儿子，取名龙会。

龙会聪明勇武，少年时便被立为太子。其父龙安在逝世之前嘱托其一定要打败龟兹，让焉耆成为天山以南最强大的国家。龙会即位为焉耆王后，亲自领兵突袭龟兹。龟兹王白山战死，其国家被焉耆军队占领。

为了彻底吞并龟兹，龙会将儿子龙熙送回焉耆，让其即位称王，自己亲自留在龟兹镇守。龙会有勇有谋，占据了西域最强大的焉耆、龟兹二国，从此称霸西域，葱岭以东的城郭诸国都认可了他的霸权。

然而，龙会这个人刚愎自用，胡作非为。有一次，龙会在城外留宿时，被龟兹人罗云刺杀。龙会死后，焉耆在龟兹的统治立即瓦解，龟兹重获独立，但国力已经大衰，无法再与焉耆争霸。

杨宣分析局势后认为，只要打败了焉耆便可以征服整个西域。于是在收降鄯善之后，杨宣派遣心腹部将张植作为前锋，率先到达了焉耆国境内。当时，焉耆王龙熙据守贲仑城，张植屯守在铁门关，两军相距十几里，一场大战即将爆发。

最终，双方约定在遮留谷决一死战。

张植率领大军前往迎战时，有人向他进言说："当年汉高祖不敢在柏人停留，岑彭战死于彭亡，如今这个山谷名叫遮留，恐

---

[1] 西域国名，或在龟兹以西。

怕早已设下了埋伏。"[1]

张植就派出一两名骑兵前去查探，龙熙的士兵不明就里放了两箭，暴露了这里果然有伏兵。龙熙埋伏不成，反被张植击败，不得不狼狈逃回国都。

张植随即攻下焉耆的属国尉犁，龙熙见大势已去，便率军四万人全部投降了杨宣。杨宣收服焉耆后，龟兹、于阗等国望风而降，于是前凉基本征服了西域。

于阗国素产美玉，其王遣使朝贡，为了讨好前凉，甚至伪造了一个符命谶语，声称在其国河中得到一块玉玺，其上刻有"执万国建无极"[2]的汉字，不过前凉对其自身实力有着清醒的认识，因此并没有多加理会。

东晋咸和二年（327年），前凉国王张骏取消高昌壁的戊己校尉，改为设立高昌郡，下设田地、横截、高宁三县，县以下设乡、里。郡有郡守，县有县令，乡有啬夫。这是中原王朝首次在西域设立郡县，标志着中原王朝对西域地区的管理日益成熟，具有深远的历史意义。

帝国最后的野心——吕光西征

西晋末年至南北朝的两百年，堪称中国历史上最混乱的时

---

[1]《晋书·西戎传》："汉祖畏于柏人，岑彭死于彭亡，今谷名遮留，殆将有伏？"
[2] 出自《十六国春秋·卷七十二·前凉录》。

代，当时十多个异族进入中原逐鹿，残酷暴虐，各据一方，称为五胡十六国时期。如果再加上一些存在时间较短、实力相对弱小的政权，这时候在中国北方建立的各族政权实际上超过了二十个。

在这些割据政权里，汉人建立的国家只有三个，即张氏前凉、李氏西凉、冯氏北燕，其他的都是由北匈奴、鲜卑、羯、氐、羌等民族所建立。这些原本与中原语言不通、风俗迥异的外来民族在进入中原后，为了适应新的生存环境而迅速汉化，纷纷抛弃了原先的语言而改汉姓、说汉语、用汉字、与汉人通婚，从人种到文化由内而外全面汉化。

北匈奴人建立的汉（前赵）[1]倒台后，鲜卑、羯、氐、羌等民族纷纷割据一方，相互混战，最终由氐族人建立的前秦政权占据上风，逐渐统一北方。

氐族是发源于陇南、川北地区的古代民族，从商周至南北朝一直活跃于中国西部。五胡十六国时建立仇池、前秦、后凉、成汉政权，南北朝以后逐渐融合于汉、羌之中。

氐族与羌族关系密切，二者同为姜姓炎帝部落后裔。

《山海经·大荒西经》载："有互人之国，炎帝之孙，名曰灵恝，灵恝生互人，是能上下于天。"传说"互人国"即氐人国，说明春秋战国时已有氐人，且与炎帝后裔羌族同祖。

先秦史籍中往往氐、羌并称，如"昔有成汤，自彼氐羌"[2]

---

[1] 王姓宁犟氏，后改刘氏。
[2] 出自《诗经·殷武》。

"王师克鬼方，氐羌来宾"[1]。先秦时氐人部落众多，有白马氐、清水氐、略阳氐、临渭氐、沮水氐、隃麋氐，又以服色分为青氐、白氐、赤氐。

汉代在氐族聚居区设武都、陇西、阴平三郡，置十三氐道，"道"在两汉时期指郡县境内有蛮夷的地区，是汉代的少数民族自治县。

历史上，氐族经历过三次较大规模迁徙。第一次是汉武帝开拓西南时灭氐王置武都郡后，大量排挤氐人，部分氐人迁徙至河西和天水一带。第二次是东汉末年，当时氐人趁乱世逐渐脱离中原王朝控制，形成割据势力，后被曹操征服，氐人迁徙至扶风。第三次是十六国时的氐族政权——前秦为了能有效控制关东各地，曾多次将氐人迁往河北、河南地区，东迁关东的氐人因为脱离了其发祥地而逐渐融入当地汉族之中。

今天在甘肃省文县和四川省平武县、九寨沟县交界的岷山东端摩天岭中有一个族群，人口两万多，语言属汉藏语系藏缅语族藏语支，但与藏语有显著区别，这个族群被称为"白马藏人"。他们虽被归入藏族，但实际上又不是藏族。

《史记·西南夷列传》记载："自冉駹以东北，君长以什数，白马最大，皆氐类也。"有人猜测，这部分人群或许就是氐族中的最大族群——白马氐的后裔。

357年，距离西晋灭亡已经过去了四十一年。这一年，氐族豪酋苻坚自称大秦天王，建元永兴，前秦从此开始走上一统北方的

---

[1] 出自《竹书纪年》。

称霸之路。在苻坚成就帝业的过程中，出力最多的有两个人，一个是汉人王猛，一个是氐人吕婆楼。

吕楼婆之子名叫吕光，年少有为，幼时便被王猛断言"非常人也"，其父有佐命之功，故以举贤良入仕。初任美阳县令，深受百姓爱戴，于是升任鹰扬将军。

永兴[1]二年（358年），征讨并州张平时，吕光单骑将号称"万人敌"的张平养子张蚝刺于马下，自此一战成名。

建元四年（368年），吕光成功平定赵公苻双、燕公苻武在上邽[2]、安定[3]发动的叛乱，斩首一万五千级，并斩杀了苻双、苻武，从此成长为前秦一员可以独当一面的大将。

建元六年（370年），吕光随王猛灭前燕，封都亭侯。后随北海公苻重镇守洛阳，出任长史。建元十四年至十六年（378—380），吕光先后为前秦平定洛阳苻重之乱、蜀中李乌之乱和幽州苻洛之乱，回朝后担任骁骑将军，深得苻坚信任和倚重。

建元十八年（382年）九月，车师前部王弥寋、鄯善王休密驮赴长安朝贡，表示愿意协助秦军征服西域诸国。

当时前秦已经完成一统北方的事业，正值兵马强盛之时。苻坚有经略西域之意，于是任命吕光为使持节、都督西讨诸军事，让其与姜飞、彭晃、杜进、康盛四将统率十万步兵、五千铁骑征讨西域，并以陇西董方、冯翊郭抱、武威贾虔、弘农杨颖为四府佐将。

---

[1] 此永兴为前秦年号，非西晋的永兴年号。
[2] 今甘肃天水。
[3] 今甘肃泾川。

　　建元十九年（383年）正月，吕光自长安出发，以车师前国、鄯善国军队为向导，途经高昌，越过沙漠，在将近一年的行军后，终于抵达焉耆国。焉耆及其属国请降，龟兹国则据守延城[1]抵抗。

　　从秦汉至魏晋数百年里，龟兹国一直是丝绸之路上一个繁荣的城邦大国，因此对吕光的讨伐并不畏惧。吕光率领大军扎营于延城以南，每隔五里设一营寨，深挖壕沟，广筑高垒，其上置木人数千，并为木人披上衣甲作为疑兵。龟兹王白纯将百姓迁入城中，奋力坚守，抵抗秦军。

　　建元十九年（383年），前秦天王苻坚大举南征，九月在淝水之战被东晋打败，苻坚狼狈逃回长安，鲜卑、羌、北匈奴、丁零等族纷纷趁乱起事，前秦的统治分崩离析，北方再次陷入分裂。

　　建元二十年（384年）七月，龟兹王白纯以重金向狯胡国求援。狯胡联合温宿、尉头等国，领兵数万前去援救。

　　狯胡人弓马娴熟，盔甲坚厚，善于使用矛矟，前秦军队的攻势一度受挫。吕光集结各营兵力，以勾锁战法大败西域联军，斩首一万余级。龟兹王白纯连夜弃城出逃，吕光进占延城，龟兹归降。当时，西域三十余国都忌惮吕光的威名，纷纷遣使纳贡，归附前秦。

　　八月，苻坚听说西域平定，加封吕光为使持节、散骑常侍、都督玉门以西诸军事、安西将军、西域校尉、顺乡侯。但此时关中已陷入大乱，道路不通，苻坚的诏命未能传至西域。

-----

[1] 龟兹国都，今新疆库车。

　　吕光占据龟兹之后，沉迷于当地的葡萄美酒和美人。高僧鸠摩罗什建议吕光速速东还，诸将又有思乡之心，都不愿留驻西域。于是，吕光立白纯之弟白震为龟兹王，然后用两万多头骆驼满载西域珍奇，带着一万多匹骏马，于建元二十一年（385年）三月引军东归。

　　半年之后，等他回到宜禾[1]时才得知前秦的统治已经土崩瓦解，吕光一行大军成了漂泊异域的孤军。而要回到长安，必经之地乃是河西诸郡，当时的凉州刺史梁熙有据境自立之心，想阻止西征军进入凉州。吕光击破了凉州守军，河西诸郡都向其投降归顺。

　　此时的关中地区已经被姚苌的羌族军队占领，吕光无法回到长安向苻坚复命。不久，吕光斩杀梁熙父子后进入姑臧[2]，自任凉州刺史、护羌校尉。

　　前秦太初元年（386年），吕光得知苻坚已被姚苌所杀，作为前秦的遗臣，他悲愤不已，下令举国为苻坚服丧。

　　前秦彻底灭亡后，吕光自称使持节、侍中、中外大都督、都督陇右河西诸军事、大将军、领护匈奴中郎将、凉州牧、酒泉公，建年号大安，正式建立后凉政权。

　　麟嘉八年（396年），吕光自称天王，建国号大凉，改元龙飞。龙飞四年（399年）十二月，吕光病逝，卒年六十三岁，庙号太祖，谥号懿武皇帝。

---

[1] 今甘肃瓜州县。
[2] 今甘肃武威市。

吕光西征作为前秦统一北方后的第一次外向型军事行动，取得了极为辉煌的战果，前秦或许因此可以成为魏晋以来第一次统一北方并控制西域的中原帝国。然而，苻坚统一中原的野心太过膨胀，轻率地发动了对东晋的战争，结果淝水之战惨败，前秦帝国一夜之间轰然倒塌。

随着前秦全面崩溃，吕光无法回到关中，只能占据河西自立为王，而河西实力有限，西域再次与中原帝国分道扬镳。

第七章　外族入侵与王国末日

北方霸主的百年更迭

匈奴像一个被时间雪藏的民族，在历史的尘烟里早已消失得无影无踪，但千百年来一直流传着它的传说。

秦汉之时，匈奴作为蒙古高原上兴起的第一个游牧政权强盛一时，曾经雄霸草原，东灭东胡，西逐月氏，南并楼烦，北服丁零，可谓一统北狄。然而经过西汉、东汉两百余年的持续打击，分裂为南、北两部，到了魏晋时期已经大为衰落。

南匈奴入居塞内，归附汉朝，十六国时期在北方建立过多个政权，魏晋南北朝以后融入华夏。

北匈奴也无力保持自己在草原上的霸主地位，自东汉后期起逐渐分为三支：第一支，一路西迁与欧亚大草原上的游牧民族重组为新的部落联盟，公元4世纪时入侵东欧并引发欧洲民族大迁徙的匈人可能是其后裔；第二支，继续留居漠北草原而在鲜卑兴起后被其收编，从此融入鲜卑各部；第三支，北迁叶尼塞河中下游，残存于西伯利亚密林之中，直至今日。

总之，在魏晋以后，曾经威胁中原的北匈奴势力不知所终，消失在了史籍记载中。

东亚北部的蒙古高原地区地处大漠[1]以北，自然条件恶劣，土地贫瘠，养活不了大规模的人口。一旦人口增长超出自然环境所能承载的最大值，漠北的游牧民族为了扩张足够的生存空间，不得不向外迁徙开拓。因此，这片土地成为亚洲北部著名的人口迁出地。

数千年的历史中，匈奴、鲜卑、柔然、高车、葛逻禄、突厥、回鹘、蒙古、吉利吉思，一个又一个古代民族从这里发源，又从这里出发，向西或向南，去往更遥远的世界。同时也因为这里恶劣的自然条件和地理环境，亚洲其他地区的文明政权始终无法有效控制这片土地。

这里的居民世代都与残酷的生存环境斗争，逐渐形成了剽悍勇武的民风，面对南方农耕地区[2]一马平川的有利地形，如果农耕地区统治腐朽、社会动乱，那么对于这群马背民族来说，趁火打劫就易如反掌。总而言之，中原强则内附，中原乱则外扰。

匈奴政权消失后，原本生活在大兴安岭中的山林渔猎民族鲜卑开始走出大山，进入草原，留居漠北的部族又开始自号鲜卑，等于加入了新的鲜卑部落联盟。

但鲜卑人的兴趣并不在草原，相比于游牧生活，他们更喜欢稳定的农耕生活方式。于是他们大多数都以漠北草原为跳板，进一步南迁到中原或河西的汉族内地，并纷纷建立政权。

---

[1]指燕山—阴山—阿尔泰山以北的沙漠戈壁地区。
[2]指东亚的中原地区、中亚的河中地区。

只有一部分鲜卑人出于各种原因不愿南下，他们结合当地的游牧部落形成了一个新的部落联盟——柔然，并逐渐发展成了强大的柔然汗国。鲜卑、柔然的语言都属于古代蒙古语，因此多是黄种人。

北魏王朝的建立者拓跋氏属鲜卑一部，而鲜卑又来源于东胡。"东胡"之名最早见于战国时期的典籍《逸周书》，这反映了自西周以来，中国东北部的辽河流域、大兴安岭地区就生活着大量蒙古语族游牧部落，因位于北匈奴（胡）以东而被称为东胡，当时东胡一族就已经活跃于中国的北方地区。

东胡人处于铜器时代，社会经济以游牧的畜牧业为主，另外兼营渔猎。大约在战国后期，东胡逐渐强大起来，形成了早期部落联盟，活动于今内蒙古东部老哈河上游东南至辽宁大小凌河流域，即赤峰、朝阳、锦州一带地区。

由于社会经济的发展，东胡与其临近的燕、赵两国发生过频繁的接触和交往。赵国良将李牧、燕国良将秦开都曾领兵大破东胡，东胡向北退却千余里，燕、赵两国修筑长城以拒东胡，燕国还在东胡故地设置上谷、渔阳、右北平、辽西、辽东五郡。

然而，东胡人并未受到严重打击，他们在大兴安岭一带的森林草原中休养生息，至秦始皇统一六国时（前221年），东胡已经成为一个极为强盛的部族，与当时占据蒙古高原的匈奴并列为中国北方两大部落联盟。

汉初，匈奴冒顿单于杀父自立，其时东胡强盛，东胡王屡次向冒顿索取良马、阏氏和瓯脱之地，冒顿先满足了东胡王的要求，而后率军击破东胡。东胡败亡后部族离散，余众分为两支向北逃亡，分别迁徙到乌桓山[1]和鲜卑山，因以为号，自此东胡不见于史册。也就是说，东胡部落联盟在被匈奴击破后，又逐渐分化为两个新的部落联盟，分别称为乌桓和鲜卑。

乌桓在南，鲜卑在北，乌桓在汉魏时渐渐湮灭，鲜卑后来则起起落落，相继建立了燕、北魏、北周、吐谷浑等政权。隋唐以后，鲜卑逐渐融合于各族之中，不闻于世。然而，北方从此基本为鲜卑所扰，北魏之柔然、唐宋之契丹、宋元之蒙古，皆为鲜卑之苗裔，绵延千年而不绝，累世为中国所患。蒙古族至今仍存，散居于漠南漠北，驰骋草原，而其他民族皆已湮灭不存。

乌桓自从依山建立部落联盟后，游牧于西拉木伦河流域，依然受到匈奴节制，受其役使和勒索，因此先后两次南迁，以摆脱匈奴的控制。

汉武帝元狩四年（前119年），乌桓各部开始了第一次南迁，徙至五郡塞外，归附汉朝，协助汉朝侦察防御匈奴南下，汉朝置护乌桓校尉，对其加以领护，并准许乌桓各部大人每年入朝，汉朝对其加以优待，乌桓得以摆脱匈奴控制，部族逐渐强盛。

汉昭帝时，乌桓反叛汉朝，同时遭到匈奴和汉朝的进攻，汉将范明友击破乌桓，乌桓再次归附汉朝。新莽时期，因王莽强迫乌桓兵进攻匈奴，招致了乌桓各部的背叛，乌桓再次归附匈奴。

东汉建立之初，边郡常年遭受乌桓侵扰之苦，后因南匈奴附汉，鲜卑也随之附汉，入居塞内。

东汉光武帝建武二十五年（49年），乌桓入居边境十郡塞

---

[1] 在今内蒙古阿鲁科尔沁旗北部。

内，内附于汉，协助汉朝侦察边境，以防北匈奴与鲜卑南下侵扰，东汉政府复置护乌桓校尉，开营府于宁城，总领乌桓各部。

在归附汉朝的乌桓人中，有一部分被精选出来的骑兵归州牧节制，各郡郡守指挥，号为"突骑"，天下闻名，经常被征调协助汉朝抗击北匈奴与鲜卑。

东汉末年，乌桓趁中原内乱，摆脱了中原王朝的控制，幽州牧刘虞在位时招抚乌桓。后来乌桓被曹操袭破，自此部落离散，逐渐衰亡，消失于史籍。

自汉末以来，乌桓不仅不再作为一个完整的大部族而存在，大小各部落也日益瓦解。因此在魏晋以后，乌桓被作为"杂胡"视之，并由于迁徙不定而与他族日渐混杂融合。

就在乌桓南迁塞外、亲附汉朝的时候，鲜卑则仍据东胡之地，以游猎畜牧为生，并在北匈奴败亡后徙据其地，征服了漠北草原上的大部分部族，由此盛极一时。

后来，鲜卑各部向南迁徙，入居燕辽、河套、河西各地，分布广泛，大抵有宇文、慕容、段、拓跋、乞伏、秃发诸部。五胡之乱时，鲜卑各部相继崛起，在十六国及南北朝时期分别建立了前燕、后燕、西燕、南燕、西秦、南凉、北魏、北周等政权。其中，北魏从386年建立至534年灭亡，共一百四十八年，是三百年间享国最久的政权。

同时，北魏也是西晋灭亡以后北方建立的十六个政权中地位最重要的一个王朝，其上承魏晋，下启隋唐，统一北方，促进胡汉融合，在中国历史上具有承前启后的意义。

然而，北魏的建立者却是五胡之中发源地最为边远、文化最为落后的鲜卑族。

鲜卑族从一个荒蛮小部落演变为部落联盟，直至发展成一统北方的封建王朝，靠的是由北向南不断的迁徙和对汉文化的持续吸收。在数百年时间里，他们一点一点地丢掉了自己的传统习俗、语言服饰，甚至一脉相承的姓氏，通过改掉自身的戎狄习气，非常自觉地融入了汉文化。

鲜卑人的宏愿

公元3世纪末至公元4世纪初，鲜卑拓跋部由辽西不断向西、向南迁徙，在云中地区建立了代国。386年，拓跋部首领拓跋珪重建代国，定都盛乐[1]，同年改王号为魏王。两年后迁都平城[2]，正式定国号为魏。

"魏"字本身有美好伟大之意，而且自古指的是中原一带膏腴之地，以"神州上国"之名定国号，意在向北方其他政权和江南的东晋王朝宣告华夏正统。这似乎表明这些拓跋鲜卑人向来没有把自己当作"外人"，他们认为自己作为黄帝的后裔[3]，理应继承中原王朝的帝位。

然而，因大同地处北地，"代国"之称因合乎地望而被国人私

---

[1] 今内蒙古和林格尔西北土城子。

[2] 今山西大同市东北。

[3] 《北史·魏本纪》："魏之先出自黄帝轩辕氏，黄帝子曰昌意，昌意之少子受封北国，有大鲜卑山，因以为号。其后世为君长，统幽都之北，广漠之野。"

下采用。南方的汉人王朝更是无法接受塞外北狄野蛮之民堂而皇之地以魏为号，故以拓跋部有辫发之俗，称其为索头虏或索虏。

五胡十六国后期，北魏太祖拓跋珪在位时期（386—408），这个以拓跋氏部落为核心的鲜卑族政权致力于统一北方、经营中原，并未展开对四周异域的征服。然而，自古中原强盛之时，四夷诸国便要入朝进贡，表示臣服，中原皇帝也能真正感受到天下共主或天子的威仪。

如今，"西戎之贡不至"也就代表着"大魏国威不彰"，因此北魏主管外交的官员上奏建议道武帝拓跋珪仿照汉朝旧例，派人向西开通西域，既可以达到"振威德于荒外"的政治目的，又可以实现"致奇货于天府"的经济目的。[1]

官员的建议卓有远见，这样做能让丝绸之路重新贯通东西，沟通诸国之间的商贸往来，并为中原带来远方的物资。

然而，面对这样的建议，深知创业艰难的拓跋珪心里清楚，此时并不适合开拓西域，因为此时北魏王朝的主要威胁在中原，比起获得遥远西域的朝贡，他现在还有更重要的事要去处理，那就是统一北方。

于是，开通西域的计划就此搁置。一直到太宗明元帝拓跋嗣在位时（409—423），北魏都一直致力于经略中原、剪除北方各种割据势力，没有展开对西域的经营。

到了太武帝拓跋焘太延年间（435—440），北魏先后攻灭胡

---

[1]《魏书·西域传》："太祖初，经营中原，未暇及于四表。既而西戎之贡不至，有司奏依汉氏故事，请通西域，可以振威德于荒外，又可致奇货于天府。"

夏、北燕，基本统一了北方。从此，这个新崛起的东方帝国的威名开始远播西域。太延三年（437年），鄯善、车师、焉耆、龟兹、疏勒、渴槃陀、粟特、乌孙、悦般等国纷纷遣使入贡，主动与北魏发展友好关系。[1]

就在各国使臣纷纷来到北魏的时候，拓跋焘却不愿派出使者出使各国。

拓跋焘认为，西域诸国虽然从汉代起就已经开通，但这些国家自以为与中原相距遥远、天方殊俗，向来都是为了追求眼前的利益才与中原王朝保持友好关系，一旦政局有变就立刻转变态度，实在不值得为了这些"忘恩负义"的小国耗费人力和物力。

此时，负责外交的官员向拓跋焘建议："九国的使者不畏艰险，远道而来，我们作为中原上朝、礼仪之邦，没有理由拒绝他们交好的请求。现在应该派出使者送这些人回国，既可以取得这些国家的人心，又可以为其他国家做出榜样。"

老实说，这位官员的建议是中肯的，在当时的国际环境中，北方草原已经兴起了一个强大的游牧政权——柔然，北魏一旦放弃经营西域，柔然的势力便会乘虚而入。如果柔然彻底征服了西域，北魏便如同汉武帝以前的西汉王朝一样，将在与柔然的竞争中处处受限，陷入被动。

这一次，拓跋焘听从了建议，派出使者王恩生、许纲等人出

---

[1]《魏书·西域传》："太延中，魏德益以远闻，西域龟兹、疏勒、乌孙、悦般、渴槃陀、鄯善、焉耆、车师、粟特诸国王始遣使来献。"

使西域。[1]

可惜王恩生一行人刚刚走出敦煌以西的哈顺戈壁，就被柔然骑兵逮捕，北魏这次出使的任务以失败告终。

同年，北魏又派出了第二批使者出使。这次的正使是散骑侍郎董琬，副使是高明。他们带着大批绸缎锦帛，西出玉门关，来到了鄯善国。鄯善国王热情接待了北魏使者，并于第二年遣其弟素延耆入侍北魏。

出了鄯善国，董琬、高明等人继续向西，依次回访之前朝贡北魏的国家，以厚礼结交。董琬从北魏出发时，朝廷给他下达命令，如果便道可以前往其他国家，董琬招抚九国之后，向北来到了伊犁草原的乌孙国。

乌孙与中原的渊源颇深，如今再次见到来自中原的使者，还得到了许多珍贵的礼物，乌孙王颇为喜悦。他建议董琬还可以前往破洛那[2]、者舌[3]两国，因为这两个国家都有与中原通商的意向，只是因为东行之路不通才未能与北魏交往。

在乌孙王派出的翻译向导的引导下，董琬前往破洛那，并派遣高明作为副使出使者舌，向他们的国王宣读北魏的诏书，还赏赐给他们许多财物。到董琬、高明回国的时候，乌孙、破洛那等十六国都派出使团随同前往中原。从此，西域地区与中原地区往

---

[1]《魏书·西域传》："有司奏九国不惮遐崄，远贡方物，当与其进，安可豫抑后来，乃从之。于是始遣行人王恩生、许纲等西使，恩生出流沙，为蠕蠕所执，竟不果达。"

[2] 即古之大宛国，在今中亚费尔干纳盆地。

[3] 即河中地区的石国，今乌兹别克斯坦塔什干一带。

来不绝，使者相望于道，沉寂了多年的丝绸之路重新贯通。[1]

西进的跳板——河西走廊

在今天中国的西北有一个东南—西北走向、形状近似一条手臂的狭长省份，这便是甘肃。看地图的人往往会感叹甘肃的怪异形状，真正走上这块苍凉而神奇的土地的人，更会惊叹于这里旖旎的风光和悠久的历史。

以兰州及黄河为中心，甘肃主要分为东、西两部分，即黄河以东的高原山地地区和黄河以西的绿洲平原地区。黄河以东地区按照地形可以分为陇东—陇中黄土高原地区、陇南山地和甘南青藏高原地区，这三个地理板块的地形地貌明显不同。

陇东、陇中的黄土高原地区与陕北类似，存在大量的黄土台塬和沟壑；陇南地处陇山、岷山与秦岭交会的山区地带，属于明显的山山地形，即通常意义上的山区；位于甘肃西南角的甘南则属于青藏高原的东部边隅地带，地貌多以高低起伏的草原为主，这里自古以来居住的主要是过着游牧生活的西羌部族。

黄河以西地区在汉代以后被称为河西，张骞通西域后，此处

---

[1]《魏书·西域传》："又遣散骑侍郎董琬、高明等多赍锦帛，出鄯善，招抚九国，厚赐之。初，琬等受诏，便道之国可往赴之。琬过九国，北行至乌孙国，其王得朝廷所赐，拜受甚悦，谓琬曰：'传闻破洛那、者舌皆思魏德，欲称臣致贡，但患其路无由耳。今使君等既到此，可往二国，副其慕仰之诚。'琬于是自向破洛那，遣明使者舌。乌孙王为发导译达二国，琬等宣诏慰赐之。已而琬、明东还，乌孙、破洛那之遣使与琬俱来贡献者十有六国。自后相继而来，不间于岁，国使亦数十辈矣。"

又因其特殊的地理位置，且像一条连接中原与西域的狭长走廊而被称为河西走廊。

这里地处祁连山脉和阿拉善高原的交会地带，虽然向北紧邻腾格里沙漠、乌兰布和沙漠和巴丹吉林沙漠，但来自南边祁连山上的冰雪融水使得这里成了一片东西绵延千里、南北相距百里的绿洲草原。先秦时期，乌孙人和月氏人在这里游牧，后来由于战争先后西迁，这里又成了匈奴人的重要牧地。

由于这里水草丰美，又拥有丰富的自然资源，匈奴人对河西草原及滋养了河西草原的祁连山有很深的感情，祁连山这个名字就是2000多年前的匈奴人起的。

"祁连"之名即为匈奴语"天"的意思，当时匈奴人的最高首领单于全称"撑犁孤涂单于"，其中"撑犁"即与"祁连"同音异译，都是匈奴语中的"天"。将祁连山以"天"命名，且与其单于同名，这是匈奴人对这座伟大山脉的称颂与赞美。

汉武帝以前，这里是匈奴右贤王部驻地，后来伊稚斜单于和右贤王北遁，这里又成为匈奴浑邪王和休屠王两部游牧并侵扰汉朝的据点。汉武帝派遣霍去病夺取河西之地后，汉朝在这里设立了武威、张掖、酒泉、敦煌四郡，统称为河西四郡，并从内地召来移民垦荒屯田，从此河西地区归入中原统治。

由于河西地区的重要性，匈奴人在失去了河西之地的控制权后痛呼："失我焉支山，令我妇女无颜色。失我祁连山，使我六畜不蕃息。"[1]其中焉支山也是祁连山脉的一部分。

---

[1] 出自汉代匈奴人创作的《匈奴歌》。汉武帝派霍去病从匈奴手中夺取了焉支山和祁连山，匈奴人悲伤而作此歌。

　　自从夺得河西走廊之后，这里就是中原王朝通向西域的关键节点，它连接了中原人熟知的九州与西域。

　　在唐朝以前，航海技术仍不成熟，人们很难越过海洋去跟其他国家的人交流、贸易，海路异常艰险，相比之下，陆路则更加可靠。但沿途如果要穿越人烟稀少的荒野地带也充满危险，尤其是要穿过荒无人烟的沙漠戈壁则更是凶险。

　　唐代西行取经的高僧玄奘后来在回忆自己穿越今敦煌以西、哈密以东的噶顺戈壁[1]时还心有余悸：

　　　　莫贺延碛长八百里，古曰沙河。上无飞鸟，下无走兽，伏无水草，顾影唯一。四夜五日口腹干焦，几将殒绝。四顾茫然，夜则妖魅举火，灿若繁星；昼则惊风拥沙，散若时雨。[2]

　　这段文字今天读来都令人觉得阴森恐怖，更不用说在交通条件落后的古代。

　　如果没有河西走廊的存在，张骞凿空西域的努力极有可能会告以失败，东西方的沟通与交流也将难以实现，或许中国要等到新航路开辟以后才能与西方世界建立联系。

　　如果没有祁连山，内蒙古高原的沙漠就会与柴达木盆地的荒漠连成一片，沙漠也许会向兰州方向大规模推进，以至于整个河

---

[1] 古称莫贺延碛。
[2] 慧立、彦悰：《大慈恩寺三藏法师传》，中华书局，2000，第17页。

西地区都将成为寸草不生的荒漠戈壁。正是有了祁连山，有了高山上的冰雪融水和山区降雨才发育了一条条河流，才养育了河西走廊，才有了丝绸之路。

正因为有了这条路的存在，中原人才得以得知九州之外还有广阔的世界，汉族之外还有不少其他民族。丝绸之路不仅为中原人送来了本地并不出产的各种物资，也为中原人传来了佛教及各种新思想，最重要的是让中原的政治和文化越过了西北的茫茫沙漠，与天山南北的土地相接，中原人在祁连山的护卫下走向了天山和帕米尔高原。

据说张掖之名是取"断匈奴之臂，张中国之掖"之意，河西走廊就是中原之臂。它连接着中原与西域，是中原人前往玉门关以西的重要通道。

祁连山与其滋养下的河西走廊是一块被干旱区包围着的狭长土地，其北边是戈壁和沙漠，南边是干旱的柴达木盆地，西边是库木塔格沙漠，东边是黄土高原，河西走廊就像一座伸进西北干旱区的绿岛。

如果没有祁连山，没有河西走廊，内蒙古沙漠将和柴达木荒漠连成一片，中原人要想通过这里走向遥远的西域几无可能，因为要穿越长达一千多公里的茫茫沙海，这甚至比海路更加艰难。

可以说，没有河西走廊就没有丝绸之路；没有这条东西方文明交流的通道，亚欧大陆的历史或将改写。

河西走廊所处的位置自汉代以来一直被称为凉州，因这里"地处西方，常寒凉也"而得名。五胡十六国时期，这里先后建立了前凉、后凉、南凉、西凉、北凉等五个割据政权，占到了十六国的近三分之一。

北凉的建立者是北匈奴的旁支部落——卢水胡，沮渠氏是来自匈奴的官职称谓，分左沮渠、右沮渠，相当于汉制的宰相，沮渠氏先祖曾为匈奴左沮渠，以官为氏。到了东汉时期，沮渠部族迁居卢水[1]，发展成西北地区一支强大部族。

后凉时期，沮渠蒙逊作为部落首领在后凉为官，其伯父沮渠罗仇在随吕光征讨河南失利被杀后，他与堂兄沮渠男成起兵反叛后凉，拥立段业为凉州牧，不久改称凉王，建立北凉，沮渠蒙逊是实际掌权者。

四年后，沮渠蒙逊杀段业，又打败了南凉，攻灭了西凉，统一了凉州全境，成为当时西部最为强大的割据政权。

北凉义和三年（433年），沮渠蒙逊病死，其第三子沮渠牧犍继位，改元永和。当时，北魏一统北方已势不可当，先灭掉了慕容氏的后燕，迫使其分裂为南、北两部，且都归附了北魏，又向西灭亡了赫连氏的大夏国，基本统一北方。

自从北魏太延三年（437年）董琬、高明等人再通西域以来，横亘在北魏与西域之间的北凉便显得十分尴尬，因为终究不能与北魏抗衡，这个十六国中最后一个割据政权也最终迎来了命运的终结。

沮渠牧犍采取了和亲政策，与北魏当时的太武帝拓跋焘互为妹夫：沮渠牧犍的妹妹兴平公主嫁给了拓跋焘，拓跋焘的妹妹武威公主嫁给了沮渠牧犍。双方关系缓和，沮渠牧犍接受了北魏

---

[1] 今青海西宁。

的册封，向北魏称臣，并派宰相宋繇向北魏进献了五百匹良马、五百斤黄金，还废掉了自己原来的王后——西凉国主李暠的女儿李敬爱，将武威公主立为北凉王后。

然而，沮渠牧犍私通其嫂李氏，李氏仗着沮渠牧犍的宠幸，竟然对武威公主下毒。拓跋焘听说后急忙派遣医者前去解毒，公主才得以死里逃生。因为这件事，拓跋焘对沮渠牧犍极为不满，要求将李氏押解到北魏，而沮渠牧犍却把李氏安置到了酒泉。

当时，拓跋焘正打算平定西北，便以此为借口进攻北凉。太延五年（439年），北魏大军长驱直入，拓跋焘亲自率军兵临北凉国都姑臧城下。沮渠牧犍不得不率文武百官面缚请降，北凉灭亡。

至此，北魏统一中国北方，中原与西域地区之间的通道被打通。

流亡的高昌北凉

北魏攻打北凉，攻陷北凉都城姑臧，沮渠牧犍投降北魏，北凉政权灭亡。沮渠牧犍的弟弟——张掖太守沮渠宜得在北魏的攻势下，不得不向西逃往酒泉，投靠沮渠无讳。

沮渠无讳也是沮渠牧犍的弟弟，此时正担任酒泉太守，见北魏攻势凌厉，他企图占据酒泉一郡之地以自保。

结果，北魏大军一路西进，继续进攻酒泉，沮渠无讳与沮渠宜得只好一道逃往敦煌，投奔堂弟敦煌太守沮渠唐儿。北魏太武帝拓跋焘命令将领分别驻守酒泉、武威、张掖，稳定河西的局势。

太延六年（440年）正月，沮渠无讳以沮渠唐儿留守敦煌，自己与沮渠宜得率军围攻酒泉，企图光复北凉。酒泉守将弋阳公元絜被骗出城，沮渠无讳将其生擒，但元絜所部依旧坚守酒泉。

到了三月，酒泉城中粮尽，沮渠无讳攻取了酒泉。四月，沮渠无讳再攻张掖，拓跋焘派永昌王拓跋健前往救援。五月，沮渠无讳再次包围张掖，未能攻克，于是退往临松，拓跋焘下诏命令沮渠无讳投降。

双方僵持了三个月之后，沮渠无讳派中尉梁伟前往拓跋健处乞降，甘愿奉送酒泉，并释放元絜等俘虏。次年正月，拓跋焘派遣鸿胪卿持节册封沮渠无讳为征西大将军、凉州牧、酒泉王，沮渠无讳接受了北魏的册封，双方罢兵和好。

四月，敦煌守将沮渠唐儿背叛沮渠无讳，沮渠无讳命令沮渠天周驻守酒泉，自己与沮渠宜得率军讨伐沮渠唐儿，生擒沮渠唐儿后将其处死，再次占据了敦煌。

当月，拓跋焘改变了主意，认为北凉余孽不除，终将成为边患，于是派遣镇南将军、南阳公奚眷围攻酒泉。

沮渠天周誓死不降，酒泉城内粮食吃尽，一万多人活活饿死，沮渠天周甚至杀掉了自己的妻子，将其肉分给士卒充饥。十月城破，奚眷俘虏了沮渠天周，将其押送到北魏的都城平城处死。

北魏军威大振，趁势围攻敦煌，沮渠无讳粮绝，无法抵挡北魏大军，就想率众向西退入西域，从此与中原远隔沙漠以避其锋芒。为了确保万无一失，沮渠无讳亲自坚守敦煌，同时派遣弟弟沮渠安周于十一月率领五千人西渡沙漠，进攻鄯善国。

听说北凉残余势力来袭，鄯善国王比龙恐惧之下打算投降。

此时北魏出使西域的使臣刚好从天竺、罽宾东返至此，就劝说比龙抵抗固守。沮渠安周连攻伊循，却始终未能攻克，只好撤军固守东城[1]。

北魏太平真君三年（442年）四月，沮渠无讳率领一万多部众放弃敦煌，向西与沮渠安周会合。在西逃途中，士卒因缺水伤亡过半。

沮渠无讳尚未到达，鄯善王比龙担心国都被北凉残军攻破，就留下儿子镇守，自己则率领四千部众逃往鄯善在西边的属地且末。比龙的儿子向沮渠安周投降，沮渠无讳乘机占据鄯善。[2]

魏晋南北朝时期，中原战乱频仍，不少中原人迁往河西，有的又从河西辗转到西域。他们和汉代屯田士卒的后裔汇集在今吐鲁番一带，并使该地区成为这一历史时期汉人的聚居地。此时的高昌也发展成为西域大城，其周围地区还建立了许多汉族聚居的中小城镇。

北魏太平真君三年七月，高昌太守阚爽听说沮渠无讳已经到达鄯善，于是派使节诈降沮渠无讳。八月，沮渠无讳留下沮渠安周驻守鄯善，自己率军从焉耆东北部直扑高昌。柔然虽然派军救

---

[1] 即楼兰旧都一带。

[2]《魏书·西域传》："及世祖平凉州，沮渠牧犍弟无讳走保敦煌。无讳后谋渡流沙，遣其弟安周击鄯善，王比龙恐惧欲降。会魏使者自天竺、罽宾还，俱会鄯善，劝比龙拒之，遂之连战，安周不能克，退保东城。后比龙惧，率众西奔且末，其世子乃应安周。"

援高昌，但抵挡不住沮渠无讳亡命之徒的攻势。九月，沮渠无讳夜袭高昌，血洗全城，阚爽投奔柔然。

沮渠无讳占领西域鄯善、高昌之地后，派人带奏表出使南朝刘宋政权，宋文帝刘义隆下诏封沮渠无讳为使持节、散骑常侍、都督凉河沙三州诸军事、征西大将军、领护匈奴中郎将、西夷校尉、凉州刺史、河西王，沮渠无讳自此在西域站稳了脚跟，于次年改元承平，正式建立了高昌北凉政权。

北魏太平真君五年（444年），沮渠无讳因病去世，其弟沮渠安周继位。沮渠安周为了进一步扩张领土，带兵灭亡了立国五百年之久的车师前国，其王车伊洛及其部众东迁中原。

北魏和平元年（460年），沮渠安周为柔然所杀，高昌北凉政权灭亡，鄯善国重获独立。

兵临城下：最后的国王

魏晋南北朝时期，鄯善先后臣属曹魏、西晋、北凉、前秦、后凉、西凉、北凉、北魏、吐谷浑。前秦时期，鄯善王休密驮曾遣使到中原，建议苻坚出兵征讨西域，自告奋勇作为向导为秦军带路。建元十八年（382年），苻坚派吕光远征西域，休密驮为宁西将军，作为前秦大军的向导。

北凉玄始九年（420年），北凉攻灭西凉。由于西凉紧邻鄯善，鄯善王比龙为了自保，亲自到姑臧朝见沮渠蒙逊。在鄯善的带领下，西域各国纷纷向北凉称臣纳贡。

太延五年（439年），北魏攻灭北凉，北凉王沮渠蒙逊之子沮渠无讳退保高昌，偏安一隅。北凉灭亡以后，鄯善国王深谙唇亡齿寒的道理，认为北魏下一个要解决的就是自己。

在鄯善王看来，如果放任北魏使者来往，他们一旦摸清了鄯善国的底细，那么鄯善离灭亡也就不远了。因此，鄯善阻绝了通往中原的通道，企图与北魏彻底断绝交往，以换取一时的安稳。[1]

然而，这无疑只是鄯善王的一厢情愿。世界大势浩浩荡荡，只能顺势而为，逆势而为终将导致自己沦为历史车轮下的一粒尘埃。

当时，天山北道为柔然所控制，北魏使者要往西域走天山南道，鄯善便是第一站。鄯善国的举动直接导致西域与中原交通断绝，诸国的贡献多年不入，这直接招致了北魏的仇恨。

北魏太平真君九年（448年），拓跋焘下诏命令散骑常侍、成周公万度归赶往凉州，发兵讨伐鄯善。万度归率军到了敦煌后，留下辎重，亲率轻骑五千横渡流沙，到了鄯善国境。对于鄯善人而言，这一幕似曾相识。

六百年前的西汉武帝时代，从骠侯赵破奴也是这样留下大部队，亲率七百骑兵就攻破了楼兰国都，俘虏了楼兰国王。

历史再次重演，鄯善国也迎来了最后一次城破投降。

万度归率领五千轻骑，出其不意地到达鄯善国境内。此时，鄯善人都在野外的田地里耕作，万度归晓谕全军，严令不得骚扰

---

[1]《魏书·西域传》："凉州既平，鄯善国以为'唇亡齿寒，自然之道也。今武威为魏所灭，次及我也。若通其使人，知我国事，取亡必近，不如绝之，可以支久'，乃断塞行路，西域贡献，历年不入。后平鄯善，行人复通。"

地方，如有侵掠其民者一律军法处置。鄯善边境的守将极为感动，万度归军旗所至之处，鄯善各地都望风而降。[1]

在万度归的恩威并济之下，鄯善国不攻自破。无奈之下，鄯善王真达只好走出伊循城，向万度归投降，他也成了鄯善国历史上最后一任国王。[2]

万度归并没有为难投降的真达，他明白收服人心远比征伐杀戮重要，于是亲自为真达解开绳索，带着真达一起回到了北魏的都城平城。

真达到达平城后，拜见了拓跋焘。看到真达毕恭毕敬的态度，拓跋焘非常高兴，不仅赏赐给了他许多财物，还加封他为将军。然而，拓跋焘毕竟老谋深算，真达这种表面的恭敬并不能打消拓跋焘的疑虑，他不相信真达会诚心归附，因此始终不允许其回国。

真达这位最后的鄯善国王就在异国他乡默默走完了他人生的最后三年。真达在平城病逝后，鄯善国六百年的王统彻底终结。

北魏派出军队驻守鄯善，将鄯善直接纳入朝廷管辖，并拜交趾郡公韩牧为假节、征西将军、领护西戎校尉、鄯善王，负责镇

---

[1]《魏书·西域传》："鄯善人颇剽劫之，令不得通。世祖诏散骑常侍、成周公万度归乘传发凉州兵讨之，度归到敦煌，留辎重，以轻骑五千渡流沙，至其境。时鄯善人众布野，度归敕吏卒不得有所侵掠，边守感之，皆望旗稽服。"

[2]《魏书·西域传》："其王真达面缚出降，度归释其缚，留军屯守，与真达诣京都。"

守鄯善，一如内地的郡县。[1]

至此，立国六百余年的鄯善国（楼兰国）正式灭亡。

新一轮的征服者

自万度归灭亡鄯善国以来，北魏在此设镇，属敦煌管辖，鄯善逐渐失去了自主性，成为内地郡县体系的一部分，塔里木盆地东南部地区开始沦为其他地区政权的附属。

北魏永熙三年（534年）以后，北魏王朝分裂为东魏与西魏，西魏由于国力有限，对鄯善地区的掌控减弱，但依然延续了有限的统治权，因此出现了大统八年（542年）"鄯善王兄鄯米内附"的记载。[2]

其后不久，西魏彻底失去了对西域的控制权，后来的北周忙于应对北齐与突厥的压力，无暇顾及西域地区，鄯善地区又被来自青海的吐谷浑政权占领。

吐谷浑是鲜卑慕容部的一支，慕容部先祖原居辽东，后迁辽

---

[1]《魏书·西域传》："是岁，拜交趾公韩牧为假节、征西将军、领护西戎校尉、鄯善王以镇之，赋役其人，比之郡县。"

[2]《周书·异域传下》："鄯善，古楼兰国也。东去长安五千里。所治城方一里。地多沙卤，少水草。北即白龙堆路。魏太武时，为沮渠安周所攻，其王西奔且末。西北有流沙数百里，夏日有热风，为行旅之患。风之欲至，唯老驼知之，即鸣而聚立，埋其口鼻于沙中。人每以为候，亦即将毡拥蔽鼻口。其风迅驶，斯须过尽。若不防者，必至危毙。大统八年，其王兄鄯米率众内附。"

西。西晋太康年间（280—289），慕容部首领慕容廆[1]之庶兄吐谷浑率领部众西迁阴山。

西晋永嘉年间（307—311），吐谷浑部再次向西迁徙，渡过洮水，占据了青海湖一带的千里之地，与羌人杂处。传至其孙叶延时势力强大，于东晋咸和四年（329年）建立政权，以"吐谷浑"为国号。

东晋义熙元年（405年），吐谷浑部首领树洛干被西秦击败，率部奔于莫何川，自称吐谷浑王，号为戊寅可汗。树洛干死后，其弟阿柴继承王位，吐谷浑开始强大起来，至伏连筹[2]时臻于极盛。其子夸吕自号为可汗，迁居伏俟城[3]。

后来，吐谷浑人越过阿尔金山，向北攻略了北魏设置的鄯善、且末二镇。鄯善和且末成为吐谷浑属地后，大批吐谷浑人迁居罗布泊与车尔臣河流域。

北魏明帝神龟元年（518年），敦煌人宋云前往西域取经时路过鄯善，称这里的城主是吐谷浑王的第二子，说明鄯善此时已归于吐谷浑统治之下。

吐谷浑统治时期，在鄯善故地筑大小两座鄯善城。大鄯善城叫石城镇，即现在的若羌县城；小鄯善城叫屯城，即今天的米兰古城，距大鄯善城东八十千米。

隋大业五年（609年），吐谷浑被隋朝击败后，隋炀帝在西域鄯善国故地设且末、鄯善二郡，鄯善郡下设显武、济远二县，大

---

[1] 285—333年在位。
[2] 490—540年在位。
[3] 在今青海湖西岸布哈河河口附近。

致相当于今新疆且末、若羌二县。后来，隋朝灭亡，吐谷浑趁机又占领了且末、鄯善二郡。

唐贞观年间（627—649），康国人[1]康艳典率领一部分粟特人来到鄯善定居，逐渐形成了聚落，后来修筑了典合城、新城、蒲桃城、萨毗城等多座城池，其中典合城就直接修筑在楼兰城的建筑遗址上，后来又成为石城镇的驻地。

中古时期，随着丝绸之路的兴盛，来自中亚的粟特人沿着丝绸之路往来贸易，他们往往以商队的形式，在商队首领的带领下结队而行，少则数十人，多则数百上千人，遇到合适的地区就停下来筑城居住，开展贸易，并以自己的武装自保。

这种有组织的粟特商队首领被称为"萨保"，意为"大首领"，康艳典就是这样一位大首领。萨保不仅是粟特商队行进中的首领，还是粟特人建立的聚落统治者。由于粟特人信奉琐罗亚斯德教，所以大首领往往兼任主管祆祠[2]的大祭司。

总之，隋唐之际的鄯善地区就处于粟特人这种集政教大权于一身的领袖统治之下，而他所统治的人民也都是东迁而来的粟特人。

唐上元二年（675年），唐朝消灭了西突厥汗国，一统西域，将鄯善改名为石城镇，属沙州（敦煌）管辖。

唐龙朔三年（663年），吐蕃灭亡盘踞青海的吐谷浑王国，占领了吐谷浑在西域的属地——鄯善地区，从此获取了进入西域的有利条件。吐蕃进入鄯善后，对屯城进行了改建，作为吐蕃在鄯

---

[1] 粟特人的一支。

[2] 由于琐罗亚斯德教在当时的中国被称为"祆教"，所以他们的宗教场所被称为"祆祠"。

善的统治中心。

自1959年以来，新疆考古人员在若羌县米兰古城遗址发现了大量吐蕃文木简，这说明在历史上吐蕃王朝曾有效控制过鄯善国故地。

后来，到唐朝势力挺进西域时，楼兰、鄯善的记载彻底消失于史籍，取而代之的是大量有关粟特人的记载，这时的鄯善故地已经成为粟特人大量移民的城镇，并延续了最后一段辉煌时期。北宋以后，鄯善地区变成了人烟稀少的边塞之地，彻底消失在历史的记载中。

第八章　楼兰人的归宿

楼兰是怎么灭亡的

有人说，楼兰消失于战争，是因强国入侵，城破后被遗弃的；也有人说，楼兰消失于生态恶化，缺水导致人们不得不离开生存的家园；也有人说，楼兰的消失与丝绸之路北道的开通有关。自从经过伊吾、高昌通往西域的丝路北道开通后，楼兰便失去了昔日交通要道的地位，逐渐变成避居一隅的荒僻之地。

有人说，楼兰的消失与罗布泊的南北游移有关。斯文·赫定认为，罗布泊南北游移的周期是一千五百年左右。三千多年前有一支印欧人部落生活在楼兰地区，一千五百多年前楼兰进入繁荣时代，都与罗布泊的游移有直接关系。

还有人说，楼兰消失于瘟疫。一场从外地传来的瘟疫，夺去了楼兰城内十之八九居民的生命，侥幸活下来的人纷纷逃离楼兰，远遁他乡。

更有人说，楼兰消失于生物入侵。一种从两河流域传入的蝼蛄昆虫，在楼兰没有天敌，以楼兰地区的白膏泥土为生，成群结队地进入居民房屋，导致建筑毁坏、人畜不安，人们只好弃城而去。

然而，以上说法除了前三条有一定依据，后三条都难以成立。

其实，楼兰并没有突然消失。历史文献和考古发掘证明，鄯善国灭亡后，鄯善地区依然有人居住，只是随着后世自然环境和政治局势的变迁，最终消失在了历史记载中而已，并非一朝一夕之间就突然消失的。

19世纪末20世纪初，来自俄、英、美、日、法、德、瑞典等国的考察团、探险队深入我国内蒙古、新疆、青海和西藏地区，从事研究和其他活动。其中，俄国探险家普尔热瓦尔斯基[1]是最早进入新疆的探险者，他也是引发罗布泊地理位置游移之说的第一人。

普尔热瓦尔斯基是一名俄国陆军军官，曾五次进入中国西北腹地进行探险考察，其中两次到达罗布泊地区。

1888年，普尔热瓦尔斯基第五次来新疆考察时，在罗布泊南边的一块绿洲发现了一匹野马，这是世界上仅存的野马品种，后世以普尔热瓦尔斯基的名字将这种野马命名为普氏野马。

普尔热瓦尔斯基在后来发表的考察报告中声称，中国地图所标的罗布泊位置是错误的。他指出，塔里木河下游的罗布泊比中国地图所标的罗布泊的地理位置要更靠南。

普尔热瓦尔斯基在考察报告中写道：

> 罗布泊这个湖，确切地说是长满了芦苇的沼泽，其形状

---

[1] 普尔热瓦尔斯基（1839—1888），19世纪俄国著名探险家和旅行家。

是一个从西南向东北伸出很远的不规则的椭圆形，湖深平均不超过3～5英尺[1]。湖水清澈，是淡水湖，只是在其东部的水稍有咸味。一条宽阔平坦的盐碱土地带从南边包围着喀喇布朗湖和罗布泊的沿岸，从而证明这两个湖是不可分割的整体，而且所占的面积比现在要大得多。[2]

对于普尔热瓦尔斯基的观点，科兹洛夫和斯坦因表示支持。但德国地理学家李希霍芬却持不同意见，他认为普尔热瓦尔斯基发现的不是真正的罗布泊，罗布泊应该是盐水湖，它的水是咸的，位置应该在北面，中国地图所标的位置是正确的。他认为普尔热瓦尔斯基发现的所谓"罗布泊"，可能是塔里木河改道形成的大片冲积水域。

李希霍芬是德国柏林地理学会的主席，对中亚也进行过详细考察。他与普尔热瓦尔斯基之间的争论，引起了人们对罗布泊在内的中国新疆古代遗址的更多关注。

瑞典人斯文·赫定提出了一套关于罗布泊游移的理论，认为罗布泊南北游移的周期是一千五百年，是由于湖底周期性沉积、抬升和风饱蚀降低的结果。这种游移说，曾长期为中外学者所接受。除斯文·赫定外，美国人亨廷顿提出了"盈亏湖"的理论，中国学者陈宗器发表了"交替湖"的观点，而苏联地质学家西尼村则试图用构造运动来做解说。

---

[1] 英制长度计量单位。1英尺=30.48厘米。
[2] ［俄］普尔热瓦尔斯基：《走向罗布泊》，黄健民译，新疆人民出版社，2001，第230页。

围绕着罗布泊游移问题的争论，延续了一个世纪。

近年来，我国科学家经过实地考察，证实了罗布泊是塔里木盆地的最低点和集流区，湖水不会倒流；入湖泥沙很少[1]，干涸后变成坚固的盐壳，短期内湖底地形不会剧烈变化。对湖底沉积物通过年代测定和孢粉分析证明，罗布泊是塔里木盆地长期的汇水中心。这说明，游移说是不切实际的推断。

诚然，环境的恶化对当地人口与文化的演变至关重要，水源和树木是罗布荒原上绿洲能够存活的关键，但鄯善国的灭亡并不完全等同于塔里木盆地东南一带的这片绿洲彻底消亡。

起初，楼兰城建在当时水系发达的孔雀河下游三角洲，紧靠水源充沛的蒲昌海，水边生长着大量可用于建房的胡杨树，这在罗布泊地区的多座古城遗迹中均得到了证实。有人声称是楼兰人大量砍伐树木才导致城毁人亡，但考古发掘的佉卢文书和汉文竹简都证明，楼兰（鄯善）有着非常严格的林木保护法，这或许是世界上最早的森林保护法。

从楼兰出土的佉卢文木简规定："树活着如将树根砍断罚马一匹，若砍断树枝应罚母牛一头。"从法令的严厉程度不难看出，2000年前的楼兰人就已经意识到，树木与水源对人类生活的至关重要性，楼兰人一直对环境保护十分重视。

所以，楼兰人绝非因为破坏环境而灭亡。

那么，在公元5世纪楼鄯善（楼兰）国灭亡后，原先生活在这里的人都去哪儿了呢？

---

[1]湖底沉积物历经三千六百年仅厚1.5厘米。

关于鄯善（楼兰）亡国后其臣民的下落，史书中有零星记载。

据《周书·西域传》记载，西魏大统八年（542年）——鄯善亡国半个世纪后，有一个名为"鄯米"的鄯善人曾"率众内附"。

而敦煌文书《沙州图经》以及《旧唐书》和《元和郡县志》等典籍都提到这样一件事：

唐代初期，祖籍楼兰的人士鄯伏陀原已移居伊州[1]，因占据该地的东突厥征税繁苛，便率族人南返罗布泊，重温古楼兰人临湖而居的旧梦。但住了一段时间后发现自己已不能适应那里的自然条件，只得再次离开此地返回伊州。由于胡人称鄯善为"纳职"，所以就称这批去而复返的罗布人在伊州的聚居地为纳职城。

这两条史料证明，鄯善灭国后，其人民流散各地。从时间上分析，鄯米出生时鄯善国虽然已经灭亡，但其民众依然生活在若羌一带的绿洲，而鄯伏陀则是鄯善国灭亡后出生的第四或第五代遗民。他们都以国名为姓，又是鄯善遗民的领袖，可能是鄯善的贵族或王族后裔。

2000年后的重新发现

自从楼兰人向南迁徙后，罗布泊西岸地区便逐渐成为中原王朝控制西域的第一站。三国时期，西域长史府移治古楼兰城，不断有酒泉、敦煌的士兵来到罗布泊屯田，多达数千人。此后，这

---

[1] 今新疆哈密市中部。

座城市一直使用至唐朝后期，于公元8世纪以后逐渐掩埋于黄沙之中，成为留给后世的梦幻传说。

近代以来，罗布泊地区吸引了一拨又一拨渴望名望或财富的探险者前来探寻。

1900年3月28日，瑞典探险家斯文·赫定正在罗布泊西部地区考察，他与探险队的其他成员一起，在沙漠中发现了许多干枯的树干和早已风化的贝壳，这表明这片地区曾经是一片水草茂盛的绿洲。在这里，赫定最初发现了几间房屋的残迹，并挖出了数枚古代钱币和一些木雕，还在木屋东南约一千米处发现了四座塔楼。

由于物资缺乏，赫定一行不敢逗留。返程时，为了找回全队唯一的铁锹，跟随赫定充当向导的维吾尔族助手奥尔德克重返昨晚留宿过的房屋废墟。

在一场风暴中，奥尔德克迷失了方向，鬼使神差地竟发现了一处房屋遗迹。房屋的四周随处散落着一些雕像、古钱币和雕花木板。奥尔德克顺手拾起一些钱币和一块木板，然后到昨晚宿营的地方拿回了遗失的铁锹。

奥尔德克返回后，将上面雕琢着精美旋涡花朵和树叶纹饰的木板交给了赫定。赫定认定这是一处消失的古代城市遗址，但由于水源不足，赫定只能暂时放弃，退出沙漠。

1900年底，心有不甘的赫定再次进入罗布荒原，并在1901年3月3日终于找到一年前暂时放弃的这座古城遗址。从遗迹可以看出这座城市沿河而建，有城墙、街道、屋舍和佛塔，但几乎全部为流沙掩埋。

　　在那里，赫定发现了用砖、胡杨木、芦苇、红柳堆砌而成的烽火台和十九间土木结构的房屋遗迹，有三间房屋的门框依然挺立。

　　在一处佛教寺院的废墟中，他们挖出了一尊高一米多的木制佛像雕塑，还有许多刻有忍冬、菊花的木雕。

　　在一间形似马厩的土屋内，他们在一个马槽里发现了三十六张纸片，每一张上面都写满了文字，另外还找到了一百二十多根刻有文字的竹简。[1]

　　在接下来的几天里，他们还发现了一大批汉字文书和佉卢文书，还有汉代钱币、布匹、羊毛制品、丝织品、铜镜、汉式陶甑、陶片、罗马风格的玻璃器、牲畜骨头、耳环、靴子、家具残件若干。[2]

　　一周后，斯文·赫定用九头骆驼将发掘出来的文物装箱运出了罗布沙漠，并带回了瑞典，现藏于斯德哥尔摩民族学博物馆[3]。

　　起初，赫定并不知道自己发掘的这座古城究竟是古代西域的哪座城市，直到德国语言学家卡尔·希姆莱成功破译出佉卢文"Kroralna"一词乃是古代汉文典籍中记载的楼兰，世人才知道这座古城很有可能就是湮没千年的楼兰故城。

---

[1] 赵丰：《楼兰古城中的断简残帛》，《丝绸》1994年第9期。

[2] 侯灿：《楼兰考古发现的钱币》，《中国钱币》1995年第1期。

[3] 民族学博物馆，位于瑞典斯德哥尔摩，有超过二十二万件来自全世界多地的民族志、文化人类学藏品，斯文·赫定在中国新疆和中亚探险所获得的大部分文物都收藏在这里，同时这里也是斯文·赫定基金会的总部。

赫定公布了自己的发现后，立即引起了欧洲学术界的震动，其成就被视为20世纪最伟大的考古发现之一。

经过辨识，赫定找到的纸张中有一些是晋代手抄本《战国策》的部分内容，还有一些讲述的是当地的行政、商业、军事事项。木简则是晋朝官吏和驻军的公私记录、往来书信以及兵部、户部、驿站等衙门所写的告示与收据等，反映了魏晋时期楼兰故城社会生活的方方面面，信息量相当丰富。[1]

城内残存的大部分建筑除房顶外，墙体依然保存完好，门窗清晰可辨。城内盖房用的木梁、檩条、椽子比比皆是。这些作为建筑材料的胡杨木有的还凿了眼，甚至刻上了花纹，显示出相当高的工艺水平。此外，还有古烽火台、粮仓等建筑遗迹。

从出土的文物可以推断，楼兰故城在楼兰人迁离这里之后依然保持着相当的繁华，城里至少有一家客栈、一间寺庙、一座驿站和上百座私人住宅。从东汉至魏晋，它依然屹立于塔里木盆地东端，向东通往中原，向西通往波斯、印度、叙利亚和罗马，曾经是丝绸、茶叶、马匹、珠宝的重要交易场所，是丝绸之路上不可或缺的一座重要城市。

经现代考古测定，明确了楼兰故城的经纬位置为东经89°55′22″，北纬40°29′55″。四周建有用泥土、芦苇和树枝修筑的城墙，方形城垣，已残破，实际边长三百三十多米，城内占地约十二万平方米，城市布局和结构与中原相近，这证实了汉文史籍中关于对楼兰故城曾作为中原王朝统治西域重要城镇的

---

[1]胡平生：《楼兰木简残纸文书杂考》，《新疆社会科学》1990年第3期。

记载。[1]

一条源自孔雀河的支流小河自西北—东南方向穿城而过，将整个城区分为东、西两部。根据现代考古发掘证实，楼兰城内功能齐全、布局分明，存在着明显的城市规划特征，东为行政与军事区，西为居民区。平民大多居住在城西，官吏所在的署衙和军队驻扎的军营则集中在城东。

由于楼兰故城在历史上的重要地位，在斯文·赫定之后，大批外国考古学家和探险队接踵而至，如1905年美国的亨廷顿探险队、1906年英国的斯坦因探险队、1908—1909年和1910—1911年日本的橘瑞超探险队都先后来到罗布泊地区探险。他们在楼兰故城及罗布泊地区发掘出了大量珍贵文物，其数量之多、价值之高，震惊世界。[2]

在楼兰遗址出土的大量文物中，最多的是古钱币、丝织品残片和木简文书，其中以西晋《战国策》抄本和汉代铭文织锦最为珍贵。

这份抄本所用的纸张仅仅比蔡伦于105年改进造纸术晚了一两百年，比欧洲人最早的纸要早六七百年。发掘出的汉锦色彩绚丽，造型精致，绣有"子孙无极""延年益寿""昌乐光明""长葆子孙""长寿明光""长乐明光""望四海贵富寿为国庆""永昌"等汉魏时代常见吉语。

1927年，我国考古学家黄文弼、地理学家陈宗器，随中瑞西

---

[1] 侯灿：《论楼兰城的发展及其衰废》，《中国社会科学》1984年第2期。
[2] 王炳华：《楼兰考古百年》，《新华文摘》2008年第8期。

北科学考察团来到楼兰故城，这是中国研究人员第一次到达罗布泊地区考察。中华人民共和国成立后，考古人员曾数次到达罗布泊地区发掘遗址，发现了孔雀河地区的汉代烽燧遗址，还出土了七十多枚写有明确西汉纪年的汉文木简。

20世纪70年代以来，我国新疆考古工作人员克服重重困难，多次深入罗布泊地区，再次获得了多枚魏晋时期的汉文木简、佉卢文文书及大量古钱币、毛织物、丝织品、皮革制品、漆器、陶片等珍贵文物，为西域历史研究提供了难得的实物资料。

神秘的佉卢文与鄯善语

世界上所有印欧人的祖先一开始都操"古原始印欧语"，渐渐分化出"原始印欧语"和"原始小亚细亚语"。后来，原始小亚细亚语分化出赫梯语、亚美尼亚语；原始印欧语分化出希腊语、阿尔巴尼亚语、古欧洲语、欧亚草原语。

古欧洲语是今印欧语系罗曼语族、日耳曼语族、凯尔特语族、斯拉夫语族、波罗的语族诸语种的共同祖先。欧亚草原语则分化出原始吐火罗语、原始雅利安语和原始斯基泰语。

操原始斯基泰语的人群是后世斯基泰人、萨尔马特人、阿兰人、马萨革特人和塞种人的祖先；原始雅利安语又分化出古波斯语和古印度语，他们就是现在印欧语系伊朗语族和印度语族的祖先；原始吐火罗语则根据人群的迁徙，分化为四种：焉耆语（吐火罗语A）、龟兹语（吐火罗语B）、鄯善语（楼兰语）和月氏语。

19世纪末，新疆发现了一些古代印欧语写本。在于阗地区发现的写本被确定为古伊朗语的一种，现代称为于阗塞语，但在塔里木盆地北缘的焉耆、库车等地发现的写本，则属于另外一种完全不同的印欧语。

德国学者缪勒在回鹘文译本的《弥勒会见记》中发现一条题记，提到这部回鹘文写经译自吐火罗语，因此将这种语言命名为"吐火罗语"（Tocharian），后来学者又将之区分为焉耆语和龟兹语。

焉耆语写本仅发现于焉耆与吐鲁番，龟兹语写本除上述二地外，在库车也有发现。这些写本使用的都是源自印度婆罗米文的笈多斜体字母。用焉耆语写的全部都是佛典，用龟兹语写的除了佛典，还有世俗文书，写本时间约在公元6—9世纪。

20世纪50年代以来，一些希腊草体字母的碑铭在阿富汗、巴基斯坦和中亚地区相继被发现，它们书写的是中古伊朗语的东部方言，英国学者亨宁[1]将其命名为大夏语（Bactrian），由此引起了"吐火罗语"的真假之争。

有人认为，龟兹-焉耆语实际上与历史上的吐火罗国无关，吐火罗国在兴都库什山与阿姆河上游之间（今阿富汗北部），因此发现于这里的大夏语才是真正的吐火罗语。

然而，也有人认为，说吐火罗语的大月氏人原本生活在新疆境内，入主大夏[2]后，才将这一地区改称吐火罗斯坦，因此大多

---

[1] 亨宁（W.B. Henning），英国语言学家。
[2] 阿姆河以南地区。

数学者仍将龟兹–焉耆语称为吐火罗语。

从公元1世纪初起，波斯文化、希腊文化与印度文化相继传入西域，带来了佉卢字母、婆罗米字母、叙利亚字母和阿拉米字母。在公元3世纪左右，生活在塔里木盆地北缘的焉耆人和龟兹人用古印度婆罗米字母斜体拼写出一种新的文字，后世称为吐火罗文，也称为龟兹–焉耆文，分为龟兹文和焉耆文两种。

众所周知，吐火罗人在印度佛教东传中原的过程中起到了承前启后的作用，用这两种古文字书写的佛教经典则是佛教东传的重要媒介，著名的《弥勒会见记》就是用这种文字书写的。根据季羡林先生考证，汉语中"沙门"一词来自龟兹语sanane，"沙弥"一词来自龟兹语sanmir，"佛"一词来自龟兹语pud。

1974年，在焉耆七个星佛寺遗址之一的北大寺前的一个灰坑内发现了用古印度婆罗米字母中亚斜体写成的文书，年代为公元6—8世纪，当时没有人能够辨识出这是什么文字。

1983年，季羡林先生辨认出这是用焉耆文书写的《弥勒会见记》剧本，并花费数年时间将其全文译出。剧本叙述了未来佛弥勒赴正觉山会见佛祖释迦牟尼并拜其为师而获得佛果正道的故事，是中国最早被发现的戏剧剧本。

然而，吐火罗人的文字并不只有所谓的吐火罗文一种，在塔里木盆地东端的鄯善国还存在着一种造型怪异的古代文字，现称之为佉卢文。

佉卢文起源于公元前3世纪的犍陀罗地区，本是犍陀罗人用来拼写犍陀罗语[1]的一种文字，与婆罗米文一样，也是由古代西亚世界的族际通用语——阿拉米文演化而来。佉卢文最早见于前251年的阿育王碑刻《法敕刻文》，早于婆罗米文在印度大陆使用，因此最早的佛经可能是用佉卢文书写的。

"佉卢"出自佛经译本，意为"驴唇"。相传，佉卢文是古印度一位名叫"驴唇"的仙人所创，但经考证，其得名原因大概是其字形像驴唇形状般古怪。今天新疆发现的佉卢写本多属于公元3—5世纪[2]，主要分布在古代的于阗、鄯善一带，所写语言是犍陀罗语。可能当时有成批的贵霜居民迁徙到此，否则佉卢文不可能成为官方文字之一。

作为丝绸之路上重要的通商语言和佛教语言，佉卢文与犍陀罗语在公元1—3世纪广泛通行于中亚广大地区，不仅在丝绸之路一带广泛传播，也是当时的中亚霸主——贵霜帝国的官方文字。随着贵霜帝国疆域的扩张，佉卢文逐渐传播至整个中亚，并传入今新疆南部的西域地区，用来拼写当地塞种人和吐火罗人的语言，并分化出了两种佉卢文字系统，一种拼写于阗语，一种拼写鄯善语。

起初，佉卢文传到了塔里木盆地南缘的于阗国，但它并不适合拼写于阗语。因为于阗语来源于原始斯基泰语，与犍陀罗语差异较大，所以佉卢文在于阗国仅仅流行于上层社会，只在贵族和教士间使用，在民间并不通行。然而后来，佉卢文传到了鄯善，

---

[1] 古印度雅利安语西北方言。
[2] 王欣：《吐火罗史研究》，商务印书馆，2017，第67页。

在塔里木盆地东部的鄯善国却得到了广泛应用。

在新疆发现了书写于钱币、木牍、木简、丝绸、羊皮、石头上的各种佉卢文实物，总计一千多件。民丰县尼雅遗址出土的佉卢文文书最多，约七百件，内容涉及社会、政治、经济、文化、军事和法律，可见佉卢文的应用已经深入鄯善社会的各个方面。

为什么本来用来拼写犍陀罗语的佉卢文可以很好地拼写鄯善语呢？究其原因，是这两门语言之间的亲密关系。

鄯善语出自原始吐火罗语，而犍陀罗语与月氏语关系密切，月氏语正是从原始吐火罗语中分出的一支，因此二者具有较为亲密的亲缘关系，差异并不是很大。

也正因如此，在公元1世纪以后，大量来自犍陀罗的中亚移民进入新疆，纷纷定居鄯善国。他们带来了自己的文字和文化，最突出的就是佉卢文和佛教。

犍陀罗国在兴都库什山与印度河上游地区，公元前6世纪就已经存在于南亚次大陆，是雅利安人在北印度河流域建立的一个城邦，起初定都呾叉始罗[1]，《佛国记》中记为竺刹尸罗。

前327年，马其顿的亚历山大大帝率军攻入开伯尔山口，南下进入犍陀罗盆地，迅速征服了西北印度的广大地区。然而在两年后，由于长期的战争和印度炎热多雨的自然环境，亚历山大不得不停止长达十年的东征，率领部队撤出印度，回到了巴比伦。虽然向东的征服止步于印度河，但亚历山大还是留下了一部分军队驻扎在犍陀罗，并修筑了许多要塞和城市，犍陀罗开始受到希腊

---

[1] 今巴基斯坦拉瓦尔品第西北。

文化的影响。

前324年，旃陀罗笈多[1]在恒河下游的摩揭陀国建立孔雀王朝，定都华氏城。随后组织大军攻打希腊人在印度河流域建立的军事要塞，夺取了犍陀罗地区，统一了北印度。

阿育王皈依佛教后，开始大举弘扬佛教，佛教开始向犍陀罗等北印度地区传播，塔克西拉逐渐成为学者云集的佛教中心。

与此同时，犍陀罗地区也开始逐渐受到兴都库什山以北的希腊文化影响。自公元前6世纪后期以来，阿姆河以南地区[2]一直作为古波斯帝国的一个东部行省而存在，居民多属东伊朗语族。前329年，亚历山大大帝征服中亚后，即以这里作为其东方领地的统治中心。

前323年，在亚历山大大帝病逝后，巴克特里亚地区归属塞琉古王朝统治，大批希腊人和马其顿人移居此地。前255年，巴克特里亚总督狄奥多图斯一世[3]趁安息人反叛之机宣告独立，建立巴克特里亚王朝。前208年，欧西德穆斯击败安条克三世，塞琉古王朝正式承认巴克特里亚王国。

前200年，德米特里一世[4]即位后，趁印度孔雀王朝衰败之机大举南侵，将印度河流域上游的犍陀罗和旁遮普等地纳入王国版图。前180年后，今阿富汗、巴基斯坦和印度西北部陷入混乱，建立了一系列希腊化国家，统称"希腊—印度王国"。

---

[1]又译月护王，孔雀王朝第一任君主，在位期间统一印度北部地区。
[2]今阿富汗东北部。
[3]约前256—前248年在位。
[4]约前200—前185年在位。

　　经过两个世纪的统治，希腊—印度诸王国在语言、文化、艺术和建筑上把古印度与古希腊这两种东西方的不同文化融为一体，形成了自己独特的风格，之后又扩散影响了亚洲其他地区。

　　公元1—2世纪，犍陀罗地区开始出现了受古希腊雕塑艺术影响的佛陀塑像，之后扩展到建筑、绘画等艺术领域，这便是最早的佛像。这种融合了希腊、波斯、印度三种元素而自成一体的艺术形式，被称为"犍陀罗艺术"。它对中国隋唐美术的影响很大，成就了敦煌莫高窟、大同云冈石窟、洛阳龙门石窟等一批中西合璧的古代艺术瑰宝。

　　犍陀罗艺术的传播离不开贵霜帝国。贵霜帝国是公元1—5世纪存在于古代中亚地区的一个文明古国，疆域从今塔吉克斯坦绵延至阿富汗及印度河流域，全盛时统治人口一千三百余万，与汉朝、安息、罗马并列为中古以前亚欧四大强国。贵霜帝国的建立与一个来自东方的民族息息相关，这就是大月氏。

　　公元前2世纪以前，月氏人游牧于张掖草原一带，在击败乌孙后占领整个河西走廊，势力强大。前176年，月氏被匈奴打败，其王被杀，部众分为两拨向外逃散：少部分向南逃入祁连山中，与南山羌人融合，称为小月氏；大部分西迁中亚北部的大夏故地，驱逐了此地的塞种人后，在这里游牧了近二十年，称为大月氏。

　　其后，被大月氏人杀死的乌孙王难兜靡的儿子猎骄靡，在匈奴老上单于的支持下，于前160年击败已经西迁中亚的大月氏，大月氏不得不再次向南迁徙至阿姆河流域，并联合早先来到这里的塞种人建立政权。

　　前130年，大月氏人渡过阿姆河，向南征服希腊人建立的巴克特里亚王国，统治了整个河中地区。而居住在东部山地的塞种人则保持着某种程度的自治，分为休密、双靡、贵霜、肸顿、高附五部翕侯，都臣属于大月氏王国。

公元1世纪中叶，贵霜翕侯丘就却统一塞人五部，又灭亡其宗主大月氏，建立贵霜帝国，定都高附[1]。中国仍以其旧名"大月氏"称之。经过数十年的发展，贵霜帝国逐渐吞并了索格狄亚那、巴克特里亚、呾叉始罗、犍陀罗、罽宾、旁遮普等广大地区。

第三代君主阎膏珍[2]在位时，贵霜向西扩张至花剌子模，控制了整个河中地区，形成了一个横跨中亚与南亚西北部的庞大帝国。至迦腻色迦一世[3]时，迁都布路沙布逻[4]。由于疆域辽阔，贵霜还兴建了夏都——迦毕试，即今阿富汗喀布尔贝格拉姆古城遗址。

然而，盛极而衰之理自古皆然。至公元2世纪末，康居、大宛、呼罗珊、花剌子模陆续摆脱贵霜帝国的羁縻统治。233年，来自伊朗高原的萨珊波斯军队攻入贵霜，从此贵霜帝国开始全面衰败，至公元3世纪分裂为众多小国。

公元4世纪，东印度的笈多帝国兴起，而强盛一时的贵霜王朝此时已经瓦解，西北印度的贵霜诸王公势力处于笈多帝国的势力

---

[1] 今阿富汗喀布尔。
[2] 107—129年在位。
[3] 约127—147年或约125—150年在位。迦腻色迦一世在位时间有争议，尚无定论。
[4] 又译弗楼沙、富楼沙，今巴基斯坦白沙瓦。

范围内。公元5世纪，贵霜各国受到嚈哒[1]入侵而陆续灭亡，其民众大多南迁印度，逐渐演化为世居今印度拉贾斯坦邦的拉其普特人。

随着贵霜帝国的逐渐解体，佉卢文开始在印度和中亚衰落，并在公元4世纪中叶随着贵霜王朝的灭亡而在中亚基本消失。公元7世纪，玄奘到达印度时，犍陀罗国已经处于市井荒芜、人烟稀少的落寞境况，其王族绝嗣，已经失去了自己的独立地位，成了迦毕试国的属地。

然而，在中亚的贵霜帝国灭亡之后，天山以南的西域城国依然在使用这种文字，例如于阗和鄯善。公元5世纪以后，佉卢文逐渐在西域衰落，尤其在佉卢文使用最广泛的鄯善国灭亡后，这种古老的文字终于走到了尽头，直至公元7世纪时彻底消亡。

从公元5世纪开始，于阗国开始通行另一种以印度婆罗米字母拼写的新文字，称为于阗文或于阗塞文。

据《大唐西域记》记载，于阗"文字宪章聿遵印度，微改体势，粗有沿革，语异诸国"。

吐蕃文《于阗国悬记》也说"其文字悉同身毒，习尚大有华风"。

此后，于阗文全面取代了佉卢文在于阗国的应用，直至公元10世纪。

960年，喀什地区的突厥语政权——喀喇汗王朝皈依伊斯兰

---

[1] 又称白匈奴。嚈哒人是古代中亚细亚的游牧民族之一，自称"匈奴"，因其肤色较白，亦称"白匈奴"。其真正族属，尚无定论。

教，自此开始与信仰佛教的于阗王国爆发长达四十年的宗教战争。于阗王国得到了同样信仰佛教的高昌回鹘王国的支持，联军五次入侵喀喇汗王朝，多次占领喀什噶尔。

但在来自西亚的穆斯林援军支持下，喀喇汗人从中亚的撒马尔罕翻越帕米尔高原，反攻于阗本土，建国一千多年的于阗王国自此灭亡。

被征服的于阗人不仅改信了伊斯兰教，还废弃了自己的语言，转而使用征服者喀喇汗人所操的回鹘语[1]，而且从此使用了阿拉伯字母拼写的哈卡尼亚文。

自此，伴随着西域佛教的逐渐衰亡，婆罗米式于阗文在西域彻底消亡。那些书写着佉卢文和于阗文的简牍，也随历史的变迁被掩埋在了塔克拉玛干漫漫无尽的黄沙之中。

古今鄯善，沧海桑田

婼羌、楼兰与鄯善这三个地名，由于地域的重叠和政权的延续关系，显得错综复杂。然而，厘清这三个地名之间的关系对于理解罗布泊地区的历史沿革十分重要。

"婼羌"之名自汉代就见诸文献《汉书·西域传》，与楼兰国相邻，跻身西域三十六国。而今若羌县是由古时的两个部分组成的，西南是婼羌，东北是楼兰。汉昭帝以后，楼兰改名为鄯善，婼羌为强大的鄯善兼并，鄯善放弃了罗布泊西岸的楼兰故

---

[1] 即古维吾尔语，属突厥语系葛逻禄语族。

地，占据了婼羌原本生活的地区。故从东汉起，婼羌、楼兰均少见于史书。

清光绪十年（1884年）新疆建省，新疆各处置县时，清朝起用了许多历史上已许久不用的地名。光绪二十八年（1902年），古婼羌之地正式定名为婼羌县，隶属于焉耆府。民国以后，婼羌县隶属于焉耆专区，1954年改隶库尔勒专区，1959年受地名简化运动影响而改为若羌，1960年起至今隶属于巴音郭楞蒙古自治州。

对于"婼羌"一名的来历，著名考古学家黄文弼认为"婼"为部落名，"羌"以示种族，或因居住在盐泽之地而取名为"婼"，合起来意为"生活在盐泽之地的羌人"。

关于楼兰名称的来历和含义，学术界尚有争议。日本学者长泽各俊认为楼兰来自佉卢文Kroraina的音译，词义即土地。

中国学者、陕西师范大学中国西部边疆研究院院长王欣认为楼兰这一汉文名称早在西汉时代就已出现，而佉卢文最早是在东汉后期（公元2世纪末）传入的[1]，因此汉文楼兰不可能源自佉卢文Kroraina。

还有人认为楼兰是西汉时人们根据当地的名称音译的，其含义不可考，可能源于对罗布泊的称呼。

罗布泊在西汉时期也被称为牢兰海。牢兰与楼兰是同名异译。因为这里有被当地人称为牢兰（楼兰）的大湖，楼兰国、楼兰城均以此湖而得名。

---

[1]王欣：《吐火罗史研究》，商务印书馆，2017，第67页。

在大约公元10世纪被翻译为回鹘文的《大慈恩寺三藏法师传》中，把楼兰音译为"Lulan"，与楼兰的汉语发音已经非常接近。现代维吾尔语称楼兰故城为"科罗兰·科迪木·谢海尔"，其中的"科罗兰"明显就是楼兰的音转。

古代的鄯善与今天的鄯善是两个不同的区域。古鄯善国在今若羌县境内，汉宣帝元凤四年（前77年）由楼兰国改名而来。此后，历经西汉、东汉、曹魏、西晋、前凉、前秦、后凉、北凉、北魏五百余年，鄯善国一直都作为一个地方政权而存在。

《魏书·西域传》记载，北魏太平真君九年（448年），鄯善王因阻隔交通，北魏派大将万度归讨伐，生擒鄯善王真达，从此以后在这里"赋役其民，比之郡县"，至此，鄯善国灭亡。

北魏时期，鄯善设镇，隋朝改为鄯善郡，设立显武、济远二县。唐初，粟特人康艳典率领族众来到鄯善，此地渐成一个粟特人聚居的聚落，称为典合城。唐高宗统一西域后，鄯善改名为石城镇。此后鄯善之名便从史籍中消失了。

今天的鄯善县原是西域三十六国之中的狐胡国，东汉时狐胡被车师所灭。三国时期，仍然属于车师前国。高昌王国建立后，又成为高昌国的一部分，号称白棘城。唐贞观十四年（640年）消灭高昌，在这里设立了西州，州下辖有五个县，其中柳中县、蒲昌县二县都在今鄯善县境内。

宋代以后，今鄯善县之地属于高昌回鹘。北宋王延德出使高昌时，把这里称为六种[1]。元代，鄯善被称为鲁克察克，元朝末

---

[1] 即"柳中"的异写。

年又改名柳城，明朝正统年间被吐鲁番兼并，名为辟展，即维吾尔语所称的Pichan。

乾隆二十四年（1759年），清朝设辟展办事大臣，辟展城即今鄯善城。光绪二十八年（1902年），辟展置县，改名为鄯善，隶属于吐鲁番直隶厅。

清人误将辟展认作古代的鄯善国，与清代著名学者魏源有关。他在道光二十二年（1842年）所著《圣武记》卷四《乾隆勘定回疆记》中记载"避白龙堆大戈壁之险，径今辟展古鄯善至吐鲁番"，并自注"鄯善亦名楼兰"。

咸丰三年（1853年），魏源又在其所著《海国图志》卷二《汉西域沿革》中把楼兰、鄯善都标在了车师前部右下角并注明"今辟展"。

光绪二十八年（1902年），新疆巡抚饶应祺在升改增减府厅州县的奏折中提出："辟展……地为古鄯善国，即名为鄯善县。"同年，清政府正式将辟展改为鄯善县。如此，本来位于罗布泊、白龙堆荒漠西南的鄯善就被用于千里之遥的吐鲁番盆地东缘的县名了。

清人将辟展改为鄯善，使鄯善这一古老的地名恢复了生机，但这一地名与古鄯善国政权完全无关，地域相差甚远，这是研究鄯善古今历史必须注意的事情。

楼兰人的都城

楼兰地处东西交通孔道，汉昭帝元凤四年（前77年）更名为鄯善，后来又彻底从史籍中消失，留下了许多不解之谜。直到20世纪初，瑞典地理学家斯文·赫定意外发现楼兰故城，在罗布泊荒漠中掩埋千年之久的古代文明才重见天日。

此后，罗布泊地区一直是国内外考古工作者关注的热点，国际上对于楼兰问题的研究热潮至今方兴未艾。但对于楼兰更名鄯善之前的都城所在，依然众说纷纭，存在较大分歧。

楼兰LA遗址说。德国学者卡尔·希姆莱在整理研究了斯文·赫定在楼兰故城遗址获得的文物和文书后，于1902年发表《斯文·赫定在古罗布泊旁的发掘》一文，根据多件汉文文书上的"楼兰"字样，认定该遗址为古楼兰国都城。1905年，斯文·赫定在其撰写的《1899—1902年中亚考察科学成果》中认同这一主张。

1920年，德国学者孔好古出版《斯文·赫定在楼兰所获汉文文书及其他》，他在考释部分文书内容后，进一步论证支持LA遗址为楼兰故城的观点。

1963—1966年，日本学者榎一雄针对学界流行的楼兰更名鄯善并迁都的论点，发表《楼兰都城的位置及佉卢文书的年代》《鄯善都城位置变迁》等文章。他认为"扜泥"（Khuhani）是"楼兰"（Kroraina）的一个异称，意为"京都"，主张楼兰及鄯善都城一直在扜泥城，也就是位于罗布泊西北的楼兰遗址。

楼兰遗址以北说。1931年，德国学者阿尔伯特·赫尔曼出版《楼兰》一书，认同楼兰更名后迁都扜泥城的观点，指出扜泥城在今若羌县县城一带。但是，他根据楼兰LA遗址出土遗物的情况，认为该遗址似乎少有土著人的住宅遗迹，却像一个中原王朝的城堡，应是中原王朝的屯戍驻地，而楼兰都城应在楼兰故城北约二十千米至三十千米的地方。

1930年，黄文弼作为中瑞西北科学考察团的一员，在罗布泊北岸一带发现土垠遗址，获得了一批西汉汉简。他在后来撰写的《古楼兰国历史及其在西域交通上之地位》一文中支持赫尔曼关于楼兰都城的学说，认为楼兰国都虽然不能确定具体在哪里，但应在库鲁克河北岸，距离土垠遗址不远处。

米兰遗址说。1906—1907年，英国探险家斯坦因先后发掘楼兰LA遗址、LB遗址、米兰遗址及其附近的佛寺遗址，在米兰遗址还发掘出许多吐蕃文书简。1921年，他在《西域考古图记》一书中，通过梳理分析汉文史籍中有关楼兰（鄯善）的记述，结合具体发掘情况，他主张罗布泊南部的米兰古城应是扜泥城遗址，也是古楼兰国都城所在，卡尔克里克古城是汉代伊循城，楼兰LA遗址是中原的军事驻地。

米兰古城位于今若羌县城以东四十千米处，由伊循城遗址、汉唐时期屯田水利工程设施、魏晋古建筑群遗址和吐蕃古戍堡组成。

19世纪，斯坦因在此地发掘时，盗走了许多精美的佛头像、婆罗米文残纸和壁画等珍贵文物，尤其是他在一处编号为M3的佛塔回廊外壁盗走的一幅"有翼飞天像"壁画尤为罕见。

庆幸的是，1989年，由新疆文物考古研究所王炳华等人组成的沙漠考察队在米兰佛寺（编号M2）中又发现了两幅与前者类似的"有翼飞天像"壁画，为研究西域古代民族宗教、绘画艺术提供了宝贵的实物资料。

20世纪50年代，人们在这里发现了汉代完整的渠道等水利工程系统和埋在沙漠下的大片农田遗址。1973年，新疆考古工作者在米兰古河道边发掘了唐代吐蕃古戍堡遗址。

古戍堡南北宽约五十六米，东西长约七十米，呈不规则正方形。城垣为夯土筑成，夯土层中夹有红柳枝，夯土层上用土坯砌成，西墙有两段宽达五六米的缺口，有可能是古戍堡城门。

北部为一阶梯形大土坡，自低凹处至戍堡北墙依坡盖屋，屋为平顶，不见门洞。东部为一大型房屋，南部为高近十三米的土台，土台上立有旗杆，是类似于烽火台的建筑。古堡的东西两侧，排列着众多规模宏大的佛塔和寺院遗址。

米兰古城遗址中一座具有代表性的建筑是东大寺，外有较高院墙，寺内建有佛龛，龛内尚存半浮塑的菩萨和天王像，其下面四周有卷云柱头浮塑，佛像姿态生动，花纹、线条优美简练，佛殿东侧的建筑物下还有大型坐佛塑像和遗弃在地上的大佛头。

西大寺与东大寺相对而立，是米兰古城内另一座佛寺建筑物，其中心为一长方形须弥基座，外绕走廊，其上建有直径三米左右的圆形建筑物。

米兰早期的文物遗迹分为两类：一是佛塔和佛寺；二是灌溉水渠。米兰的八座佛塔分布在米兰戍堡周围，其中五座在戍堡西南约一千八百米处，彼此相距几十米到几百米；戍堡南约三百米处有两座，另一座在戍堡东北约两千米处。佛塔的建筑方式分土坯砌筑和夯土堆筑两种，佛塔残高约三至六米，基底宽约四至十米，塔顶为圆拱形，大都已经残破。

米兰晚期的文物遗迹主要是吐蕃烽燧和戍堡遗迹。在城内房屋遗址中，曾清理出三百多件吐蕃文木简和文书，内容涉及小麦种植、分占耕地、丝绸服饰等吐蕃人社会经济的方方面面。两座烽燧均已残塌，一座在戍堡西南约一千八百米处，另一座在戍堡东北约两千五百米处，土坯筑成，均为方形。这两座烽燧与戍堡一起扼守在米兰城外，共同组成了一套严密的防卫体系。

根据对米兰地区文物遗迹的研究发现，米兰遗址有可能是汉代鄯善国的伊循城。

今若羌县城附近说。20世纪50年代，冯承钧发表《楼兰鄯善问题》一文，通过梳理文献记载，其推测楼兰都城即是扜泥城，在今若羌县。20世纪90年代，孟凡人在其所作《楼兰新史》中分析了LA古城形制、出土的佉卢文和汉文简牍，他判定该古城出现于两汉之际，于前凉末年废弃，并未做过楼兰国或鄯善国都城。依据文献记载和考古调查情况，他明确提出扜泥城在今若羌县城附近的且尔乞都克古城。

余太山在《关于鄯善国王治的位置》中，通过分析汉文史籍中的相关内容，得出扜泥城应在罗布泊之南、车尔臣河南岸，即今新疆若羌县附近的结论。他还认为今罗布泊西北楼兰遗址一带原属姑师，直到前108年西汉灭姑师之后，该地始属楼兰国。

LE古城说。1995年，林梅村在《楼兰国始都考》一文中，根据新疆考古所调查资料以及关于索劢屯田楼兰的记载，判断楼兰LA古城是东汉以后才发展起来的。根据文献记载，他认为楼兰都城应靠近罗布泊，位于西汉时期的交通要道上，即沿孔雀河北岸。

LE古城位于孔雀河下游支流铁板河流域，在罗布泊北岸之西，其构筑方式为夯土版筑，间以柴草，该古城内未见任何与佛教有关的建筑，表明它兴建于东汉之前；斯坦因在该古城东北的LF墓地发现的一件精致玉斧，证明楼兰王室曾生活在此地，所以以LE古城为中心的遗址群应是楼兰王国最早的政治中心。此外，LE古城还是罗布泊沿岸唯一一座有北城门的古城，与西汉傅介子刺杀楼兰王，悬其首级于北阙的记载相符。

咸水泉古城说。2017年，新疆文物考古人员在孔雀河下游调查发现咸水泉古城，在古城附近又发现了两处青铜时期墓地和汉魏时期的墓地。这里东南距楼兰古城约六十千米。

该古城经过严重风蚀后破坏严重，碳十四探测数据显示，古城墙体年代在东汉后期至魏晋前期，其可能是咸水泉古城最后使用的年代。根据残存墙体复原可知，古城呈圆形，直径约三百米，墙体宽两米二至两米七，残存最高处两米五。西南段墙体残长四十八米，背风面堆积有厚厚的流沙。

墙体以胡杨木柱为筋骨，内填沙土、胶泥块和芦苇草，上铺红柳枝。在外排木柱、内排木柱的内侧，紧贴木柱用红柳枝编制呈辫状绳子捆扎的罗布麻束，由底至顶部。罗布麻束层宽十至十五厘米，既可防止大风掏蚀墙体，又能阻止墙体中的流沙、胶泥块、红柳枝等向外滑落，可谓设计巧妙。

城内地表散见陶片、石器等物，古城周边还发现有五铢钱、陶片、铜箭镞、铜手镯、铜扣、铜环、铁刀、铁箭镞、玻璃珠等，属于青铜时代、汉晋两个不同时期的遗物。

在古城1号墓地的七座墓葬中，M1、M3出土的织锦残片造型华美，应该不是一般平民所有，推测此墓地就是楼兰国早期贵族墓葬。

从建筑形制、地表遗物、周围墓葬和地理位置综合分析，咸水泉古城均符合西汉时期楼兰城的各种特点，所以推测该古城即是前77年以前的楼兰都城。

总而言之，楼兰都城所在的问题目前依然扑朔迷离，仍无定论。但研究者们仍然继续开展着关于楼兰的研究。随着考古调查的不断进行、文献解读的不断深入和科技手段的进步发展，楼兰都城的位置问题终会取得更大的进展。

百年发现楼兰之路

自瑞典人斯文·赫定于1900年发现楼兰故城至今，已经过去了一百二十多年。这一百二十多年里，关于楼兰古国的研究一直是国内外考古学家们关注的热点。

20世纪30年代以前，俄国人普尔热瓦尔斯基、科兹洛夫，瑞典人斯文·赫定、贝格曼，美国人亨廷顿，英国人斯坦因和日本人橘瑞超先后来到罗布泊地区"考察"，他们的目的是在这片荒凉的土地上寻找到"任何有价值的东西"。

随着这些人一个又一个地进入罗布泊地区，楼兰故城遗址被一次又一次发掘、搜掠，大量文物被运出中国，导致现代西域研究的很多实物都保存在国外的博物馆中。当中国学者黄文弼、陈宗器第一次代表中国的研究人员进入这片地区考察时，已经是1927年了，当时他们随斯文·赫定组织的中瑞西北科学考察团来到楼兰故城。

要研究一个历史时期，除了可以借助遗址发现的实物资料以外，还可以查阅相关史籍。然而，关于楼兰古国的文字记载传世的只有汉文史籍。在有限的汉文史籍中，楼兰于前176年始见记录，至前77年更名为鄯善，此后也只是零星地出现在史籍资料的角落。至于楼兰最早什么时候建国，社会生活和政治制度等在目前的史料中都没有留下记录。

从史籍记载中，我们只能知道在汉朝与匈奴旷日持久的斗争中，楼兰人曾经努力维持过自己的生存，他们虽然奉行"小国在大国间，不两属则无以自安"的方针，但始终没有放弃自己的发展。最终，由于东亚政治环境和气候的变化，楼兰这个曾经繁盛一时的丝路古国逐渐消失在了历史的长河中，留给后人无限的遐想和疑问。

1901年3月，斯文·赫定花了一周的时间，雇用当地人在楼兰城内十三处遗址内发掘，获得了大量汉代五铢钱、汉晋丝织物、玻璃器、兵器、铜铁工具、铜镜和犍陀罗风格的木雕艺术品，光是具有极高史料价值的汉晋木简、纸质文书就多达两百七十余件。

随后来到的斯坦因又在楼兰故城发掘出了大量文物，仅汉文文书就多达三百五十件，其中不少文书均有纪年，此外还有不少佉卢文文书。后来的日本人橘瑞超又在罗布泊地区的古城遗址中获得了四十四件汉文文书，其中最著名的是西域长史李柏写给焉耆王的信稿——《李柏文书》。

虽然已发现的如此丰富的文物资料极大地推动了对于楼兰的研究，但他们在楼兰的发掘，更多意义上并不属于严谨的考古工作，而只是对文物的劫掠，由此也引发了许多新的历史谜题。

比如，《李柏文书》发现时由于没有记录，其发现地竟成了一桩谜案，学术界为之探讨达数十年，最终才根据遗址照片比对艰难确定。

1980年，我国考古人员在楼兰城郊发掘一处汉代墓地时，发现不少墓葬都已经被斯坦因发掘过。当时斯坦因急于挖到文物，并不注重对原墓葬的研究，他只挖到了墓室中部并取走了部分丝毛织物。我国考古人员在系统地进行第二次发掘后，才得以探寻这座墓葬本身所传达出的文化信息。

根据考古发掘得知，历史上煊赫一时的楼兰，实际不过是每边长三百三十多米的一个小小城垣。城墙已在长期的季风中断裂残破，但城内高达十米的佛塔，土垣造就的三间房，出土过大量魏晋木简、文书的西域长史府故址，一间间以木为梁架、以红柳做墙垣的民居，都还傲然挺立在古城之中，诉说着曾经有过的历史沧桑。

考古人员在楼兰城内发现了大量汉代钱币、晋代汉文木简、罗马风格的玻璃器、汉式陶甑和一枚贵霜钱，在城郊汉墓中发现了大量来自黄河流域的丝绸织锦，也有西亚风格的毛布。

在楼兰城北二十多千米处还发现了一具带有强烈汉文化色彩的彩棺，其上彩绘云纹、花卉、朱雀、玄武图案，墓主所穿的兽纹棉布长袍、棺上覆盖的狮纹图案地毯则带有鲜明的西亚风格。

在楼兰西北的孔雀河谷，发掘出土了保存完好的古代墓葬，棺上同样有狮纹地毯，主人穿着人兽纹毛布袍，足穿绢面贴金毡靴。

人兽纹长袍、狮纹地毯，其装饰图案明显具有西亚艺术精神，说明楼兰及其后的鄯善王国在联络中西经济、文化交流的丝绸之路上具有非同一般的作用。

鄯善国建立后，楼兰城作为丝绸之路上的重要交通枢纽，继续存在了四百年左右。根据楼兰故城出土文物的考证和对建筑遗址年代的测定可知，东汉魏晋时代是其鼎盛时期。

楼兰出土的汉文木简和纸文书共计五百七十六件，其中木简四百一十二件、纸文书一百六十四件，有绝对年号记载的木简四十件、纸文书八件。绝对纪年上起曹魏嘉平四年（252年），下迄前凉建兴十八年（330年）。其中出现次数最多的年号是泰始[1]，其次是咸熙[2]。

楼兰出土的木简和纸文书清楚地表明，从三国时期直至南北朝时期，楼兰与中原王朝一直保持着密切的隶属关系，这一时期也是楼兰发展的繁荣时期。

最终，楼兰这座古城因为气候变化和政治动荡消失在了塔克拉玛干沙漠的黄沙深处，成为吸引一批又一批探险者渴望探寻的神奇秘境。

---

[1] 265—274，西晋皇帝晋武帝司马炎的第一个年号。
[2] 264—265，三国时期魏元帝曹奂的第二个年号。

参 考 文 献

［1］余太山.贵霜史研究［M］.北京：商务印书馆，2015.

［2］余太山.两汉魏晋南北朝与西域关系史研究［M］.北京：商务印书馆，2011.

［3］林梅村.寻找楼兰王国［M］.北京：北京大学出版社，2009.

［4］荣新江.中古中国与粟特文明［M］.北京：生活·读书·新知三联书店，2014.

［5］葛剑雄.中国人口发展史［M］.福州：福建人民出版社，1991.

［6］马长寿.北狄与匈奴［M］.北京：生活·读书·新知三联书店，1962.

［7］马健.草原霸主：欧亚草原早期游牧民族兴衰史［M］.北京：商务印书馆，2014.

［8］（唐）玄奘、辩机撰，季羡林校注.大唐西域记校注［M］.北京：中华书局，1985.

［9］华涛.西域历史研究［M］.北京：商务印书馆，2020.

［10］［英］奥雷尔·斯坦因著，肖小勇、巫新华译.路经楼

兰〔M〕.桂林：广西师范大学出版社，2020.

〔11〕〔英〕彼得·弗兰科潘著，邵旭东、孙芳译.丝绸之路〔M〕.杭州：浙江大学出版社，2016.

〔12〕〔德〕阿尔伯特·赫尔曼著，姚可昆、高中甫译.楼兰〔M〕.乌鲁木齐：新疆人民出版社，2006.

〔13〕〔法〕伯希和著，耿昇译.伯希和西域探险记〔M〕.北京：人民出版社，2011.

〔14〕肖小勇.楼兰鄯善考古研究综述〔J〕.西域研究.2006（4）.

〔15〕林梅村.楼兰国始都考〔J〕.文物.1995（6）.

〔16〕侯灿.楼兰城郊古墓群发掘简报〔J〕.文物.1988（7）.

〔17〕黄盛璋.初论楼兰国始都楼兰城与LE城问题〔J〕.文物.1996（8）.

〔18〕何德修.楼兰：难解的世纪之谜〔J〕.文明.2006（1）.

〔19〕智博.古楼兰之谜.环境教育〔J〕.2006（5）.

〔20〕韩康信.新疆楼兰城郊古墓人骨人类学特征的研究〔J〕.人类学学报.1986（3）.

〔21〕袁国映、袁磊.罗布泊历史环境变化探讨〔J〕.地理学报.1998（1）.

〔22〕肖小勇.楼兰鄯善与周邻民族关系史述论〔J〕.新疆社会科学.2008（4）.

〔23〕阿里甫·巴拉提.婼羌国地理位置考〔J〕.新疆社会科学.2011（2）.